蘇州評彈藝術家評傳（五）

苏州市曲协评弹表演艺术传承研究会 编著

苏州市文化广电和旅游局
苏州市文学艺术界联合会 主编
苏州市评弹团

图书在版编目（CIP）数据

苏州评弹艺术家评传. 五 / 苏州市文化广电和旅游局, 苏州市文学艺术界联合会, 苏州市评弹团主编；苏州市曲协评弹表演艺术传承研究会编著. -- 苏州：古吴轩出版社, 2022.1

ISBN 978-7-5546-1864-6

Ⅰ. ①苏… Ⅱ. ①苏… ②苏… ③苏… ④苏… Ⅲ. ①苏州弹词—艺术家—评传—中国 Ⅳ. ①K825.76

中国版本图书馆CIP数据核字（2021）第257563号

封面题签：王国安
责任编辑：俞　都
见习编辑：窦志霞
装帧设计：杨　洁
责任校对：李　倩
责任照排：杨　洁

书　　名：**苏州评弹艺术家评传（五）**
主　　编：苏州市文化广电和旅游局　苏州市文学艺术界联合会
苏州市评弹团
编　　著：苏州市曲协评弹表演艺术传承研究会
出版发行：古吴轩出版社
地址：苏州市八达街118号苏州新闻大厦30F　　邮编：215123
电话：0512-65233679　　传真：0512-65220750
出 版 人：尹剑峰
印　　刷：苏州市越洋印刷有限公司
开　　本：787×1092　1/16
印　　张：16.5
字　　数：233千字
版　　次：2022年1月第1版　第1次印刷
书　　号：ISBN 978-7-5546-1864-6
定　　价：58.00元

序

苏州评弹是说书

苏州市曲协评弹表演艺术传承研究会编著的《苏州评弹艺术家评传》第五辑已经编辑好了。本书继续总结撰写了一批老艺术家的艺术经历、理论、经验和成就。金丽生同志要我在书前再写几句。为此，我再次翻阅了已经出版的前面几本。

不是什么新的认识，重读这批总结，我再次认识到：历史上的这些老艺术家们长年在书场里一遍又一遍地演出长篇书目，在演出中对其不断加工，使演出愈益受到听众的欢迎，人和书均为听众所熟悉和认可，他们也成了响档名家。出人、出书，这就是苏州评话、弹词的发展史，也是苏州评话、弹词的生存方式和存在形式。

但是，很多年来，我们在书目建设工作中，存在重短轻长的缺点，没有抓紧对长篇书目的建设。传统书目愈演愈少，愈演愈短，七零八落。新的长篇书目，存活时间短，能长期保留的少。苏州评话、弹词艺术不断衰落，已经到了很危险的境地。苏州评弹长篇书目的衰落，就是苏州评弹艺术的衰落。

不少艺术指导部门，在评弹工作中提倡演中篇。但是苏州评话、弹词的中篇演出，不是传统演出形式，应该不属于“非遗”保护的范围。而且它是一种不成熟的演出形式，导致了苏州评话、弹词朝戏曲化发展的倾向。到如今，仍未有经常演出的长篇保留书目，人书分离。如果没有了长篇演出，中篇也将难以生存。

有人说，只要有“说、噱、弹、唱”，就有“评弹”。这是不正确的。说，是演员的说，还是故事中人物（角色）的说？是演员模仿角色，还是演员装扮为角色？苏州评弹表演中的戏曲化倾向，就是模糊了两者的区别。苏州评弹的“起脚色”是模仿（角色），而不是追求具象的角色。把说书变为演戏，是变异，不是发展提高。

苏州评弹是语言艺术。戏曲化的变异是苏州评弹艺术的文学性的衰落，自电视普及后又有了网络文艺的发展，具象艺术空前大发展。但是，让苏州评弹追求具象表演，那是在扼杀苏州评弹，苏州评弹会因变异而消失。

总结历史、面对现实，我们要抢救评弹。

周良

2021年8月25日

目　录

勤深伯禹　书坛英杰

——记评话名家、评弹作家潘伯英

陶春敏

潘伯英（1903—1968），苏州评弹史上无法绕开的一个名字。二十世纪四十年代，他因开讲《张文祥刺马》《彭公案》等评话而名震书坛，跻身“七煞档”。新中国成立初期，他不遗余力倡导书目革新，是评弹界当选上海市第一届各界人民代表会议的唯一代表。1951年，他毅然放弃高额收入，成为苏州市文联戏改部的专职干部，领导苏州的评弹工作。为了顺应时代要求，贯彻“改人、改书、改制”的指示，他殚精竭虑，组织讲习班，编创新书目，创建评弹团，使评弹步入新的历史发展轨道。在他生命的最后阶段，政治风暴席卷全国，他不畏强权，坚决反对“评弹要以中短篇为主”的论调。1968年，他带着一身病痛和满腹冤屈黯然离世。

六十五载，潘伯英用他的勤勉、进取、忠诚，书写出永不磨灭的艺术人生！

家破无奈入江湖

1903年8月31日，清光绪二十九年农历七月初九，潘伯英出生在江苏省常熟县一个小手工业者家庭。那个时代，男丁是延续香火的根苗，所以家人给他取名“根生”。潘家以制作班鼓、胡琴、三弦、琵琶、笛箫等乐器为业，店号“潘振芳鼓板乐器”，前店后坊，自产自销。乐器店的稳定收入为全家人带来了安定幸福的生活，让小根生享受着快乐无忧的童年。

父亲白天劳作，晚上时常去书场听书消遣，根生跟着父亲也成为一名“小听客”。六七岁时，他就能把听到的书情完整地说给家里人听。常熟有句俗话：“三岁知八十。”父亲意识到小根生天资聪颖，将来定然不会局限于做个手工业者，希望他成为一个有文化的人。为了他的前途考虑，全家节衣缩食，全力培养他读书。六岁开始，小根生就进入私塾读书，因此打下了扎实的古文基础。辛亥革命后进入新式学堂学习，先后就读于常熟县第四初等小学和第一高等小学。懂事的根生没有让家人失望，学习成绩优异，艺术方面的才能也进一步显现出来。九岁时，他就能把《水浒传》里一百零八将的画像临摹得惟妙惟肖。

人生无常，世事难料。正当根生在中学奋发努力之际，祖父、父亲相继生病离世，潘家的生活状况急转直下。根生上有哥哥、姐姐，下有两个妹妹，没了顶梁柱，一家人的生活都难以得到保障，他的学业只能被迫中断。虽然只读了两年中学，但是对处在那个年代的普通百姓而言，这样的学历已经相当高了。但是由于他是个刚辍学的学生，一时之间找不到合适的工作。后来经人介绍，一户有钱人家愿意聘请他当家庭教师。他自幼喜欢诗词绘画，平日经常临摹《兰亭集序》等传世名帖，既有传统文化功底，又接受过新式学堂的教育，做个家庭教师当然绰绰有余。然而，他毕竟还是个十七岁的大孩子，做事不够沉稳，在课余时间带着学生攀爬假山取乐被家长发现了。这孩子是家里的宝贝疙瘩，读书事小，安全事大，为了杜绝这种危险行为，他们毫不犹豫地把根生辞退了。

根生被辞退后，暂时赋闲在家，成了书场的常客。根生少年时期就听过许多名家的书，如以说《水浒》中“关胜刀劈栾廷玉”而成名的何云飞——“何一刀”，以及程鸿飞那以理取胜的《野岳传》。这些书给他留下了尤为深刻的印象，几十年后他仍能清晰地回忆起这些细节。当时常熟城内有两家书场，一为寺前街的仪凤书场，一为北赵弄的湖园书场，两家场方经营有道，前去应聘献艺的名家响档络绎不绝。虽然这个行业社会地位不高，但是一旦成名成家，就会得到场方、听客的敬重和欢迎，经济收入也相当可观。即便是普通艺人，凭着一两部长篇，也足以养家糊口了。不久之后，评话名家朱少卿在常熟开讲《张文祥刺马》引起轰动，根生被这部独特的新书深深吸引，托人引荐拜师，从此走上了艺术道路。

朱少卿（1882—1929），苏州人，先拜光裕社艺人龚怡卿（龚丽声、龚华声之祖父）为师学习弹词，后抛弃弦索，以“清拍”（只说不唱，用评话形式说弹词书目）形式演出《大红袍》。1910年初，朱少卿到上海加入润余社，在程鸿飞、郭少梅等人的帮助下创作新书《张文祥刺马》。该书以同治年间震惊朝野的张文祥刺杀两江总督马新贻案为原型，加入大量民间传说，情节曲折，颇具传奇色彩。朱少卿与周亦亮、汪云峰为书坛最负盛名的三个矮子，朱少卿身材矮小瘦弱，双目大而有神，高颧骨，薄嘴唇，说起书来精神百倍，妙语如珠。由于该书是“清装书”，有别于传统评话的长靠书、袍帽书和短打书，所以他在起清代官员脚色时，独创了耍翎、整帽、整袖、整朝珠、打千等一系列程式化动作，使人物形象生动传神，跃然眼前。这部别开生面的新书一经上演就风靡书坛，广受欢迎，朱少卿借此跻身润余社评话“五虎将”（郭少梅、程鸿飞、凌云祥、朱少卿、严焕祥），成为红遍书坛的大响档。

根生是朱少卿的第一个弟子，艺名伯英。伯者，霸也，可见朱少卿对他寄予厚望，期待他成为书艺超群的后继之人。

评弹界传统的授徒方式是口传心授，学生拜师后必须跟师听书。先生台上说书，学生台下听书，书的内容、说的技巧全靠个人的记忆和领悟。潘伯英具有良好的文化素养，加上天资聪颖且勤奋上进，深得先生和师母的喜爱。当时朱少卿开讲的长篇共有四部，除《大红袍》《张文祥刺马》之外，还有《鄂州血》和《福尔摩斯》两部新书。《鄂州血》又名《武昌起义》，由程鸿飞根据大舞台上演的同名连台本戏改编而成，主要反映辛亥革命的故事；《福尔摩斯》则是朱少卿根据英国侦探小说改编的。朱少卿非常开明，不仅毫无保留地把四部长篇授予潘伯英，还经常和他探讨书艺，并乐于接受潘伯英对书中某些常识性错误的纠正。

跟师期间，潘伯英不仅掌握了赖以生存的说书技艺，朱少卿、程鸿飞等润余社艺人的开拓创新、严谨治艺、团结互助的精神对他的艺术道路也产生了深刻影响。朱少卿与程鸿飞比邻而居，两人过从甚密，一见面就探讨书艺，除了互相学习，也经常为艺术争论。发生争论时，程鸿飞就要摊书本、讲道理。他对宋、金、辽的历史以及政治背景、山川地理都有一定的研究，其《野岳传》绝无一般评话中的神仙鬼怪，完全以理取胜。程鸿飞看书多，编书多，潘伯英在学艺期间听过的就有《二次革命记》《鲍超开炮》《徐锡麟刺恩抚台》等新书。朱少卿曾对潘伯英说："这位老师伯，为人最急公好义，非但在钱财上肯帮助人，在书艺上也诲人不倦。我的编书诀窍、表演技能，都得到他的教导。他的《野岳传》没有神仙鬼怪的那种胡编乱造，里面都是他的编书诀窍。你想，每逢书情在紧要关头，却来一个天神显圣，一切天数注定，你听了满意吗？书中一有神仙鬼怪出现，就要受它的大累。神仙神通广大，但不讲道理；而我们说书，是要讲通道理，取信于听众的。他是我们润余社的创办人，和郭少梅、沈莲舫一样，都是我们的'总家老师'。"这些观点对潘伯英的艺术观、创作观无疑有着积极的深远影响。

初出茅庐行路难

按照传统规矩，艺徒拜师后要支付拜师金，还要承担在跟师学艺期间的川资和伙食费（先生的伙食由场方供给，学徒需搭伙）。尽管潘伯英当过半年家庭教师，但是手头的积蓄毕竟有限，加之朱少卿常在上海演出，跟师的开销比在码头上大得多。不到十个月，他已无力再承担跟师的费用，从此开始了“背包囊、走官塘”的跑江湖生涯。

甫离师门，潘伯英就面临一个重大困难——接场子。按照惯例，说书人与书场之间的演出业务都是依靠同道介绍，然后再通过书信联络约定日期的。由艺人组成行会组织，既是为了维护艺人的地位和利益，也是出于业务联系的需要。二十世纪二十年代，评话、弹词仍以苏州为大本营，光裕社在评弹界独霸一方，拥有垄断的地位，“外道”（非光裕社的社员）一律不准进入苏州，若有书场敢承接“外道”，必遭到光裕社的集体抵制甚至封场。在上海，书场、游艺场已经蓬勃兴起，光裕社、润余社各有领地，接洽演出须由专人引荐。潘伯英因为是润余社的人，自然无法去苏州演出。上海虽然没有全部被光裕社所垄断，但是一个刚刚踏入江湖的“道童儿”，又怎会得到书场的垂青？为了生存，他只能去上海周边的乡镇踏场子（自己登门寻找演出场所），寻找一些空场的小茶馆临时演出，以此勉强度日。

因初出茅庐，书艺尚不成熟，好不容易找到场子，往往说不了几天就“漂”掉了。彼时的潘伯英尝尽了东飘西荡的辛酸，他深刻体会到说书这碗饭是“空心饭”：一天不做，一天不活，一旦场子踏空（没有场子演出），连住宿的地方都没有。好在先生朱少卿待他不错，当他没有演出时能到朱家借宿，不至于流落街头。这时候，他家中也发生了重大变故，在他拜师学艺之后，姐姐出嫁了，二哥去了苏州姑母店中当职工，母亲选择了改嫁，两个妹妹也被送到别家抚养。朱少卿爱他的才气，怜他无家可归，便萌生了招他为婿的想法。原来朱伯雄并非朱少卿的亲生儿子，老夫妻俩想把潘伯英招为女婿，这样女儿就可以留在身边，今后多个依靠。没想到潘伯英拒绝了这门婚事，原因是朱家女儿长得难看，脸上有麻子。这种“忘恩负义”的行为让朱少卿夫妻大为气愤，他们一怒之下把潘伯英赶出了家门。

从此之后，潘伯英只能浪迹江湖，独自闯荡。开弓没有回头箭，日子再艰难也得咬牙挺着。想在书坛立足，先得把学来的几部书说熟练。他在上海四郊的小茶馆和常熟农村的桥、庙、村、浜历练书艺，生意“漂”了不气馁，总结经验教训，暂且换个地方继续说下去。其间，他经人介绍于1924年在上海商务印书馆当了七个月的学徒，但终因不适应，最后他还是选择了说书。通过几年的摸爬滚打，他逐渐能够站稳脚跟，从农村走向了城镇。他的忠厚正派得到许多场方和同道的认可，在他们的帮助下，他的演出领域逐渐拓展到无锡、嘉兴、湖州等地。后经友人引荐，他投拜光裕社的评话前辈王石军为师，由此摆脱了“外道”身份，成为光裕社的一员。自从加入光裕社后，潘伯英不仅能够长时间在苏州演出，而且增进了和同道之间的联系，时常与同道交流切磋，艺术上有了进一步的提升和发展。直至1946年6月17日，潘伯英成了评话响档并有了一定的经济实力之后，才由师弟王伯渔（王石军之子）带领，正式在光裕社出道。《出道录》特别注明：“潘君有功光裕书场股票事，经第十一次理监会第三案决议，定于今日优待出道。”

通过几年的演出实践，潘伯英觉得先生朱少卿传下来的书并不完全适合自己。《大红袍》是比较成熟的老书，但是内容多为弹词，“清拍”形式不为听客所喜，上座只有十几人，多则几十人。《鄂州血》和《福尔摩斯》虽然是新书，但是对听客的文化水平有一定要求，所以在乡镇、农村演出也不卖座。只有《张文祥刺马》一书内容丰富，情节紧张，而且说者甚少，到处都能卖座。潘伯英果断放弃了其他几部书，集中精力说好《张文祥刺马》。他闲暇时经常看书、看戏，通过不断学习和实践，逐渐丰富完善书情，提升技艺。

崭露头角声名起

二十世纪三十年代，潘伯英已成为苏浙两地颇有名望的青年响档。能在数以百计的说书人中脱颖而出，这要归功于他的两大优点。第一，他为人正派，无不良嗜好，将说书之余的精力全部用于学习和研究书情。凭着学识功底和刻苦钻研，他使《张文祥刺马》一书在继承的基础上有了很大的发展，并获得同行的认可和听众的欢迎。他在演出之余将《张文祥刺马》全书记录了下来，整理成几十万字的脚本，但可惜的是他在某地演出时因遭遇窃贼，衣服、财物和脚本全部丢失。

潘伯英的苏白虽然不能脱尽常熟乡音，但是说表稳重，干净利落，擅“一口干”，插科放噱头幽默雅驯，绝无粗俗之辞。例如关于俗语“赤松”的由来，他在书中穿插说：“刘邦开汉朝之后就灭功臣，韩信被杀于未央宫，张良辞官隐居。史书上记载：‘张良辟谷，从赤松子游。’说张良跟赤松子去做仙人了，其实赤松子这个人并不存在，张良借了赤松子的名义逃走了。所以现在人们把逃走叫‘赤松’，啥人溜脱哉，就叫啥人‘赤松’哉。”看似引经据典，其实埋着一个“包袱”，这种“小卖”常能收到很好的效果，也体现了潘伯英的知识渊博和文化修养。

《张文祥刺马》在角色表演上突破了传统的评话技艺，创造了“清装书”独特的表演程式，这是朱少卿的重大贡献。潘伯英在朱少卿的基础上结合自己对人物的理解，做了进一步的丰富和发展，通过富于变化的“五子”（甩辫子、戴帽子、勒袖子、拎袍子、翘翎子）表演，生动地刻画清朝官员。例如同是一根花翎或一条发辫，他创造了不同的表现手法，将不同官阶、不同身份的人物的神情、气度恰如其分地刻画出来，甚至同一人物的思想波动和情绪变化，也可以通过脑后花翎不同的抖动呈现给听众。再如要表现官员和护从坐轿的姿态，一般都是程式化的。他的表演却与众不同，坐轿的架势、吆喝的声音等细节，都力求与坐轿人的地位、气度以及所处场合相呼应，甚至连轿夫、跟班的身段、面风都各不相同，他的表演真是有声有色，活灵活现。

第二个优点是具有革新意识和擅长创作。这一点是他学艺初期耳濡目染的结果。润余社社员大多以自创书目立足书坛，尤以《杨乃武与小白菜》《张文祥刺马》等书开创新局，享有盛誉。他们常年在上海生活和演出，受社会改良思潮影响，思想比较开放，革新意识强烈，关注社会时事，迎合听众需求，编创各类新书。如程鸿飞根据革命党人事迹编演的《鄂州血》《徐锡麟刺恩抚台》《二次革命记》，朱少卿根据侦探小说改编的《福尔摩斯》，王金声根据时事改编的《枪毙阎瑞生》等。受这些前辈的影响，潘伯英早就有了编演新书的意识，并且付诸行动，积极尝试。他曾改编与《福尔摩斯》题材相似的《侠盗亚森罗平》和《聊斋》，演出后并未获得很大反响。为了丰富长篇书目，他又向光裕社老艺人朱润田补学《五义图》（又名《八窍珠》）。这是一部短打书，上座情况也不是特别好。对此，他并不气馁，通过不断反思、总结经验，逐渐悟出一个道理：长篇的选择既要考虑听众的文化水平、接受能力，也要切合艺人的个性和艺术特长。

尽管最初的长篇创作成绩平平，潘伯英并未停止编写新书的脚步。1934年7月，在民国政府大力推行新生活运动的背景下，吴县实验民众教育馆联合苏州光裕说书研究社举办改良说书竞赛会。比赛为期五天，每天有六档书目，共计三十五位艺人参加竞赛。由于筹备时间较短，艺人都以拿手的旧书参赛，唯独潘伯英以新书《神州光复志》参赛，因此备受瞩目。评委认为该书“最为新颖，富有革命精神，足以开发爱国思想”“说艺极熟，表情尤多精彩，烦能不乱，肆能不流，所谓改良说书，此为近似矣”。最终，潘伯英与严雪亭、虞文伯、王绶章、杨筱亭、杨月槎、杨星槎、朱耀庭、叶声扬、周亦亮等老辈名家同列为特等（得分80以上为特等，80以下为甲等）。这次竞赛提高了潘伯英的知名度，他编说新书的能力也得到了肯定。

每到岁末，光裕社按惯例要在苏州各大书场举行大规模的会书。会书是艺人间最为激烈的现场比拼，说得不好会被当场拉下，说得好则一炮打响，为各地场方所竞相争聘。潘伯英为了说好会书，总是在书目、噱头上出新。他喜欢看戏，尤其爱看麒麟童、金少山等名角，从他们的唱、念、做功中汲取养料，充实自己的技艺。潘伯英在参加会书时，改变了从长篇中截取选回的惯例，别出心裁地将“麒派”名剧《萧何月下追韩信》《扫松下书》改编成评话，深受同道和听众的欢迎，成为会书的保留节目。后来，为了增强演出效果，他又从原来的单档演出改为双档演出，和曹汉昌在吴苑书场合说新编的《天霸拜山》。他们搭口紧凑，对白精彩，圆满完成了“送客”的任务，赢得了极好的声誉。后来，张鸿声、顾宏伯等青年艺人都找机会与他合作说这回书。据唐耿良先生回忆，1943年潘伯英到朱家角接他下脚，他特意多留一天，在潘伯英说完日场之后，再加送一回《天霸拜山》。这么做就是为了和潘伯英合作说一次书，过一把瘾。这回书在当时的影响力可见一斑。

在光裕社组织的会书中，潘伯英与曹汉昌合作较多，还说过《褚彪拜庄》《铁公鸡》，这都是由潘伯英专门创作的。潘伯英年龄稍长，嗓音低沉，与嗓音高亢的曹汉昌合作比较吃力，每次演出后总是满头大汗。他常对曹汉昌说：“和你合作，命去脱半条。”当然，他们的合作也有优势，两人说表风格接近，能发挥团结协作精神，加上互相衬托、配合，自然能够收到最佳的演出效果。

通过会书演出的出色表现，潘伯英赢得了良好的口碑，各地码头的场方纷至沓来。潘伯英书艺好，待人坦诚，不卑不亢，深受听众和场方的欢迎，很多码头都会要求其三、四次复档，最多的如常熟梅李、浙江平湖，复档竟达十三次，在评弹界实属罕见。

跻身“七煞”成名家

从初出茅庐到崭露头角，潘伯英用了十多年时间，成功闯出了一片天地。此时的他已是码头响档，生活安定，艺术上踌躇满志。然而好景不长，日本发动全面侵华战争，他再次陷入颠沛流离的困境。日寇轰炸苏州后，潘伯英带着妻女逃往南京。到了南京才发现首都也即将不保，政府机构都已经撤退。幸亏遇到曾经相助过的听客小连生，小连生利用开车之便，将他们带出南京城，之后潘伯英搭船逃至武汉。当时国民政府的作战中心在武汉，从江南逃往武汉的难民特别多，虽然处在避难之际，人们也需要通过娱乐来排遣忧愁和寂寞，于是茶馆书场应运而生，潘伯英得以靠说书度日。没几个月，日寇即将进攻武汉的消息传来，许多难民决定逃往重庆、成都。潘伯英审时度势，决定取道香港后前往上海，在“孤岛”暂时栖身。

自出道以后，潘伯英安于在码头上演出，没有进过上海。客观上，师弟朱伯雄因为有李伯康的提携，早已在上海走红，潘伯英的《张文祥刺马》进上海不易讨好。更主要的原因是潘伯英个性清高，不愿意阿谀曲从。二十世纪二十年代末开始，上海兴起新型的旅馆（饭店）书场，每场由三四档至五六档艺人越做，若无实力强大的名家提携，普通艺人根本无法插足。潘伯英虽然人在江湖，却不愿随波逐流，也不喜欢拉帮结派，所以之前没有进过上海。想不到，这次却因为逃难而辗转到了上海。

“孤岛”时期，上海的经济、文化呈现出畸形的繁荣景象，说书业也有很大的发展。由于滞留上海和外地涌入的艺人数以百计，一般艺人仍然很难接到场子。潘伯英四处奔走，好不容易被聘到福致里的西园书场，谁知道该书场急于营业，尚未办理从业执照，所以书场刚开书没多久就被迫停业。在这次短暂的上海之行中，听众对他的评价褒贬不一，九如在《上海生活》中写道：“现在已有《刺马》第二人了，名潘伯英的，乃伯雄的师兄弟，十几年来，专跑外码头，不到上海来，到今日当然设法也混到上海来了。此人书艺不在伯雄之下，说与噱也很可以，倒是一个老手，往后恐怕为伯雄之敌，互抢场子呢！”著名的书评家张健帆对其演出颇有啧言：“脾气倔强，时于（台上）大发牢骚。至其书艺，又无甚特长，故登台不久，即离沪他往矣。”

“孤岛”淘金梦破灭，潘伯英只能回到苏州。当时的苏州市面萧条，百姓惶恐，书场虽然已陆续复业，但是业务清淡，潘伯英只接些日场演出，夜场不敢接，农村书场更是不敢涉足。寄父听说他生活困难，介绍他回常熟当差，潘伯英了解到是为日伪政权工作，断然拒绝。他虽然是跑江湖的说书人，却并非见利忘义之辈，在危难时刻始终坚守民族气节。为了维持生活，他重拾少年时代的绘画本领，以绘制连环画赚取微薄的稿费。

虽然演出减少了，这却给了他充分的时间去构思和编写新的长篇。结合多年的创作经验，他选定了侠义公案小说《彭公案》。这部书内容丰富，结构精巧，许多人物为听众所熟悉，容易引起共鸣，而且故事线索比较集中，很适宜改编成评话。在他之前，前辈名家尤少台最早改编此书，尤少台去世后只有朱耀良传其衣钵。该书目从头说至尾可达八个月之久，朱耀良尤擅“大破溪皇庄”一段，可说至十八天。有鉴于此，潘伯英刻意避开朱耀良的拿手段落，重点改编“杨香武三盗九龙杯”以及“大破溪皇庄”之后的“大破剑峰山”等内容。他边写边说，边说边改，通过几年的不懈努力，终于得到听众的欢迎，成功打造出属于自己的长篇代表作。《彭公案》的成功，为他跻身名家行列夯实了基础。

1941年《弹词画报》称，潘伯英年二档开进苏州浒墅关，包价每月四百元。当时上海的书筹（即票价）约售三角，普通的上海响档月收入七八百元，乡镇书场能给潘伯英包价四百元，足见他在码头上的影响力已经非同一般。同年秋，潘伯英再度进入上海，在东方书场开讲最拿手的《张文祥刺马》，当书说至大关子“三刺马新贻”时，连书台上都坐满了听众。同时，他在其他书场开说《彭公案》之“杨香武三盗九龙杯”段落，这部新长篇已在码头上打磨了两三年，首次进上海也很卖座。此时，潘伯英虽尚未在上海立足，但通过这次的演出，他的知名度得到了很大提升。

抗战时期是潘伯英在艺术积累和人脉关系发展上的重要阶段。艺术上，以《张文祥刺马》为主、《彭公案》为辅的代表性长篇趋于成熟，特点是书目内容厚实，情节离奇曲折，于落回处设悬念，激发听众兴趣，同时注重讲理，以丰富的学识提升书目的文化内涵。表演上，形成重说表、轻开打的说书风格。人脉关系的改善，主要源于他在创作上的特长和热心助人的品格。基于请教书艺和修改书目的需求，许多艺人通过茶会或同埠的机会认识潘伯英，以会书、越做等形式加强合作，增进了解，结下友谊。

曹汉昌曾多次与潘伯英合作，“学习他说书如何讲理，如何吸引人，很有帮助”。受潘伯英的启发，曹汉昌对自己所说的《岳传》进行细致分析，将不合情理的内容加以修改，把“软档书”加工完善。唐耿良和潘伯英关系更为密切，是亦师亦友的知交。1946年初冬，他们随徐云志赴无锡，在迎兴、和平春书场越做，唐耿良、潘伯英分别做日夜两场，徐云志日夜四场，五十天后徐先行离锡，他们继续独做。拆账方面，他们以“抖手巾包”方式平均分配收入，演出期间两人齐心协力，日夜客满。潘伯英毫无保留地介绍如何“抖松”“搭钩子”等技巧，还为唐“定制”了许多挂口、赋赞和韵白。唐耿良在回忆潘伯英时这样写道：“同行相妒，但我得到一个同行如此热情而具体的帮助，实在让人感动，因此我把潘视为半个老师。”潜移默化中，唐耿良的艺术风格明显受到潘伯英的影响，《书坛周刊》曾评价“小辈说《三国》的唐耿良颇有似伯英之风格”。潘伯英是个多面手，对弹词唱篇也十分精通。他为陈瑞麟撰写连续开篇《枪毙阎瑞生》十几首，陈在长篇演出时逐日加唱，深受听众欢迎。张双档在《十美图》《顾鼎臣》中的部分唱篇，也曾请潘伯英加以润色，如脍炙人口的选曲《贵府账房》就出自他的笔下。

二十世纪四十年代中期开始，潘伯英与唐耿良、张双档、蒋月泉等艺人的合作日益密切，强强联合的阵容红遍各埠，声名日盛。有了这样的基础，潘伯英进入上海一流书场演出已水到渠成。1945年6月，潘伯英在上海沧洲书场、沧洲饭店花园书场和惠中书场日夜登台，与蒋月泉、张鉴庭、张鸿声、刘天韵、顾宏伯等名家同场越做。这类新式书场环境雅致，座椅舒适，听众的年龄、文化、审美习惯均不同于传统书场，为了满足他们追求新颖和噱头的喜好，每场演出少则三四档，多至六七档，如同年终的会书一样，每档艺人都会使尽浑身解数，以博得听众好感。若无过人之处，听众就会像潮水一样“抽签”离场。潘伯英是久经沙场的老将，得益于数十年码头的历练之功，他的书路纯熟，条理清晰，说书快而不乱，在台上左右往来不息，井井有条。最突出的特点是关注时势，噱头贴近现实，借古讽今，含义深长。初进沧洲书场就获得成功，为他名满书坛、立足上海奠定了基础。此后数年，潘伯英几乎年年都在沧洲、东方等书场复档，全年约有一半以上的时间在上海，偶有空档即被各地码头争相延聘，成为颇受欢迎的评话名家。其因文化修养深厚，书艺高超，被上海听众赞誉为“书坛通儒”。当然，潘伯英的书艺并非无可挑剔，他有着嗓音沙哑、多拍醒木等弊病，但是瑕不掩瑜。

1948年春，潘伯英与张鉴庭、张鸿声、蒋月泉、唐耿良等在上海沧洲书场、东方书场做年档。正月二十四为说书业“三皇祖师”诞辰，书场按例休息一天，艺人和场方都在三和楼聚餐联谊。席间，张鸿声酒后失言，冒犯了沧洲书场老板张亚庸。张亚庸恼羞成怒，欲凭其在书场同业公会的影响力将张鸿声逐出上海。蒋月泉挺身而出，潘伯英、唐耿良、张鉴庭等一起声援，

左起：吴剑秋、张鸿声、潘伯英、薛筱卿、郭彬卿，于1950年在常州合影

扬言集体剪书，最终迫使对方让步，从而化解了这场风波。张鸿声为表感激之情，约定八月中秋节他们同赴苏州，书场全部由他负责安排。当年中秋档期，张鸿声、潘伯英、唐耿良、韩士良四档评话和张鉴庭、张鉴国、蒋月泉、钟月樵、周云瑞、陈希安三档弹词集体赴苏，日夜轮做梅园、春和楼、大中南等十一家书场，阵容之强，轰动书坛。他们日夜各做三副书场，人员搭配均匀，所有签子集中后统一均分，虽然收入无多寡之分，但是听客人数攸关颜面名声，所以每个人都暗中竞争，各显身手。苏州剪书后，他们又赴无锡、常熟等地，同样盛况空前。由于他们强强联合占据了显面书场，一般艺人无力抗衡，遂将他们视为“五道七煞”，避之唯恐不及，“七煞档”之名由此而来。由于档子安排和利益冲突，艺人间逐渐产生了裂痕，至1949年端午节正式散伙。

“七煞档”合作时间虽然不长，但是作为二十世纪四十年代末最具实力的组合，影响巨大而深远，其盛名已被牢牢书写在苏州评弹历史上，至今仍广为流传。于潘伯英而言，跻身“七煞档”是其演艺生涯达到顶峰的标志，奠定了他在评话界的卓越地位。《书坛周刊》于1948年10月至1949年1月举行的“三十七年度十大说书名家”选举中，潘伯英获一百五十票，列第二十五名，在评话界为第五名。1947年初，潘伯英当选吴县评话弹词研究会理监事，与他同时当选的还有姚荫梅、杨莲青等六人。到了1949年初举行的第三届会员大会上，他成为唯一的常务监事。这种变化，从另一个侧面反映了潘伯英艺术地位的上升。

推动革新勇当先

先辈姜万孚云：“吾道中之闻名者，不外乎说书说势，说书说世而已。大册不说势，小册不说世，不可以云名家。”潘伯英即有说书说势的风格，《书坛周刊》曾有如下评论：“潘说书时，辄将当前国家大势穿插入书中，以譬喻之，入情入理，以博听众广闻。”“举凡书情中之插私及当前之国势隐忧，讽刺幽默，妙语双关，引古论今，含义深长，实创评话之最高风格。”

潘伯英游历江湖数十年，却毫无江湖习气，始终保持着正直不阿的本性。三尺书台也是他揭露黑暗官场、鞭挞丑恶现象的阵地。有一次，他在常熟说《张文祥刺马》，因不满当时官场腐败，借书中人物之口批评“现今的官做得越大，越勠面孔”，听众心领神会，齐声大笑。谁知道书场中有小吏听书，散场后密报上级。第二天警察局传唤潘伯英，责问他为何讽刺官场。潘伯英据理力争，告知警察讽刺之辞为书中人的语言，说的是清朝之事，未有半字涉及当今官场，何错之有？警察无言以对，只能任其离开，继续演出。

1947年岁末，潘伯英与张鉴庭、蒋月泉、张鸿声、唐耿良等在常熟乡镇做年终会书，每地三天，深受书迷欢迎。在东唐市演出时，他有感于百姓对物价飞涨的极度不满，在书中穿插说：“草纸一日三涨，而钞票一日几跌，钞票不及草纸值钱！”这个极具讽刺意味的噱头深得听众之心，场内顿时爆发一片掌声。结账时，当地“三青团”骨干故意刁难，他们以“钞票不及草纸值钱”为由，把演出拆账所得扣下，反将几捆草纸作为报酬。潘伯英知道这些人平日为害乡里，不得民心，因此理直气壮地大声和他们理论：“钞票不及草纸值钱是说书放噱头，哪有用草纸结账的道理？你们这样做居心何在，请唐市的老听客们评评理！”老百姓闻讯聚拢到书场门口，纷纷指责“三青团”骨干用心不良，想乘机侵吞艺人钱财。那几个家伙怕激起众怒，气焰弱了许多，老板乘机出来打圆场，潘伯英一行终于顺利结账离开。

经过此事，大家对潘伯英的胆识非常佩服，遇事总要和他商议。新中国成立前夕，社会上谣言四起。蒋月泉看到许多有钱的朋友去了香港或台湾，就和潘伯英谈起要不要离开。潘伯英认为出走并不是上策，因为他们别无所长，只能靠说书养家糊口，离开此地就失去了生存之道，后果堪忧。他的这番分析大家觉得很有道理，从此安心在上海演出年档。

1949年5月24日夜，解放军攻入上海市区。至5月25日的拂晓已完全控制苏州河以南市区，5月27日上海全部解放。在此期间，虽然战斗仍在持续，但是社会秩序良好，商店照常开市，戏院、书场照常营业。潘伯英在沧洲、维纳司等书场演出，住宿在福建中路的汇泉楼书场，亲眼看见解放军秋毫无犯，这一切使他对共产党的好感油然而生。上海解放后的第二天，吴宗锡受组织委派，以军管会文艺处干部的身份联系评弹艺人，开展工作。作为评弹协会的骨干，潘伯英是最早和吴宗锡接触的艺人，他作风正派，有较好的文化修养，愿意接近文艺处干部，迅速成为推动艺术革新的积极分子。通过学习《新民主主义论》《在延安文艺座谈会上的讲话》等理论著作以及《小二黑结婚》《上饶集中营》《白毛女》等解放区文艺作品，潘伯英对党的文艺方针有了深入了解和正确认识，进而在文艺处的指导下主动开展艺术革新工作。

为了表明上海评话弹词界主动革新的态度，潘伯英积极奔走，与张鸿声、唐耿良、杨斌奎、刘天韵等组成临时筹备会，筹划了一场划时代的革新实验大会书。经过十多天的积极筹备，大会书于1949年6月29日下午在维纳司书场隆重举行，整场演出包括六个节目：陈莲卿、祁莲芳的《共乐开篇》，范玉山、韩士良、陈继良、陈鹤声合说的《上饶集中营·茅家岭暴动》，刘天韵、谢毓菁、朱琴香、高美玲弹唱的《小二黑结婚·逼婚》，潘伯英、张鸿声、顾宏伯、唐耿良合说的《大渡河·飞夺泸定桥》，杨德麟、范雪萍、朱耀祥、徐天翔弹唱的《白毛女·索债》和张鉴庭、张鉴国、朱慧珍、蒋月泉、周云瑞、王月香弹唱的《阿Q正传·宿枯庙》。其中，五回新书都是潘伯英在一周内改编完成的。经过演员的二度创作，这些新书在内容、思想和形式上都表现出了新意。尤其是潘伯英等人合说的《大渡河·飞夺泸定桥》，“在评话中，战斗场面激烈，红军的手榴弹和机关枪子弹迸飞，英勇的红军前赴后继、慷慨激昂，不朽的革命精神也被表现得淋漓尽致，使听众有如身临悲壮的战场”。最后一回书原定五人合说，后来女弹词家王月香坚持要加入，她说：“唔笃要革新，我也要革新格！”所以这最后一回书由于王月香的加入，成为六人合演。六个档算是评弹界之最了。一位参演者

上海市评话弹词研究会第二届理事会合影（后排右二为潘伯英）

在接受《新民晚报》记者采访时说：“评弹界一致认为需要自发革新，以求进步；不然，新社会的趋势也要强迫你进步，但那就不如自发的求进步来得快而好了。”

革新实验大会书的成功，一方面使评弹界的进步力量受到文艺处的关注，另一方面使评弹界内部对书艺革新有了进一步的认识并促发积极行动。1949年7月下旬，上海评弹协会决议成立革新编辑委员会，由潘伯英、黄兆熊、曹仁安、谢毓菁、周云瑞、张鸿声、杨振雄、杨斌奎、杨德麟负责。在文艺处的组织下，潘伯英等进步艺人在主动革新书目的同时，还积极推动评弹界参与到各种社会活动之中。

同年8月24日晚，由革新编辑委员会筹划的评弹界劳军义演在南京大戏院隆重上演，除演出劳军开篇和《陈圆圆》《李闯王》《长生殿》等节目外，文艺处采纳潘伯英的建议，在会书的最后加演了一出书戏《小二黑结婚》。这出书戏由潘伯英、杨德麟负责编排和导演，分为五幕四景。为了增强号召力，潘伯英与蒋月泉、张鸿声亲自登门，诚邀因病息影数月之久的范雪君饰演女主角小芹。男主角小二黑由蒋月泉饰演，刘天韵、张鉴庭、张鸿声、潘伯英、朱耀祥分别演三仙姑、于福、金旺、村主任、区长。劳军义演几乎集中了沪上所有的名家响档，阵容强大，前所未有，加上阔别十载的书戏的吸引力，整个上海书坛为之轰动。演出前几天的彩排已经人山人海，一千元到四千元不等的书票被一抢而空。这次规模盛大的劳军义演，可看作上海评话弹词界同仁支持说新书、拥护共产党的一次公开宣言，意义十分深远。

为了推动更多艺人参加革新，潘伯英在汇泉楼书场组织评弹艺人参加学习小组，每周一次，利用上午的空余时间集体学习《工人读本》，交流学习心得，同时对新书目的编写展开讨论。在学习交流的基础上，潘伯英主动按照新的观点改革《张文祥刺马》，对“三刺马新贻”之后的内容进行整理修改。同时选定《李闯王》作为新长篇，边写、边说、边改，在汇泉楼书场成功开讲一个月。在文艺处的动员下，他和唐耿良排了一回《李闯王》中的“饥民借粮”，深入申新纱厂为工友义务说书，将自己的夜场放弃，请其他人代书。此举开良好风气之先，《新闻日报》《上海书坛》等报刊均予以报道宣传，赞扬他们放弃收入，为工农兵服务的奉献精神。

新中国成立后的第三天，上海剧艺界两千五百余人在天蟾舞台举行庆祝新中国成立大会，评弹界五六十名会员参加集会。就在庆祝大会前夕，潘伯英突然接到一封署名为“青气”的来信，对他恐吓：“你太辛苦了，如再为共产党卖力，当心你的妻儿成为孤儿寡妇。”潘伯英虽然对妻儿安危有所顾虑，但是并未被特务吓退，他向文艺处干部做了如实汇报，仍一如既往地参加会务工作。会后，以杨斌奎和潘伯英为正、副队长的评弹会会员加入游行队伍，冒雨游行三小时。

遵照文艺处的指示，上海市评话弹词研究会于1949年10月启动改建工作。在为期三个多月的筹备期内，潘伯英先后被推选为筹备委员、改革脚本委员，除了继续推进书目革新之外，他还积极筹办救济评弹协会孤儿寡妇特别大会书，发动会员竞购胜利折实公债。潘伯英热心会务工作，带头参加义务会书和认购公债，在协会改选中赢得极高的呼声。1950年1月23日上午，上海市评话弹词公会在军管会文艺处召开成立大会，杨斌奎当选主任委员，韩士良、严雪亭为副主任委员，潘伯英当选执行委员兼任编研委员会主任。

1950年2月17日至3月4日，由军管会文艺处主办的上海市戏曲（当时“戏曲”概念较大，曲艺也包括在内）改造运动春节演唱竞赛在全市剧场、书场同时举行。年档的前七天为评弹初赛时间，参赛者一律说唱新书，由评奖委员到现场听书打分。潘伯英年档做米高美、丽都、群玉楼、东方、西园、玉茗楼等六家书场，参赛书目为《李家庄的变迁》，这是他继《李闯王》之后改编的第二部新书。因为忙于协会工作和赶编新书导致疲劳过度，又逢东方书场日场断电，话筒失效，开书没几天，潘伯英即因嗓音失润而暂停演出，各书场由陈鹤声、苏毓荫代书。初赛结果，黄异庵编著、潘伯英整理、杨震新开讲的《宁武关》（《李闯王》中一段）获最高分，列甲组第一；潘伯英编著，吴剑秋和朱慧珍弹唱的《井儿记》获乙组奖。总决赛除甲组的杨震新、刘谢档、徐雪月师徒和顾韵笙兄妹四档获奖演员外，增加潘伯英、曹汉昌的《新天霸拜山》和严雪亭、范雪君的《三上轿》两档书。最终杨震新获演出荣誉奖，刘天韵获个人荣誉奖，潘伯英因对新评弹工作的努力和贡献，获得工作表扬奖状。在不久后举行的救济皖北水灾会书上，潘伯英与曹汉昌、杨震新合说《李闯王》选回，“新书状元”在台上非常自谦，表明能获奖主要归功于潘伯英的大力相助。当时，潘伯英和张鸿声曾提议杨震新与黄异庵结为师生。

1950年4月，潘伯英经文艺处推荐，当选上海市第一届各界人民代表会议代表（剧艺界）。作为评弹界的唯一代表，潘伯英与梅兰芳、周信芳、赵丹、上官云珠等艺坛巨擘同享如此高的荣誉，这是对他呕心沥血推动评弹革新的充分肯定和褒扬。《上海书坛》“点将漫画”将他比作智多星吴用，赞扬他："致力于新评弹之推进，登高振臂，同道倾心，向之看齐，如斯人才，如此苦干，不愧智多星，不愧评弹界之中坚，此次代表评弹界出席人民代表会议，评弹界亦与有荣焉。"同年7月24日至29日，潘伯英和张鸿声、黄异庵、刘天韵四位评弹界代表参加上海市第一届文学艺术工作者代表大会，潘伯英当选上海市文联第一届理事会理事。

改人改书开新局

上海解放后的一年多时间里，潘伯英始终在尽心竭力地推进革新，即使头痛、吐血亦在所不惜。在参加上海市第二届戏曲人员研究班期间，他六岁的爱子因病夭折，他悲痛之余仍坚持到班学习。然而他的付出却遭到部分同道的冷言冷语，他们认为潘伯英好出风头，脱离群众。加之当时书场仍以演老书为主，他的新书《李闯王》虽然多次参加会书，亦得到过好评，但在长篇演出时上座率欠佳，因此他逐渐产生了消极情绪，认为"提倡新评弹暂应小休，理由是工农兵无暇听书"。他在后来的一篇文章中回顾这段经历，做了深入的分析和自我批评："其实哪里能怪其他的会员们呢？原因是我自己高高在上，一意孤行，才脱离了群众的。脱离了群众的人是相当苦闷、相当可怜的，虽在数百人的大会场内，依旧会感到孤单。有时领导同志看到，想来启发我的觉悟，纠正我的错误，但刚谈上几句，我便大发牢骚，对所有认识的人一律进行攻击批评，使好意前来谈话的领导同志没有插入片言只语的机会，也只好就此罢了。有时竟会恨起干部、怨起政府来，我在上海第二届戏曲研究班里学习的时候，就是这样的情形。现在想来，我那时的思想状况简直到了可怕的阶段。这个可怕的阶段我熬得很长，直等到我将离开上海时，到文艺处去辞行，领导同志们和我做了一次'临别赠言'的谈话，才把我的思想转变了过来。"

1950年9月21日，潘伯英在上海市第二届戏曲人员研究班编导系的学习圆满结业。当时临近中秋，适逢秋档阵容调整，潘伯英遂离沪赴苏。回到苏州后，潘伯英再燃激情，全身心地投入评弹的革新工作。9月22日至23日，苏州文联为筹募学习基金而举办新评弹实验会书，潘伯英以新编的《太平天国》参加演出，他在台上侃侃而谈，分析太平军革命失败的原因以及忠王李秀成的始终如一，给在场的文联领导凡一留下了深刻的印象。

为了庆祝新中国第一个生日，潘伯英和在苏的同道商议举办一场特殊的演出，用说新书的形式反映苏州评弹界在新时代取得的进步。当时提倡评弹要为工农兵服务，但是他们反映说："说新书我们很欢迎，只是我们生产、工作太忙，没有那么多时间天天来听，逢到要紧关子不能连续听下去，真可惜。"为了便于他们完整地欣赏，潘伯英提议采用类似话剧的方式，将一部新书编成四五回书，几个人合作演出，各说一回书。这样一来，形式有说有唱，故事有头有尾，一场全部说完，一定会受到听众的欢迎。此时，离国庆还有不到一周的时间，他们商议决定以韩起祥的陕北说书《刘巧团圆》为蓝本，由潘伯英负责改编，丁冠渔联系演员。潘伯英在完成日夜两场演出的同时，夜以继日地赶编脚本，于9月30日完稿。全书分为《退婚》《央媒》《小夫妻相会》《抢亲》《团圆》五回，四回弹词一回评话，由祝逸亭、潘伯英、顾韵笙、吴剑秋、朱慧珍、张丽君、吴子安、丁冠渔、陆耀良、王宏荪、王如荪、王肖泉、赵兰芳、徐小琴、陈筱卿、王兰香、王月香参加演出。全体演员热情高涨，拿到脚本后连夜"吃"书，10月1日下午分档排书，当晚该书在静园书场成功上演。《上海书坛》报道："全部唱词通俗而风趣，故听众易于接受，笔者综观场内解放军人士十余位，工人亦有多人，皆听得哈哈大笑，鼓掌不已，故短篇弹词新书是无疑能成功的。若各人面部略加化装，深入工农兵群弹唱，当更能激发兴趣。"

《刘巧团圆》以一种全新的形式在极短的时间内成功排演，这反映了评弹在宣传方面具有灵活、高效等优点。1951年元旦，常熟孔雀厅举行抗美援朝特别会书，潘伯英以同样的形式排演了《景明大楼》，演出盛况空前。2月8日，《景明大楼》在无锡明园举行的会书中再度上演。同年11

月，为了响应《婚姻法》的号召，潘伯英将赵树理的《登记》改编成《罗汉钱》，以做普法宣传。全书分五回，先由潘伯英安排书路，编写提纲，然后根据演员的个性特长分配角色，每回书由五人组成一档，各组在上手主持下集体创作说表对白，唱词统一由潘伯英撰写。通过五档演员群策群力，发挥集体智慧，仅用了一星期左右的时间，该书就排练成熟，在静园书场演出日夜两场，均告客满。当时这种将评话、弹词混合为一的演出形式尚未被定名，新闻报道中大多称其为“新评弹”。这种模式使原本各自独立的评弹艺人有了紧密的合作，可以充分凝聚集体的力量，因此备受推崇和关注。横云在《新民晚报》发表文章建议：“我希望艺人们试着实行这一方法，聚集五档，每档合说一个短篇，或接连两三天说完一个中篇。一边联合编写，一边实验演唱，那么，新评弹能更好地发展是可以保证的了。”事实上，潘伯英创造的这种演出形式就是后来广泛流行的中篇评弹。

潘伯英回到苏州后不久，因积极推动艺术革新，赢得了领导的赏识和会员的拥护。1950年10月，苏州评话弹词工作者协会推举丁冠渔、潘伯英分别为代理正、副主席，主持会务工作。（当时协会主席钱景章，副主席黄异庵、曹汉昌均在上海。）演出之余，潘伯英经常组织会员学习，为会员传达在上海学习时的收获和心得。当年11月，苏州市文联举办第一届艺人学习班，潘伯英担任班委会委员，参加班务工作。学习班为期四周，每天上午学习半天，潘伯英主动暂停日场演出，全心全意带领评弹组共同学习。在赴常熟、无锡演出期间，潘伯英积极加入当地的学习小组并被推选为组长，他主动编写新书、开篇，联合同道举办抗美援朝会书。在锡期间，潘伯英开讲的《太平天国》荣获无锡春节戏曲竞赛一等奖。汪雄飞在他的帮助下编演了《太平天国》，亦获1951年上海市春节戏曲界演唱竞赛二等奖。

1951年3月1日，苏沪两地评弹改进协会合并改选大会同期举行，选举出三十三名执监委员。因为潘伯英始终如一地热心会务且革新工作卓有成效，在上海、苏州两地会员中赢得很高的支持率，沪会得票七十八张，苏会得票八十张，合计一百五十八张票，名列第一。3月19日午夜，两地委员齐集上海评弹协会会所举行选举，潘伯英、杨斌奎、严雪亭、张鸿声、顾宏伯、唐耿良、刘天韵等七人当选执常委员。继而由七人相互推选主委，经过三轮投票，严雪亭获三票，当选为正主任委员，潘伯英、杨斌奎各得两票，和其他四人同任副主任委员。21日上午，合并后的评话弹词改进协会第一届执常委员在沧洲书场宣誓就职，经相互推选，潘伯英兼任秘书长和创作组主任。

两会合并后，潘伯英主持开展苏州的会务工作。首先设立干事会，每天上午开会，商讨会务工作和发展方针，并设置意见箱，征求会员的意见和建议。干事会下设若干小组，对协会积存物件进行清点，整理档案资料，制定管理制度。同时设立图书室，促进会员学习，指定辅导组和创作组帮助会员编著、修改新书。在潘伯英的带领下，评弹协会的工作呈现出前所未有的新气象。

当时，苏州市文联根据全国戏曲工作会议提出的戏改方针，正考虑从艺人中物色培养一位戏曲改革工作的干部。潘伯英为人正派，工作勤勉，既是评话名家，又是协会负责人，而且创作能力比较突出。综合上述因素，苏州市文联领导认为潘伯英是艺人中能够参与评弹改革领导工作的最适合人选。然而，那时候书场业务兴旺，像潘伯英这样的名艺人被各地争抢，日夜演出四至六场，月收入六七百元甚至超千元。如果脱产参加革命工作，政治上是无比光荣的，但是收入大幅减少，只能拿一百二十元的生活费。文联领导的信任和器重，激发了潘伯英强烈的荣誉感和责任感，他毅然放弃高收入，参加文联工作。1951年4月11日，潘伯英在沙头中泠书场提前剪书返苏，4月20日正式成为戏曲改革工作的专职干部，后被选为苏州市戏曲改进会副主任。在同年8月举行的苏州市第一届文学艺术工作者代表大会上，他当选为苏州市文学艺术工作者联合会执行委员，后于1956年苏州市第二届文代大会上当选为文联副主席。

潘伯英的选择离不开夫人费瑾初的理解和支持，她同时提出参加革命的请求并获得苏州市文联的批准。费瑾初是浙江乌镇人，家中开设万福园书场，自幼耳濡目染，自学弹唱。和潘伯英结婚后，她在潘伯英的指导下读书练字，当时潘伯英的大弟子唐骏骐正在跟师，两人每天都要完成书法练习并交给潘伯英批阅。新中国成立后，费瑾初在潘伯英的影响下积极参加政治学习和评弹工作，她与朱慧珍是莫逆之交，曾拼女双档，在上海建成电台弹唱《白毛女》系列开篇和《华丽缘》。她说表老辣，弹得一手好弦子，嗓音不在朱慧珍之下，很受听众欢迎。1950年后，费瑾初积极投身评弹革新工作，热情参与《婚姻法》、镇压反革命、抗美援朝、“三反五反”等宣传活动的演出。费瑾初1951年参加苏州市评弹改进协会工作，负责接管苏州市区书场，1956年任公私合营书场公方代表，1960年任苏州市书场管理组副组长，“文革”后历任苏州市影剧公司副经理、苏州市评弹一团副团长、苏州市评弹团团长等职。

上任之初，适逢镇压反革命运动如火如荼地开展。潘伯英组织协会骨干创作镇反节目，组成“苏州评弹协会坚决镇压反革命街头演唱宣传队”深入全市各区里弄，以“塌车”作为临时书台进行宣传演出，在静园、龙园书场举行三场肃反大会书，演出日夜客满，他们将全部收入都捐献给朝鲜难民。钱景章在镇反运动中被苏州公安局逮捕后，潘伯英代表协会参加人代扩大会议，对钱的反革命行为进行控诉，并在文联指导下组织召开控诉大会。

1951年6月14日，苏州市文联举办的第一届评弹艺人讲习班举行开学典礼，参加学习的艺人达二百多人。潘伯英担任学习班的领导工作，在讲话中指明“现在学习的目的，乃是走上革命路线”，希望会员“搞好新文化工作，在两个月学习之中，来一次创作比赛”。在为期八十天的学习期内，潘伯英以自己对评弹艺术的切身体会作报告，带领和帮助学员深入学习戏改政策。部分学员在他的指导下选择合适题材，创作出《皇帝与妓女》

《新儿女英雄传》《花木兰》《情探》《将相和》五部长篇。8月9日开始，潘伯英将学员编为十组弹词组、三组评话组，各以新华书店出版的书籍作为参考，进行新书创作，以两周为期开展竞赛，共创作《以身许国》《刘胡兰》《江阴八十天》《捐献》《母子英雄》《一颗手榴弹》等二十个中短篇作品。经班委和文联领导评判，选择部分作品进行修改、排练。9月1日开始在新艺剧场举行创作竞赛捐献大会书，三天日夜六场全部客满。为响应“六一”号召，演出收入全部捐献。潘伯英亦登台演出，与曹汉昌、丁冠渔合说《忠王李秀成》和《拳打镇关西》。在会书取得成功的基础上，曹汉昌、丁冠渔等人组成创作实验组，携新书赴太仓、昆山、无锡等地巡演。

经过八十多天的学习，许多青年艺人的政治意识得以提升，业务水平取得进步。王吟秋等十一位艺人率先于9月5日发起新评弹下乡工作组，随后又有二十多位青年艺人成立第二组、第三组，经苏州评弹协会批准和苏州市文联的资助，赴苏浙各埠巡回演出时事新书和新开篇。返苏后，他们继续开展政治学习，修改书目，并在潘伯英的指导下集体排演《罗汉钱》，举办《婚姻法》宣传特别大会书。11月19日，潘伯英、郭稼霖带领三十三位新评弹下乡工作组成员写下决心书，宣布集体“斩尾巴”，在文联领导下组建苏州新评弹实验工作团。11月25日，新评弹实验工作团在静园书场举行成立典礼，潘伯英任主任委员，郭稼霖任副主任委员。时隔二十天后，曹汉昌、杨震新等十一位评弹艺人于12月15日宣布集体“斩尾巴”，组建新评弹实验工作第二团（1952年1月11日正式成立）。

从举办艺人讲习班到新书创作竞赛，再到成立新评弹实验工作团，这都是遵照1951年5月5日政务院发布的《关于戏曲改革工作的指示》，有序推进“改人、改戏（书）、改制”的具体成果。潘伯英作为专职的戏改干部和评弹协会负责人，付出了巨大的努力。新评弹实验工作团的成立，为抛弃旧书、搞好新评弹做了有益的探索，为推动个体艺人走向集体化奠定了基础，在当时的历史阶段具有示范引领作用。

呕心沥血著长篇

1951年6月25日，正在苏州演出的蒋月泉、唐耿良等九位艺人向苏州文联递交决心书，宣布："坚决不再说唱充满封建毒素的《落金扇》《三笑》《三国志》《顾鼎臣》《十美图》《玉蜻蜓》《珍珠塔》等老书，克服一切困难，坚决为搞好新评弹而斗争。"这种自发的"斩尾巴"行动得到文化部门的认可，在评弹界引发连锁反应，短短半年左右时间，苏沪两地一百多位艺人以及大批书场相继主动或被迫宣布"斩尾巴"。在这种形势下，苏沪两地评弹改进协会要求会员从1952年5月1日起主动停说《珍珠塔》《三笑》《落金扇》《啼笑因缘》《彭公案》《乾隆下江南》《济公》《玉蜻蜓》等八部老书。

对于禁说老书，有艺人认为比较"残忍"。因为说长篇是艺人赖以生存的手段，旧书被禁后，没有新书的艺人就无法演出，断了经济来源。潘伯英却认为"实际上是非常讲人道主义的，要不然的话，真如胡乔木同志所讲，要被人民开除出文艺团体的"。为了说服会员及早放弃老书，他连续几天作《评弹艺人对于新书老书的种种问题》的报告，详细介绍新书的编写技巧，以及如何用正确的观点去修改老书。当时，由于缺乏新书而返回苏州学习的会员已有一百多人，潘伯英借鉴讲习班举行创作竞赛的经验，将会员分成若干互助小组，由"斩尾巴"艺人担任组长，每天上午进行集中研讨。这种做法改变了师徒传承的传统模式，倡导同行合作互助、共创共享脚本的新风气，极大地提高了会员编说新书目的积极性。从5月初开始的二十多天时间里，一百七十位艺人组成十一个新评弹互助组，创作修改《宝莲灯》《白毛女》《方珍珠》《太平天国》《四进士》《李闯王》《三打祝家庄》《上饶集中营》《闹天宫》《朱元璋》《张文祥刺马》等十一部长篇。6月份开始，这些长篇评弹书目就陆续在苏州各书场日夜上演，然后分别在各埠演出。由于互助组的成功，返苏学习新书的会员日益增多，相继又成立了《十一郎》《翠娘盗令》《梁红玉》《钗头凤》等小组。尽管这些书目大多没能长期流传，但是在当时的特定环境下有其积极意义，它解决了艺人的吃饭问题，维护了协会的稳定。

整理修改传统长篇和编写新长篇一样，也是戏改的一项重要内容。因为新长篇大多是仓促上马的，没有经过长期的演出实践，艺术质量普遍不高，上座率和传统书不可相提并论。《关于戏曲改革工作的指示》明确指出：“除应大量创作曲艺新词外，对许多为人民所熟悉的历史故事与优美的民间传说的唱本，亦应加以改造后采用。”苏州市文联对此十分重视，安排钱江、张翥和潘伯英三人专门负责，经商议后选定《白蛇》和《岳传》作为示范，召集说唱这两部书的知名艺人成立整旧小组，集中在苏州进行修改和试演。《岳传》小组由潘伯英和曹汉昌具体领导，每天上午在文联集中研讨，由曹汉昌按照传统说法依次说出，文联干部对思想性审核把关，适时提出删改或加强的修改意见，然后由试演者曹汉昌和杨震新重新编排书路、说表。待读熟脚本后，由曹、杨双档在静园书场试说，邀请全组成员以及在苏州开讲《岳传》的艺人听书，结合他们的意见和建议再次进行修改，形成演出脚本，供全体组员使用。各组员在演出过程中继续听取意见，修改完善。《岳传》整旧前后历时近八个月，参加者有二十余人，在评弹界产生了较大的影响。1953年4月，潘伯英带领苏州评弹团在上海演出期间，曹、杨双档合说整理后的《岳传》很受欢迎，上海市新评弹作者联谊会特意邀请潘伯英作有关“评弹整旧工作”的报告，为该会的作者介绍经验。

自从新评弹实验工作团成立后，潘伯英既要担任评弹团的领导工作，又要主持评弹协会的会务，在长达五年多的时间里一直肩挑两担，忘我地为革新评弹而工作。除了带领评弹界人士积极创作时事开篇和短篇，参与各种宣传活动外，他始终没有把长篇创作丢掉。在第一次艺人讲习班期间，他以新的观点将《水浒》改编成新长篇，并和曹汉昌拼档在静园书场演出，先后开讲《野猪林》《武十回》达两个月。新评弹实验工作第二团成立前后，始终以说唱新长篇作为示范，其中《野猪林》《李家庄的变迁》《井儿记》《罗汉钱》等新书都源自潘伯英，《四进士》《新儿女英雄传》等书也离不开潘伯英的指导和帮助。1952年初，他和朱霞飞、郭稼霖、朱雪玲、朱雪吟等一起改编《梁祝》，经过长期演唱，成为尤惠秋、朱雪吟和王月香、徐碧英的代表性长篇。他和朱霞飞合作改编的《钗头凤》不仅成为苏州评弹团的主要书目，还提供给上海评弹团徐雪月、朱慧珍等著名演员弹唱。1952年8月，一团、二团合并为苏州新评弹实验工作团，并吸收了一批优秀演员入团，为了丰富演出书目，潘伯英带领团员陆续改编《秦香莲》《王十朋》《梅花梦》等新长篇。他在编演这些书目时，总是不辞辛苦地跟随演员出码头，听现场效果，边听边改，不断丰富完善。1954年《王十朋》初次在上海演出时，书才写好一部分，潘伯英夜以继日地执笔赶写，现编、现排、现说，效果出奇地好。再如《秦香莲》中的“客店夜叹”“韩琪杀庙”等情节，都是在演出过程中添加的，获得听众很好的反响。为了加写一回书，他总是通宵达旦地拼命创作，保证第二天能顺利地进行排书和演出。

1954年9月底，苏州评弹团集中优秀演员赴上海演出，除说唱长篇之外，还公演了一批优秀的中篇，包括潘伯英根据长篇改写的《秦香莲》（上、下集）和《王十朋》，以及他带领大家集体创作的现代中篇《模范营业员孙芳芝》（江苏人民出版社1956年出版单行本）、《春风吹到诺敏河》。二十世纪五十年代后期，他还参与创作改编了中篇《郑成功》、《刘莲英（上海文化出版社1956年出版单行本）》、《玉蜻蜓》（上、下集）、《红楼梦》（上、中、下集）、《在悬崖上》《小刀会》《谢瑶环》《借画箱》《庵堂认母》等，短篇《匪特往哪里逃》《朱素珍》《六对半变一条心》、《隐藏不了（江苏人民出版社1956年出版单行本）》、《刀劈马排长》等，整理的弹词选回《红楼说亲》成为曹啸君弹唱的代表作。短篇弹词《六对半变一条心》经选拔后由江苏省选送参加1958年8月举行的第一届全国曲艺会演。会演期间，举行了中国曲艺工作者第一次代表大会，潘伯英作为江苏省代表进京出席会议。

潘伯英从事评弹创作和领导工作多年，他的自律和敬业有口皆碑，为评弹事业做出的贡献有目共睹。1954年，他当选苏州市第一届人民代表大会代表、苏州市人民委员会委员和江苏省第一届人民代表大会代表，后多次当选苏州市和江苏省人大代表。1960年被评为先进工作者，出席江苏省和全国文教群英会。1964年担任苏州市政协常委、江苏省政协委员。

尽管如此，由于个人性格以及工作方法的原因，群众中还是存在一些对他的批评之声。潘伯英追求进步，早在二十世纪五十年代中期就递交了入党申请，眼看着曹汉昌、唐耿良乃至夫人费瑾初都先后入了党，但是他的入党请求却迟迟得不到批准。党组织反馈的原因是他“骄傲自大，与群众（评弹艺人）关系不好”。对此，时任文联主席、动员潘伯英参加工作的凡一同志在后来的一篇文章中谈了他的看法：

说实在的，这并不是潘伯英的缺点，也不应该因上述原因而推迟他入党。所谓“骄傲自大”，实际上是他对评弹的革新有自己的见解，敢于直率提出，并能坚持自己的正确意见。所谓“与群众关系不好”，是因为他积极搞评弹革新，要求评弹艺人整旧创新，这不可避免地要引起一些对革新具有不同意见的评弹艺人的非议。而他有时的要求过高、过急，也有些脱离实际，这使一些评弹艺人有些意见。

在其他人的回忆文章中，我们可以了解到潘伯英在生活中非常随和，平易近人，真诚坦率。对待工作废寝忘食，认真到近乎苛刻，他可能会将这种作风强加到别人身上。他也没有错，最后确实做好了工作，但是这种工作方法难免会使个别人感到不舒服。1957年上半年，评弹界发扬民主，向潘伯英提了不少意见。组织上肯定了他的进步和贡献，认为他只是在思想认识方面存在缺点，因此没有让他参与整风的领导工作，让他专心学习和创作，以便缓解矛盾，保护他。由于群众的批评，他曾经有些消沉，发过一些牢骚，但是在领导的帮助下很快就释然了。他通过学习马列著作，参加党训班，重新以饱满的热情投入工作之中。1958年1月，苏州市评话弹词工作者协会成立，潘伯英担任主任委员。1959年2月，苏州市曲艺联合会成立，潘伯英继续担任主任委员。1962年3月，他被批准加入中国共产党，终于实现了多年追求的崇高理想。

1958年开始，潘伯英不再参与具体的行政工作，专事评弹创作。从繁杂的行政事务中解放出来，他有了更多时间回顾和思考。他在生命最后的十年里创作了大量作品，大多是为了配合宣传而急就速成的，尽管在当时取得了一定的成功，但是时过境迁，应时作品难以被长期演出，遭淘汰是必然的结果。而内容丰富、情节曲折的长篇有利于发挥评弹艺术的特长，经过演员二度创作后能够长期演出，经久不衰。如《四进士》《王十朋》《秦香莲》《梁祝》《梅花梦》等新编的长篇弹词，当时已经成为苏州市评弹团的主要书目，演唱的档数很多，反响很好。或许正是有了这样的认识，促使潘伯英重新审视评弹创作的方向，开始了新一轮的全力创作长篇的历程。

1960年，苏州市委分管文艺的领导给潘伯英推荐了一个题材，是仲国鋆撰写的《虞山长青——1941年苏常太地反"清乡"斗争的回忆》，该回忆录情节生动，很适合改编成评弹作品。在征得仲国鋆同意后，潘伯英决定改编成评话，并拟就了创作提纲。文化局对改编计划非常支持，成立了创作小组，将书名定为《江南红》，由青年评话演员杨玉麟担任助手，后来潘伯英的学生唐骏骐也加入了创作队伍。抗战期间，潘伯英经常在苏州、常熟一带演出，日寇和汉奸的罪恶行径历历在目，对于当时的社会环境他也比较熟悉，日积月累的丰富而真实的生活资源，对于他的创作也是比较有利的。为了对斗争背景有更翔实的了解，他们查阅了有关文献史料，并采访了一批老同志。当时潘伯英已年近六旬，创作过程中由于疲劳过度，引起胃出血复发，还生了落头疽。他在住院医治时仍时刻牵挂着他的创作工作，稍有好转就"逼"院长达成"协议"：半天住院，半天回团创作。大约用了两三个月的时间创作出十回书，当年"五一"国际劳动节在苏州书场试演，获得了成功。上演后，熟悉那段历史的老革命、老听客纷纷提供意见，由杨玉麟、强逸麟及唐骏骐继续进行加工，边说边改，不到一年时间将该书从十回扩展到三十回。全书情节曲折，人物性格鲜明，加之讲述的是苏州一带的革命故事，听众有切身的体会和亲切感，容易引起共鸣，所到之处受到大家的欢迎。在之后的三年中，苏州各个评弹团纷纷上演此书，还有演员将它改成弹词说唱，最多时达到二十多档，《江南红》成为评弹史上最成功的革命题材长篇。1964年9月25日，《人民日报》发表的《新意新声动人心》一文，对苏州市评弹团说唱新书的成绩做了专题报道，使“《江南红》红遍江南”的盛况广为传颂。

《江南红》初稿刚完成，潘伯英就马不停蹄地开始了新的创作计划——将《再生缘》改编为长篇弹词。其实，潘伯英对该书的改编始于1949年，据说该书最初是为蒋月泉所作的，后来因故没有完成，双方为此还产生了隔阂。其中详情至今无从查考，但是当年2月的《上海书坛》报确有蒋月泉弹唱该书的信息：“钟月樵因未曾学过《孟丽君》其书，故自与蒋月泉拼档以来，若逢其在说此书时，则在台上摆炮，只弹弹琵琶而已。”同年8月，费瑾初与朱慧珍曾在电台弹唱此书，报道称“该书由潘伯英每晚亲自教授”。据推测，她们的演出时间并不长，应该属于试唱性质，当时这部书尚未编完。为了突出该书的女权主义意识和反封建思想，潘伯英没有沿用传统书名《再生缘》或《华丽缘》，直接用女主角孟丽君作为书名。

1961年夏，潘伯英带领龚华声、潘莉韵、谢毓菁、徐琴韵、徐碧英、王月香六人来到东山，全身心投入《孟丽君》的创作之中。潘伯英的任务是每天晚上写一回书，第二天上午把本子交给演员，讲解书路、情节、关子等，然后分头排书，当天晚上演出。潘伯英每回必听，根据演出效果及时改进。这种创作被他称为“土法上马”，有点类似于“幕表制”，本子上只写出主要的表白、官白和唱篇，其他内容列出提纲，排书时由演员自己发挥。其特点是成书快，而且可以留出一定空间让演员参与创作。不过，这样

潘伯英在写作

做也是极其辛苦的。每天夜深人静时，潘伯英还在伏案创作，通宵达旦是常有之事。当时正值三年困难时期，由于营养不良和长期超负荷工作，潘伯英原本虚弱的身体每况愈下，时常发生心绞痛。他却不以为意，发病时就吃一包头痛粉，然后继续写作。在这种高强度、快节奏的重压之下，初次试演取得成功。接着他们趁热打铁，再到木渎、常熟两地演出，同样得到听众热情的支持和正面的反馈。

1962年末，龚华声、王月香和潘莉韵三个档在凤苑书场弹唱《孟丽君》，正在苏州养病的陈云同志从现场以及录音中完整地听了这部书，对每天的上座人数十分关心，并且多次约见潘伯英，对其给予肯定和关怀。在和苏州市文化局以及苏州市评弹团负责人的谈话中，陈云同志充分肯定了《孟丽君》的成功，认为它“集中了二类书的优点，可算是这类书的代表作”。这样评价的理由是：这部书在说理方面是成功的。它以说表为主，注重刻画人物的内心，对书中人物的思想和行动都有细致的分析。说表不冗长、不烦琐。唱词也安排得比较集中，用了很多典故，用得很好。这部书的穿插、噱头也很好，韵白也用得好。陈云同志在肯定的同时也谈到历史人物语言的使用问题，指出：“古代人说现代人的话，是不合适的，孔夫子不能穿列宁装。”陈云同志的肯定和听众的欢迎使潘伯英受到极大鼓舞，他立下雄心壮志，要将《孟丽君》继续编写扩充到一百回。然而天不遂人愿，时隔不久，“大写十三年”的极“左”狂潮就席卷了整个评弹界，潘伯英的创作计划成了永远的遗憾。

书坛英杰留美名

潘伯英是新中国成立后最早投身评弹革新的艺人，短篇、中篇，这些新的表演形式也是由他首创的。但是他并没有因为编演中短篇书目而放弃长篇，相反，他始终认为评弹应该以长篇为主。从艺术上来讲，长篇内容丰富、人物众多，说唱长篇能使艺人全面地掌握说唱技艺，长篇演出的繁荣有利于促进艺人的成长和艺术的发展；从经济收入看，除了国家剧团的艺人，其他人的主要收入都要依靠演出长篇获得。如果只说中、短篇的话，七八个艺人一组，每到一个地方只能说两三天，不仅难以接到场子，收入也极其有限，当年的新评弹下乡工作组就曾经历这样的尴尬局面。1964年后，传统书被彻底“斩尾巴”，潘伯英在病中仍坚持帮助罗介人、浦剑峰等艺人修改、整理长篇弹词《红色的种子》。

以长篇为主的观点从艺术规律出发，从苏州实际情况出发，得到广大评弹艺人和文化部门领导的支持。但是到了1965年，某些苏州市领导受极“左”思想的影响，把这个艺术问题提到了政治高度，提出评弹要以中短篇为主，潘伯英当即表示了不同意见，并且多次找领导阐述自己的看法。省、市的几位领导多次找他谈话，工作队做他的思想工作，甚至夫人费瑾初也对他进行劝说，但是潘伯英始终不能认同。

“文革”开始后，潘伯英遭受巨大冲击，不幸于1968年11月2日含冤离世。“四人帮”粉碎后，苏州市文化局、苏州市文联于1978年7月14日为潘伯英举行隆重的追悼大会，九泉之下的潘伯英得到了应有的公正评价。

潘伯英是著名的苏州评话艺术家，从艺三十多年，在继承的基础上发展创新，形成了富有个性的长篇书目和艺术风格。从1939年开始，他培养了唐骏骐、何锡骐、蒋福骐、吴伟良、顾宏良、周逢时等弟子，唐骏骐完整继承《张文祥刺马》《彭公案》两部长篇，书艺有独到之处，是二十世纪四五十年代的评话名家。唐骏骐的徒弟毛剑鹏亦传承了这两部长篇。潘伯英在担任评弹领导工作时，大胆培养新人，使龚华声、潘莉韵、杨乃珍等青年演员脱颖而出，成为承前启后的中坚力量。潘伯英也是著名的评弹作家，他不仅创作了大量的长篇和中短篇评弹作品，还以独特的眼光发现和培养了邱肖鹏、郁小庭、徐檬丹、龚华声等一批创作能手。他们沿着潘伯英的足迹前行，成为评弹界之后数十年最主要的创作力量。苏州市评弹团的邱肖鹏、龚华声等人，继续秉承潘伯英“评弹以长篇为主”的观点，在新的历史时期创作出《明珠案》《九龙口》《洗冤录》《三个侍卫官》《武则天》等脍炙人口的长篇书目。

他的学生唐骏骐在电台录制保留了《张文祥刺马》《江南红》两部长篇，后又由再传弟子毛剑鹏将唐骏骐没有录完的《张文祥刺马》补录完整，根据唐骏骐录音整理的演出本《刺马复仇记》于1988年由江苏文艺出版社出版。2007年，为纪念抗战胜利，杨玉麟重新整理并演出《江南红》评话专场，汇集老、中、青三代评话演员在苏州、上海等地隆重献演。此后杨玉麟继续整理，在电台录制长篇评话《江南红》四十七回。“文革”期间，龚华声在评弹团的废纸堆里意外获得《孟丽君》唱本，后来据此重新整理改编，使这部优秀的二类书重见天日。龚华声、蔡小娟的《孟丽君》上演后大受欢迎，成为他们的长篇代表作之一。二十世纪八十年代起，潘伯英创作的弹词《秦香莲》《王十朋》《梅花梦》《孟丽君》等相继重现书坛，有的至今演唱不衰。

1983年11月12日，苏州市文联和曲协隆重举行评话名家潘伯英同志八十诞辰纪念会，苏州市政协、市委宣传部、市文联、文化局、评弹学校和评弹团的有关领导以及文艺界人士四十多人出席会议，费瑾初、金声伯、唐骏骐、陈瑞麟、黄异庵、龚华声、庄再春和蒋玉芳等发言缅怀。第二年，老领导凡一为他撰写传记《评弹革新家潘伯英》，经修改后于1986年在《苏州文史资料》第15期上发表。潘伯英创作的《荆钗记》（即《王十朋》，庞学卿口述）和《唐伯虎智圆梅花梦》（曹啸君口述），经整理后以话本小说形式于1986年由中国文联出版公司出版。1987年10月，苏州市隆重举行为期一周的苏州评弹艺术节，为了缅怀潘伯英的创作贡献，组委会专门安排了两场潘伯英作品专场，朱雪琴、张鉴国、庞学庭、高雪芳、曹啸君、尤惠秋、朱雪吟、杨乃珍、曹织云、蔡小娟、陆月娥等著名演员先后登台，弹唱《梅花梦·夜探逍遥楼》《秦香莲·寿堂唱曲》《梁祝·送兄》《孟丽君·夫妻论官》《林子文·贵府账房》《白蛇传·红楼说亲》等作品。1995年7月，周良、邱肖鹏、费瑾初、龚华声、傅菊蓉等整理编辑的《潘伯英评弹作品选》由江苏文艺出版社出版。2002年，《评弹艺术》第三十三集以专栏形式纪念潘伯英一百周年诞辰，刘家昌、周良、闻炎、薛君亚、钱璎、费瑾初、杨乃珍、龚华声、潘莉韵、郁小庭、王雪帆、诸汉文等撰文怀念。

潘伯英一生留下了大量的评弹书目，留下了许多宝贵的艺术经验，却没有留下任何音像资料，这不能不说是个极大的遗憾。让我们走进著名评弹作家邱肖鹏和著名记者许寅的生动文字，从中领略潘伯英高超的评话艺术，以此表达致敬和缅怀之意：

潘伯英头上并无辫子，然而，他扮起脚色来，头上这根辫子活灵活现：手一捋，头一摇，听众便仿佛看到一根辫子，在脚色头顶上、颈项、肩膀、背后、胸前，甩来甩去。而且，捋法、甩法，皆因脚色而异——文官一套，武装一套，当

前排左起：潘伯英、周良
后排左起：毛剑鹏、唐骏骐

潘伯英表演《张文祥刺马》

官的一套，当兵的一套，老百姓又一套。甚至因人而异，马新贻与彭玉麟同是大官，但性格迥异，辫子上的一套功夫也随之不同。

他扮龙像龙，扮虎像虎。马新贻的阴险狠毒，陈金威的憨直厚道，金万云的机智多变，张文祥的泼辣豪爽，个个性格鲜明，形象逼真，特别是那些富有正义感的小人物，如杭州旅馆的老板赵洪卿、茶房阿二等，既有市井的习气，又有正直善良的品格，听众们往往被他那充满感情的生动描绘感动得热泪盈眶。在众多的经典人物中，还有一个值得一提，就是巡按马新贻的表兄——潦倒不堪、形容猥琐的候补知县周国瑞。他那阴阳怪气、架子十足的陈腐气息，走一步退两步、慢吞吞的一举一动，潘伯英真是把他演“绝”了。

（作者：常熟市尚湖高级中学高级教师）

完稿于2021年7月30日

感月吟风几清明

——黄异庵艺术人生之我见

华觉平

黄异庵（1913—1996），原名宗桂，又名沅，号易安，晚号了翁。父亲黄理彬，苏州太仓人。他四岁就读私塾，自幼师从刘介玉、邓散木习书法、篆刻、金石等艺。曾有年少鬻书“十龄童”之美誉，名扬上海。受其父亲影响，年少时他酷爱评弹艺术。二十岁始从艺，曾拜王耕香为师，学说长篇弹词《三笑》。自此，取艺名“黄易安”。后自编、自演长篇弹词《西厢记》。因他古文学基础深厚且博学多才，所编演的《西厢记》有别于当时擅说《西厢记》的弹词名家朱兰庵、朱菊庵昆仲档，所以他再次更名为“黄异庵”，其意“黄西厢”异于“朱西厢”。为此，黄异庵在上海一炮打响，成为新一代擅说《西厢记》的名家。黄异庵在其艺术道路上勤于耕耘，除编演《西厢记》外，还编写了《文徵明》《李闯王》《屈原》《赛金花》《翁同龢与杨乃武》《宝黛缘》等长篇弹词书目。其中犹以《文徵明》《李闯王》闻名于书坛。为表彰黄异庵先生对评弹事业所做出的卓越贡献，上海曲艺家协会、苏州市文化局等单位于1991年6月，分别在上海、苏州两地举办了“庆贺黄异庵艺术生涯七十周年专场演出”活动。1952年，黄异庵在参加全国戏曲工作者协会代表会议时，受到周恩来总理的接见。后因他当场为抗美援朝战争赋诗一首，受到周总理“黄异庵是评弹才子”的赞赏。黄异庵先生的评弹艺术传人有：韩吟秋、钱雁秋、程振秋、冯筱庆、蒋丽君、饶一尘、杨振雄、张伯安、刘宗英、张自正、赵开生、张丽君等。

认识黄异庵

1963年3月，我从苏州评弹学校被分配至上海人民评弹团（现在的上海评弹团）当演员。1982年1月，我因个人原因，主动要求调回苏州工作。出于业务上的对口，我进入苏州人民广播电台工作，主要负责苏州电台的评弹节目，当了电台《广播书场》的责任编辑。1985年的上半年，我在电台《广播书场》节目的仓库里，发现了一部早已录制完毕，由黄异庵先生单档弹唱的长篇弹词《文徵明》书目。我查看播放记录，发现该书尚未被播放过。当看到黄异庵这位演播者的名字，我一下子就想到在二十余年之前的苏州评弹学校里就早有耳闻了。但奇怪的是，一个曾经当过“右派”的黄异庵，竟然有一部早已录制好的长篇书目存放在电台评弹书目的仓库里。后据了解，该书目是苏州电台在二十世纪八十年代初录制好的，但这部《文徵明》犹如被打入了冷宫一般一直存放在仓库里，无人理睬，从未被播放。要不是我当时去仓库查找书目，这部书不知要被放到猴年马月呢！其实，当时苏州电台的评弹节目源，尤其是长篇书目并不多，那么以前的节目编辑为何不将此书播放呢？大概是因为说这部书的演员，其大名太过敏感的缘故吧！出于好奇，我准备对这部共有二十回的《文徵明》长篇书目，从头至尾认真地审听一遍，待听后再决定此书能不能播。广播电台责任编辑审听节目是一项非常重要的工作，是节目安全播出的可靠保证。当时，最应注意的是在节目中有没有政治性的问题。这是因为电台及所有新闻单位都是党和政府的喉舌，是党的宣传机器，包括文艺节目，所播放的内容要符合党的“双百”方针。同时，宣传宗旨要和党的路线和政策保持一致性。所以作为电台节目的责任编辑对审听这项工作必须慎之又慎，万万不可有半点疏忽。比起影响力来，电台要比评弹演员在书台上的影响力大得多，所以更要小心谨慎。《文徵明》这部书，对我来说是一部之前从未听到过的长篇弹词书目，我对其内容更是一无所知。我将二十回的《文徵明》书目一字不漏地审听完毕后，感到整个书目的内容，包括其中的穿插、噱头等在政治上都没有任何问题。艺术上，因为是老先生的关系，除了演播的节奏稍感慢了一些之外，整个书目对我来说在内容上很新颖。书中对人物的刻画非常细腻，尤其对细节的表述，可以说是抽丝剥茧，十分精到，人物语言贴切、幽默，每回书的关子的组织又很巧妙，给人一种听完了上一回书后，非要接着听下去不可的感觉。不愧是一代名家笔下的名作。对《文徵明》书目的审听，也是我平生第一次听黄异庵先生说的书，感到很过瘾。全部录音听完之后，我感到这部二十回的《文徵明》长篇书目，完全可以在电台的《广播书场》节目中进行播放，如果再将它压在仓库里的话，实在是太可惜了。但由于黄异庵先生这位老演员过去曾在政治上的问题，我还是到苏州评弹研究室去了解了一下，关于黄异庵先生其人、其书的情况。当时，苏州评弹研究室的负责人是杨作铭先生。当我说明来意之后，他说黄异庵同志目前政治上没有任何问题，二十回的《文徵明》长篇书目是当时苏州评弹研究室作为资料请苏州电台代替录制的，与评话名家曹汉昌先生的一百五十回的长篇评话《岳传》是一样的性质。当听到有这样一个确切的回应，作为电台节目责任编辑的我，当然感到非常高兴。这样，《广播书场》里又有一部新的书目可以播放了，那真是一件大好事。当我回到单位后，就着手安排这部由弹词名家黄异庵演播的长篇弹词《文徵明》的播出计划。之后，二十回的《文徵明》弹词书目很快就顺利播送完了。谁知，当我刚换了另外一部新长篇在《广播书场》里播出还没几天，《广播书场》节目组突然收到一封署名为“上海人民公园评弹角听众”的听众来信。原来他们是来自上海人民公园评弹角的一百多位听众。信中他们对黄异庵老先生演播的《文徵明》一书表示十分赞赏，对他的评弹艺术的评价也充满赞美之词，并强烈要求苏州电台把长篇弹词《文徵明》继续播送完整。因为广播里只播了二十回，书情播到文徵明在画室会见吴月芳小姐时，李典史家差人来扛画箱。文徵明急忙藏入画箱。谁知，来人扛走的画箱非是李家寄放在吴家的画箱，而是藏有文徵明的画箱，所以急煞了祝枝山。书情正发展到此时，电台却突然停播《文徵明》一书，换成播放其他长篇书目了，这同样也急煞了上海人民公园评弹角的这些评弹老听众。他们还以为是电台故意卖关子，所以急着联名写信给苏州电台的《广播书场》节目的编辑，提出他们的强烈要求。可见在评弹老听众的心目中黄异庵先生的艺术影响力之大。这就是评弹艺术的魅力所在。

收到来信后，我即刻向单位领导汇报。有关领导看了听众来信之后，二话不说，要我马上邀请黄异庵先生将《文徵明》一书继续录制下去，待录制完毕后马上播出，以满足听众的收听需求。领导的支持、听众的诉求，就是编辑工作的动力和责任。评弹事业得以进步和发展，无论对于一线演出的演员，还是对于以宣传为主的广电单位的评弹节目，都是因为有了这么多酷爱评弹的热情听众的支持。接下来我的工作就是邀请黄异庵先生到电台来，将长篇弹词《文徵明》一书继续录制下去。这封信的出现，使得我有机会结识了这位曾经誉满书台的老弹词艺术家——黄异庵先生。

我虽是土生土长的苏州人，在评弹界从艺也已有二十多年的时间了，但在当时要我立刻邀请到黄异庵先生也是有很大难度的。一是我离开苏州去上海评弹团工作已久。如今，刚回到苏州不久，对于苏州的评弹同仁，除少数因工作联系较多之外，与大多数演员交往甚少。二是对于一些平时深居简出不经常上台的老先生更是陌生。说也奇怪，世界上巧的事情真是无处不在，就在我电台的朋友圈子里，有一位在苏州市工人文化宫艺术馆里经常活动的叫黄东井的，他竟是黄异庵先生的长子。黄东井弹得一手好吉他，经常到电台文艺部来帮忙，我与他在工作上也曾多次合作。于是通过黄东井，我很快就邀请到了他的父亲，即赫赫有名的弹词名家黄异庵先生来电台继续专录《文徵明》一书。

那是1985年春末夏初的一天，下午一时左右，黄异庵老先生在其夫人的陪同下来到了当时位于苏州公园路四号的苏州人民广播电台。我早早地站在电台门口恭候这位久已闻名却从未谋面的老先生。黄老先生当年已七十三岁高龄，他个子不高，从他面庞上看，似曾饱经风霜，步履缓缓，显得有些苍老。但他精神矍铄，戴一副眼镜，面带笑容，为人和善，不失儒雅风度。我与他见面后，经过一番简单的自我介绍和寒暄，一同步入录音室。他的声调，听来还是那么苍劲有力。谈吐中流露出他是一位博古通今的儒雅学者。同时，我也感觉到黄老的内心有一种难以掩饰的喜悦。毕竟，他听到电台自播送了他演播的长篇《文徵明》后，上海竟有一百多位评弹老听众联名写信至电台并强烈要求继续播送他说的《文徵明》书目，这说明广大评弹听众对他艺术的热爱和肯定，广大的评弹听众没有忘记他。同时，电台如此热情地邀请他继续录制《文徵明》书目，这说明电台对他的尊重和欢迎。人生能有几知己？这种情况放在任何人身上都会自觉不自觉地展露出喜悦，只是各人表现的方式不同而已，黄老是属于内敛型的。

说是继续录制《文徵明》，但谈何容易。虽然长篇弹词《文徵明》是黄异庵老先生自编的，但那是新中国成立之前的事了。其间，因种种原因，黄老先生也已好多年没有演唱过了。虽然“文革”之后他也曾弹唱过这部书，但已并非像当年那样，常年在码头上演出。俗话说“拳不离手，曲不离口”，再好的记忆力时间久了也会忘掉啊！事后我才知道，他之后弹唱的《文徵明》一书是经过他重新整理的。当时文稿已全无，必须重新再整理。由于时间间隔过长，很多情节和唱词他一时记不清楚了，有好多地方的内容反而需要由他的学生提供给他。有部分细节和唱词也是在得到学生的启发后，他才逐渐记起的。这次黄异庵老先生答应电台继续录制该书，他定是之前做足了功课，反复推敲后才同意录制的。可见黄异庵先生对待艺术、对待听众的态度是多么认真负责。

弹唱长篇弹词《珍珠塔》的名家赵开生是黄异庵的学生。他在回忆当时跟随黄异庵先生学唱《文徵明》的情景时说：“十一届三中全会后，我想除了弹唱长篇弹词《珍珠塔》外，还想多说一部长篇书目。经反复思考后决定拜黄异庵先生为师，学唱长篇弹词《文徵明》。黄老欣然答应。当时，我在上海连听了三遍黄老先生单档弹唱的《文徵明》后，黄异庵先生就要我与他一起拼档演出了。老先生带学生学艺，一般都是用师徒拼档的方法把学生带出道的。学生听了几遍书后，就与先生一起拼档演出。先是学生学习弹唱下手的书，日久之后，学生就能慢慢地把上手说的书也学会了，然后便可以离开先生自己单飞了。这种跟师学艺的好办法，既能学到所要学的书目，又能潜移默化地学到先生的艺术风格。”是的，当年钱雁秋、杨振雄都先后师从黄异庵先生，学习弹唱长篇弹词《西厢记》，无不都是先跟随黄异庵先生拼档作为下手，边学边演《西厢记》的呢！赵开生也不例外。赵开生还说，他与先生拼档演出《文徵明》，第一遍就在上海第一流的西藏书场演出。第一遍就上西藏书场，这需要何等的魄力？黄异庵老先生除了对该书有驾驭全场的能力之外，他还是学生跟随先生一起拼档演出时最大的精神支柱。当然还需这位下手能驰骋书台，并已是久战沙场的一员名将，方能有此胆量。钱雁秋与杨振雄等，敢与先生黄异庵拼档，边学边演无不都是如此。赵开生还讲道，随先生一起上台正式演出，但黄老先生没有剧本给他，都是靠每天排书排给他。也就是说当天日场演出散了之后，老先生把明天日场下手要说的书口头排给他。所谓的文稿，也就是第二天要在书中弹唱的篇子，写给他的唱词。据赵开生先生回忆，当时他拿了唱词，就从西藏书场一路组织唱腔、背唱词到家。到了家后，他马上准备刚才先生排给他明天日场要演出的书情、人物角色，以及上、下手接口的钩子，进行自修排练。然后，第二天上午就去西藏书场与先生排书，下午上台演出。行内称为“现吃现吐”。有一次将到演出结束时，黄异庵突然丢了一段书的钩子给当下手的赵开生。这只钩子赵开生一时无法接住，因为在上午排书时，似乎没有排到过。他一时无法回答，只能对着上手的黄异庵先生看，一边起脚色一边言道：“这个嘛，呃，哪个嘛？”意思在讲“先生，这个书我未排到呀！”黄异庵笑着对听客讲：“他在说‘这个嘛，呃，哪个嘛？’急得了，其实用勿着急格，下面的书是明天的书，我还未排给他呢！覅急，这个书要到明朝再说下去呢。所以请听众明朝再来听。明日请早！”黄异庵来了一个幽默的噱落回。听众一时感到出其不意，同时感到老先生很有意思，顿时获得听众的满场掌声。赵开生就是如此日复一日地把黄老先生的《文徵明》全书全部学到了手。其实，当时黄异庵自己何尝不也是这样呢！他没有剧本，也是全靠记忆，再进行重新编排。有的时候他自己也会忘掉书情，之前分明是排给了下手要说的书，结果第二天在台上，他会不自觉地将下手要说的内容自己在台上给说掉了。所以黄异庵先生重说《文徵明》一书，经过了一番艰苦的努力，不断地完善，不断地丰富，经整理加工后，终于重新完成了新一稿的《文徵明》书目。

黄老先生每次在电台录音时都非常认真，把录音当作在书场演出一样，演说得有声有色，情绪十分投入，毫无半点儿松懈，每回书都很吸引听者。这就是老艺术家基本功扎实和对待艺术认真负责的态度使然。《文徵明》后面的二十回书，前后花了将近一个月的时间才全部录制完毕。黄异庵先生在电台录音期间，我在电台的一档评弹专题直播节目《空中书会》里，特邀黄异庵先生作为直播嘉宾谈论自己的评弹艺术生涯和人生。整档直播节目，他主要谈了自己的学艺、创作和演出经历。由于他在直播中与他演出时一样，语言风趣、谈吐幽默，所以整个节目气氛相当轻松、活跃。这次录制《文徵明》一书，在与黄异庵老先生直接相处的过程中，他给我留下了非常深刻的印象。他就是一位为人和善、十分亲切的长者，并且工作态度严谨，使人感觉到他有一种坚韧不拔的韧劲在支撑着他。正如郑板桥《竹石》诗中所云：“咬定青山不放松，立根原在破岩中。千磨万击还坚劲，任尔东西南北风。”以此诗来形容黄异庵先生的韧劲一点也不为过。

长篇弹词《文徵明》的后半部分制作完毕后，电台即刻就在《广播书场》节目中进行了播放。这不仅满足了评弹老听众的收听需求，而且使电台的评弹节目里又多了一部值得珍藏的宝贵书目。我在有幸大饱耳福地听完全书《文徵明》之余，见识到了艺术家对待艺术的大家风范。

在整个评弹界，会说长篇弹词《文徵明》的演员为数不多。除了黄异庵本人之外，还有他的学生赵开生先生曾弹唱过。但师生两人都不是以弹唱《文徵明》为主的，赵开生先生以《珍珠塔》驰骋书台，而黄异庵先生则以弹唱《西厢记》闻名于苏浙沪，所以大部分评弹听众对《文徵明》一书知之甚少。

苏州评弹听众大多知道明代江南四才子“唐祝文周”，他们就是长篇弹词《三笑》中的唐伯虎、祝枝山、文徵明和周文宾四位主角。一般来讲，长篇弹词《三笑》分为两段书，即无锡“龙亭书”和“杭州书”。龙亭书，讲的是唐伯虎点秋香的故事；杭州书，则讲的是王老虎抢亲中吏部天官公子周文宾与兵部尚书千金王月仙的爱情故事。以前面两段书来看，江南四才子中的唐伯虎、周文宾、祝枝山在长篇弹词《三笑》书中占据了主要篇幅，而唯有文徵明在书中只是一笔带过，没有关于他的实质性的故事。其实不然，长篇弹词《三笑》，有人把它称为“长脚笑话三部曲”。前两部曲，即龙亭书的《唐伯虎点秋香》和杭州书的《王老虎抢亲》，讲的分别是唐伯虎、周文宾两位才子的爱情故事。而最后一部曲，就是以讲述文徵明的爱情故事为主的《三笑姻缘换空箱》，或直接称之为《换空箱》。以前戏曲曾有这方面内容的戏，演出的剧种也不少，而唯有评弹没有此类书目。后黄异庵先生根据《三笑姻缘换空箱》的旧版小说，将其改编为长篇弹词书目，书名就叫《文徵明》。这样，使得长篇弹词《三笑》书中就有了苏州书。所以《唐伯虎点秋香》《王老虎抢亲》《文徵明》这三段爱情故事，就成了人们俗称的《三笑》三部曲。

黄异庵先生之所以要根据之前《三笑姻缘换空箱》的版本进行编写，主要是因为他对书中的人物比较熟悉。早年学艺时，他曾经拜谢品泉的弟子王耕香为师，学习弹唱的就是长篇弹词《三笑》。

自从苏州电台这次连续播送了由黄异庵老先生单档弹唱的长篇弹词《文徵明》后，似乎掀起了一股收听黄异庵弹唱书目之风。广播听众纷纷来信，要求播送黄老先生弹唱的《西厢记》或《宝黛缘》的弹词长篇。《宝黛缘》是黄异庵先生根据小说《红楼梦》创作的长篇弹词书目，很遗憾，电台没有。长篇弹词《西厢记》，电台也只有黄异庵先生与刘美仙女士一起合作弹唱的几回《游殿》，之前曾多次播放过，以飨听众。我真正在书场中观赏黄异庵先生的演出，那是在七年之后的1992年。

当年，上海人民广播电台负责评弹节目的编辑周介安、中国唱片社上海分社的编辑胡国樑及上海民福实业有限公司的总经理、苏州评弹的著名作者窦福龙先生一起来苏，邀请我一起参与策划，并筹备沪苏两地联合举办的“弹词表演艺术家杨振雄先生从艺六十周年”庆贺演出活动。计划分别在苏州、上海公演一场。我很高兴地接受了他们的邀请，并具体负责在苏州书场的演出。同时，周介安与窦福龙两位提出，要我具体负责落实在庆贺演出上要有两回书作为整台演出的重点节目。一回是杨振雄先生与邢晏芝合作弹唱长篇弹词《长生殿》中的选回《醉吟》。因为邢晏芝平时对杨派“俞调”（俗称“杨俞调”）十分崇拜，在很多唱段中都以“杨俞调”来演唱。再说邢晏芝意欲拜杨振雄为师，对杨派艺术进行更进一步的深造，所以组织者有意安排一档杨振雄先生与邢晏芝的合作。另一回就是想安排一档杨振雄与其学唱《西厢记》时的老师黄异庵先生来一次师徒档，合作演出一回《西厢记》选回《游殿》。当年，杨振雄欲拜黄异庵先生为师，准备学说《西厢记》时，黄异庵先生就知道他只是来拿本子的。因当时的杨振雄已是一位弹词名家，甚至名望已在他之上了。黄异庵当时明知杨振雄说《西厢记》是定会超越他的，那他为什么还要收杨振雄为徒，并把《西厢记》的本子都给他呢？这就是黄异庵为人的豁达之处。他宁可让杨振雄去说《西厢记》后，名气上超过自己，一代胜似一代。再说，黄异庵更注重的是这部他辛辛苦苦编写的书，如能通过杨振雄一代进一步地发扬光大，那是一桩大好事！果不其然，自从杨振雄学说了《西厢记》后，张生、莺莺、红娘之间的书情得到了极大的丰富和提高。黄异庵说《西厢记》擅长表演《游殿》一类较随意、生动、幽默、风趣的书情，而杨振雄先生更擅长生、旦正剧的书情，所以杨振雄在《西厢记》一书中，引申出了《传柬》《回柬》《闹柬》等他更擅长表演的书情来。而这些都是黄异庵先生所乐见的，因“青出于蓝而胜于蓝”是他所期待的。黄异庵的“活法聪”加上杨振雄的“活张生”，这种超级组合，不要说我是平生第一次听到，就是场内的老听众也都是第一次，且这次甚至是唯一的。

苏州的那场演出是在苏州书场里举行的。场子里早已客满，听众都以迫切和期待的心情在等待黄异庵先生与杨振雄先生师徒登台。当主持人报道“下面请让我们以热烈的掌声欢迎老弹词艺术家黄异庵先生与弹词表演艺术家杨振雄先生上台，并请听由师徒俩合作演出的长篇弹词《西厢记》选回《游殿》”时，场内听众掌声雷动。黄异庵先生说了一段风趣、幽默、感怀的开场诗：“三十余年阔别中，师生今日又相逢。书坛重现‘黄杨档’，七十张生八十聪。”听来似乎有些苦涩，但黄老即刻将话锋一转，接着说：“庆贺演出，杨振雄非要叫我来说一段，我就来了。不过俚说了六十年书哉，而我倒只说过二十年，应该我叫俚先生哉！”一句幽默的开场白，引得全场哄堂大笑，掌声连连。师徒两人曾在动荡的历史风云中的前嫌也尽释。这就是说书的艺术和艺术家的本领，喜怒哀乐掌控自如。

易安到异庵

黄异庵，原名宗桂，又名沅，号易安，晚号了翁。从艺后初取艺名黄易安，当他自编长篇弹词《西厢记》演出后，改名黄异庵。从“易安”到“异庵”，正是他艺术人生的真实写照。名字音相同，词意却大不相同，它表达了黄异庵在艺术创作的道路上不拘一格、标新立异、敢于超越前人的志向。

黄异庵，太仓人，祖籍安徽黄山。说到太仓，三国时，吴国曾在此建仓屯粮，并派兵驻守，便成了一个集市小镇。至元代建造刘家港开创漕粮海运后，太仓便成了鱼米之乡，并有“金太仓”一说。太仓人文荟萃，日益繁盛，是一个洞天福地。黄异庵就出生在太仓的一个中产阶级家庭里。他天资聪颖，沉稳好静。四岁时就读私塾，学习成绩远超年长他八岁的哥哥。在学习评弹艺术之前，他在书法、篆刻及金石方面都有浓厚的兴趣，尤其在幼年时，他因书写的书法被称作“十龄童”。此外，他以“易安”为号，喜欢写诗作词。

黄异庵早年以“易安”为号，并将自己初进评弹界时的艺名——黄宗桂改名为黄易安。后又以“易安”为号，这可能是因为当年黄异庵就是把李清照作为自己的偶像，把李清照所走过的艺术道路作为自己人生所要追求的奋斗目标的。无论是在书法、篆刻、金石，还是评弹艺术上的创造，他都立志要形成自己独特的艺术风格，要有自己的“易安体”。

黄异庵年少时，在上海有过一段学写书法的经历，不久因病回到太仓，继续学业，从而加强他的文化修养。十八岁开始，他就在家乡的一家私塾任教。他边执教，边自修，广泛地阅览各种古籍，丰富了学识，加上经社会的历练又拓宽了知识面。尤其是他对古诗词的研究，深得精髓。所以他作文造句词语丰富，条理清晰，逻辑严谨；运用典故，精准达意，出口成章；作诗写词，信手拈来，平仄工整。

其父黄理彬，在太仓西门下塘经营一家“黄理记”酱油店，闲时喜听评弹。黄异庵因受其父影响，不管是在太仓，还是在上海，他都要随父进书场去听先生说书，不久便对说书产生了浓厚的兴趣。慢慢地他也学会了拨弄丝弦，学唱开篇，俨然是个评弹票友。回到太仓后，他的兄长非常支持他学唱评弹，并特地为他借了一把三弦，好让他在家空闲时练习弹唱。不久之后，黄异庵干脆想下海去学说书了，但遭到父亲的坚决反对。父亲认为说书是吃开口饭、走江湖的，没有出息，非读书人所为。黄异庵也只能作罢。直到有一日，太仓书场来了一位叫何可人的说书先生，弹唱长篇弹词《崔莺莺待月西厢记》。黄异庵对这类文学性较高的弹词书目兴趣特别浓厚，认为自己适合说《崔莺莺待月西厢记》这类书目。所以，他再次产生了要学唱评弹的强烈意愿，定要拜何可人为师，学唱此书。

何可人乃何许人之徒。何许人是太仓人，原名汝仲渔。他原想投在擅说长篇弹词《西厢记》的名家朱寄庵门下学唱该书，但朱寄庵不允，说朱家的书从不外传。所以，汝仲渔只得偷学此书，并将《西厢记》改名为《崔莺莺待月西厢记》，本人也将汝仲渔改名为何许人，以此游走于各水乡书码头。后来他收何可人为徒，所以何可人弹唱的《崔莺莺待月西厢记》是从何许人那里学来的。何可人见黄异庵一表人才，性情温文尔雅，听他的弹唱嗓音清脆，音律又佳，且勤奋好学，犹如一位天生的说书先生，所以他很愿意收黄异庵为徒。黄父见儿子如此执着地要学唱评弹，也就顺其自然，不再强行阻止。谁知有一日，黄父去何可人那里看望儿子，才进门，见何可人躺在床上抽鸦片。黄父见此情景，勃然大怒，心想：此先生行为如此，儿子随他学艺岂非要学坏？黄父一把拖了儿子就走，从此不许他再随何可人学艺。黄异庵也只得放弃这次学艺的机会。此事对黄异庵拜师学艺来说，虽不能说是一次沉重的打击，但也使他受了一个不小的刺激。当时，他仍心有不甘，尤其对学唱长篇《西厢记》一书素有情结，并不想放弃。所以，他想试着自编自演《西厢记》，以满足自己弹唱该书的愿望。他找来了元代王实甫编写的杂剧《西厢记》等有关书籍，准备自编弹词剧本。一个刚从票友"下海"学说书的，连创作评弹的基本规律都不甚了解，就要自编书目，谈何容易。故而他无从着手，后来只得放弃。正当黄异庵一筹莫展之际，太仓书场来了一位弹唱长篇弹词《三笑》的艺人王耕香。王耕香，是擅长说《三笑》的谢派谢品泉之弟子。

长篇弹词《三笑》有王、谢两派之分。王派，是王少泉一脉，以说书理见长，擅长说"杭州书"。谢派，是谢品泉一脉，以弹唱"龙亭书"为主，当时有"书坛状元"之誉。

当王耕香在太仓说《三笑》时，又激起了黄异庵再次拜师学艺的愿望。他终于说服了固执的父亲，拜王耕香为师学唱《三笑》，并将自己原来的号“易安”作为艺名，更名为黄易安。从此黄异庵正式走上了说书的艺术道路。他跟随老师先后到湖州、双林码头上听书。他学艺非常刻苦，白天上台为听众送开篇，接着下台听先生说书，晚上等先生睡了，他还在被窝中背书或背唱词。黄异庵跟随王耕香听书听了两个码头之后，已到年底。评弹界规矩，年底要“封箱”，即停止在码头上的演出。之后，或回家休息，准备做年档；或准备参加由光裕社等社团举办的会书。黄异庵待先生王耕香回苏州后，他自己回到太仓，指望第二年的年档继续跟随老师学艺。谁知来年的年档，王耕香那里却杳无音讯，黄异庵欲在年档后继续随师学艺的希望也只能作罢。好在黄异庵学艺勤奋，在跟随老师学艺期间，他在艺术上大有长进，尤其对于书目的创作，他着意研究，并摸索到了一定的规律。书情什么地方应该放，什么地方应该收，哪里应该安排唱段，哪里应该组织关子、落回，他已掌握了一定的方法和规律。于是他再次萌生了试写长篇《西厢记》的想法。或许有人会好奇：他拜师学唱了《三笑》，为什么学了不说呢？这不是白学了吗？这是因为《西厢记》与《三笑》在艺术风格上根本不同。《三笑》属于通俗类型，具有趣味性，俗称长脚笑话，受众面较广。而《西厢记》文学性较强，属儒雅风格，是阳春白雪一类的，受众面较狭窄。黄异庵做此舍弃，正因为他自幼饱读诗书，古典文学基础深厚。学《三笑》只是为了实现他说书的愿望，自编自演则是他更高的奋斗目标。他为了自编弹词《西厢记》一书，再一次全身心地投入阅读、收集有关《西厢记》的素材之中。

《西厢记》最早出自唐代文学家元稹之笔。他根据自身经历编写了《莺莺传》。由于书中有“待月西厢下”之诗句，后来的金代戏曲作家董解元即以“西厢”为书名，称之《弦索西厢》《西厢记搊弹词》或《西厢记诸宫调》。到了元代，杰出的戏剧家王实甫在董解元的基础上，便写成五本二十一折的《崔莺莺待月西厢记》的杂剧。直至清同治、光绪年间，当时的说书名家朱寄庵凭借自身的文学功底，以王实甫《崔莺莺待月西厢》杂剧为蓝本，独创长篇弹词《西厢记》，并传子朱兰庵与朱菊庵。朱家昆仲兄弟弹唱的《西厢记》当年曾独步上海书坛。有朱家《西厢记》从不外传一说，所以当时评弹界并没有其他艺人敢于弹唱《西厢记》。此时的黄异庵敢于自编《西厢记》，并自唱于各码头，并不是为了挑战朱家昆仲，而是挑战自己，将自己所学到的知识充分运用于编写的《西厢记》一书中。他边写边演，边演边改。当时，恰巧在太仓东门外飞云桥堍有一家景春楼书场，正好年档空场。当场方得知那位学说书的小先生黄易安今年的年档未跟随老师一起赴码头学艺，而在家编写《西厢记》一书时，场方就想到不如请他到景春楼来试唱一遍《西厢记》，这样可填充书场年档的空场。黄异庵得到场方的邀请后，欣然答应赴场演出，一方面可倒逼自己坚持将书写下去，另一方面可即刻上台演出，观察演出效果，检验自己写作的书目成功与否，并听取听众的意见，及时进行修改，不断提高和完善书目质量。

黄异庵在编写《西厢记》一书的过程中，曾受到何可人弹唱的《崔莺莺待月西厢记》的启发。同时，黄异庵在编写过程中将佛教文化、中华历史、民间传说、街巷笑谈，以及骈文对联、拆字算命等内容，自然地融合、穿插在书情之中。由于他自幼饱阅群书，知识面极其广，所以他的说书语言丰富生动，叙事咏物旁征博引，文学性极强，且有声有色，即使是小和尚法聪的出言吐语也常把“之乎者也”挂在嘴边。可以这样说，黄异庵编写的这部长篇《西厢记》是包罗万象的。它包含了许许多多鲜为人知的趣事逸闻、闲文野章，使听众听得入迷、拍手叫绝，可听性强。

黄异庵先生曾说：“说书好听在哪里？好听在戏里没有的，书本里找不到的，而说书的能讲出来的。”以他编写《西厢记》书中的一段书情为例。崔莺莺当初写信约张生，欲独自到西厢与其见面。她的本意是要将此事隐瞒于红娘。这完全符合相国千金的逻辑思维。而张生则不然，张生见到信后，认为红娘与莺莺两人整天形影不离，正是自己与莺莺进行联系的牵线搭桥的人。所以，张生认为不仅不能瞒住红娘，反而要与红娘讲清原委，并请红娘从中帮忙。正由于有热心红娘的帮忙，崔、张两人才能够较顺利地见面。黄异庵在编写这段书时，就认为莺莺要瞒红娘是因为没有经验，这看似是一个“漏洞”，但妙就妙在这个漏洞。因为有漏洞，才需要补漏洞，使书情得到发展。加强红娘这个人物在《西厢记》书中的作用，不但加强了书情的戏剧性，展现人物心理的矛盾，同时也加强了人物形象的深度，而且在节奏上还挑松了书情。由此可见，黄异庵善于把握人物心理，并始终遵循故事情节发展的逻辑来演绎书情。擅演越剧《西厢记》的戏曲表演艺术家袁雪芬，有一次听了上海评弹团杨振雄先生的两位女弟子，也就是黄异庵先生的徒孙、擅长说《西厢记》的评弹名家沈伟辰、孙淑英演唱的一回《闹柬》后，她激动地讲：“想不到评弹演唱的《西厢记》这么好听！”因为在《闹柬》里，有许多情节和人物的内心活动，在戏曲舞台上是根本无法表现的。电影界著名导演谢晋听了评弹的《闹柬》后，也有此感。评弹创作中有些表演手法，在电影银幕上是无法体现的，最多加一个画外音，但哪里有评弹刻画得生动？这证实了黄异庵所讲的“说书好听在哪里？好听在戏里没有的，书本里找不到的，而说书的能讲出来的”。黄异庵先生的这一席话，正是评弹后辈理应切记的经验之谈。

我们再从《西厢记·游殿》这一部分的书情来看，仅张生和小和尚法聪两人的书，他就编写了二十多回。这是因为他注重对人物心理的描写，以及性格的刻画。尤其是对法聪小和尚这个人物的塑造，可谓是浓墨重彩、入木三分。既写了他聪明伶俐的一面，又写了他刁钻刻薄的一面；既写了他真实可爱的坦言，又写了他巧言如簧的狡辩。他将人物性格的两面性刻画得淋漓尽致，使听众对法聪这个人物既爱又恨。《游殿》中有这样一段情节：张生看见一只狸猫盯着他“喵喵喵”地叫个不停，即问小和尚法聪：“猫咪为何要如此地叫个不停？”法聪双手合掌口称：“阿弥陀佛，相公，此猫正在发春性呵！发春性就是要讨家主婆哉。”张生听法聪如此直白之言，毕竟是读书人，听后倒觉得有些难为情了。而小和尚对此却若无其事，反而直言不讳地拉起了书腔，言道：“小僧也有思春意，但不敢人前叫一声喔！”如此简单的两句话，把一个被迫入空门的年轻和尚真实的心理写得透彻无遗。虽毫不起眼，但作者给听众传达出的是真实的情感。虽听来仅是个噱头，但道出了世间的幽微，毫无虚假之言。艺术虽有虚构，但仍是建立在真实的基础上的；没有了真实的基础，那就是胡编乱造。只有真实，才能赢得听众的热烈掌声。而掌声就是作者、演员与听众三者之间产生的共鸣。再有，张生在《游殿》中，身无分文，却喝了小和尚送上来的香茗。待茶毕，法聪随即将缘簿呈上，请张相公化缘。张生因身无分文，只能装糊涂。法聪见此，当然心中不快。他表面上仍装作若无其事，反而脸带笑容地连说：“不妨，不妨。”还说：“施主，可要听贫僧讲一故事？”张生不知法聪把戏，连忙点头，拍手称好。法聪一本正经地说道：“张相公，从前曾有一只猛虎上山，欲进得寺院，张牙舞爪，张开血盆大口似要吃人。众僧大惊，正要四处逃窜之时，唯有寺院大和尚正襟危坐，脸上毫无惧色，坦然曰：‘不妨、不妨，快取缘簿来。’当小和尚取来缘簿交于当家。当家拿了缘簿走到寺庙门口，将缘簿向那只猛虎丢去。谁知，那只凶猛的老虎，见有缘簿迎面抛来，大吃一惊，调转身来慌忙逃遁而去。众僧不解其意，忙问当家此乃何意？大和尚笑而作答：‘尔等难道不懂畜生最怕缘簿吗？’”法聪指桑骂槐，听得张生满脸涨得通红，只有唯唯诺诺之声。一个活脱脱的势利和尚跃然而出，于笑容之中，巧妙地骂人，听众听得津津有味。由于黄异庵对《西厢记》一书中人物的刻画，真实而又有个性，所以此书深深地吸引着听众，使听众欲罢不能。

《西厢记》原属阳春白雪一类的古典书目，受众面窄。但通过黄异庵对《西厢记》的编写，将高雅的书目通俗化了，同时也将“通俗”的评弹高雅化了，这正是黄异庵在创作上的最大特色。一般的书目，在风格上，雅就是雅，俗就是俗，但在这部《西厢记》里，他却能将两者水乳交融、互为依存，做到了真正意义上的雅俗共赏。黄异庵在《西厢记》中的噱或“小卖”，始终结合着书情展开。如现代人使用的“穿越”，让唐代的人物说出现代的语言，会有一种出其不意的笑料。在《游殿》中，这种手法被运用得淋漓尽致。比如罗汉堂里少了一尊罗汉，从法聪小和尚的口中居然也会说出“罗汉请病假了”；又如，在给破损的罗汉重塑金身时，被他称之为“面孔上有硬伤，被送去修复，美容去了”，引得听众哄堂大笑。再有，他在书中结合书情介绍一些佛教知识。小和尚告诉张生，烧香有两种：一种先点蜡烛后点香的，叫“明香”；还有一种不点蜡烛不点香，只要出钱的，叫“暗香”。听众在不知不觉中也了解到了一些佛教文化。总之，法聪小和尚的妙语连珠以及黄异庵妙趣横生的表演，确让听众回味无穷、欲罢不能，这也是黄异庵被听众誉为书台上的“活法聪”的由来。这里再讲一个不是笑话的笑话。曾有一位听众因听黄异庵先生的《游殿》，每天很晚回家。被妻子问及，丈夫如实回答，听黄异庵先生的《西厢记》。他妻子又问他《西厢记》说到哪里了，丈夫回答“听到《游殿》”。不料二十天之后，妻子仍是听到如此回答，勃然大怒：“二十天之前问你，你讲听的是《游殿》。如今已是二十天过去了，再问你听书听到哪里，你说还在《游殿》。二十天中张生还在游什么殿呀？”丈夫连连摇手：“没骗你，是《游殿》。要是你不信的话，我明天带你一起去听，说书先生是不是还在说《游殿》。”第二天晚上，妻子就随丈夫一起去书场听黄先生的《西厢记》。一听，黄异庵说的确是《游殿》。妻子方才无话可说，觉得冤枉了丈夫，当晚干脆就陪丈夫一起听书，算是向丈夫赔礼道歉。谁知，这一听，这位听众的妻子也听上了瘾。最后，她随丈夫一起听完了黄异庵先生弹唱的全本《西厢记》。可见，黄异庵编写的长篇弹词《西厢记》，尤其是《游殿》，老少皆宜，深受听众的喜爱。

长篇弹词《西厢记》，黄异庵前后共编写了《游殿》《惊变》《许婚》《求救》《下山》《解围》《赖婚》《病倒》《闹斋》《探病》《相约》《跳墙》《祝告》《见面》《佳期》《事发》《拷红》《饯别》，一直说到《长亭》。黄异庵所编写的长篇弹词《西厢记》，在立意上确立了反封建、反礼教，争取男女婚姻自由和敢于反抗的主题思想。该书不仅在内容和表演上有其独特的风格，而且唱词非常讲究声韵，对平仄的运用十分精到。平起，必然是二五、四三，四三、二五；仄起，定是四三、二五，二五、四三。创作中他绝不会违反以上规律。所以，该书的弹唱听来朗朗上口，这展现了他格律诗的功力。加之他文学基础深厚，写的唱词文采飞扬，雅俗共赏。有人听后赞道："黄异庵之《西厢记》，如他没有几百甚至上千册的书本'吃'下肚去的话，哪来这么多美妙的句子呢？"鉴于该书格调优雅，语言诗化，可以纳入文学的范畴，故而听众及业内人士称它为"黄西厢"。也正因如此，黄异庵为了突出自己弹唱的《西厢记》在风格上有别于朱兰庵、朱菊庵弟兄所弹唱的《西厢记》，正式将自己原来的艺名"黄易安"改为"黄异庵"，即异于兰庵、菊庵之意。故而，从"易安"到"异庵"，这不仅是一个简单的改名，而且是黄异庵的弹词艺术在编写与演出上的一种飞跃，一种敢于超越前人的进取精神。黄异庵编演《西厢记》的成功，是他经过长期的演出实践，不断地修改提高，艺术上不断升华的结果。进入上海后，他弹唱的《西厢记》一炮打响，从而成了一代响档。然而，当初他在开始编写《西厢记》一书时，还是十分艰难的。

再说当年的年档，景春楼书场的场方挂牌黄易安弹唱《西厢记》。但说是弹唱《西厢记》，可他手中根本没有《西厢记》的书，就靠他现写现说、现吃现吐。好在他创作书目，只写唱词，不写说白，而且每天只有夜场，所以时间是充分的。他每天清早起身，安排好当天要演出的情节，然后编写唱词；到中午为止，一定要把当天要说的书的书路想好，然后再写好当天要说的那回书的提纲和唱词；午饭后，把唱词读熟、唱顺口，就能十分顺利地完成晚上的演出。听众根本听不出他是现编现写、现吃现吐地在说书。每次演出结束下台时，他都能听到听众对他的赞许，这些口碑就是对他编写和弹唱《西厢记》一书的肯定。晚上睡觉前，他再把第二天要说的书路想一想、捋一捋，待功课做好，方才上床休息。每天如此，周而复始。这次，他在家乡景春楼书场试唱《西厢记》，一切顺利，可以说是首演成功。通过这次演出，他做到了“三满意”，即场方满意，听众满意，他自己也满意。这次演出的成功，对他来说是一个极大的鼓励，使他信心倍增。接着黄异庵先后到无锡控江楼书场和浙江西塘书场继续挂牌弹唱《西厢记》一书。有了第一次的演出经验，在接下来的演出中，他对其不断地修改，加工提高，充实丰富，使《西厢记》这部长篇书目更为完善。由此，听众的赞美之声不绝于耳，连同黄易安之艺名，也在不断地扩大影响，从小码头传到大码头，最后传到了上海。

那一年，在上海得意楼书场弹唱长篇弹词《西厢记》的大响档朱兰庵突发变故。说他突然吞金自杀，正在抢救，这正是人命关天的大事，场方急得双脚跳，一时手足无措。书场没有艺人说书，成了空场，这《西厢记》又有何人能接下去说呢？即使有人会说此书，但这人的艺术水平是否能接朱兰庵的书艺呢？

朱兰庵吞金自杀，因事发突然，得意楼老板张老四急得四处找人来顶替。后来，他打听到太仓有一个名叫黄易安的，自编自演长篇弹词《西厢记》，业务情况良好，听众口碑也不错，便决定请他来代书，这样也可挽回得意楼书场的声誉和经济损失，在老听客跟前亦可有个交代。张老四了解到黄易安当时在浙江西塘演出后，便连忙赶往西塘，当面邀请黄易安前往上海救场。这完全出乎黄异庵意料，想自己只是一个初出茅庐的小先生，竟有人邀自己去大上海的书场救场。受宠若惊之余，他也顾虑重重，不知自己的艺术水准是否能胜任上海的演出：一是顶替的是弹唱《西厢记》的名家朱兰庵；二是接手的书场是上海得意楼书场，这家书场不是任何先生能进得去的。当时，上海有几家知名书场：一是四马路的汇泉楼书场，再有就是城隍庙的得意楼书场，以及雅庐书场和东方书场。评弹艺人进上海说书，能在这几家书场过得了关，立得住脚头，那他才能成为上海滩的响档先生。能否在上海这几家书场站稳脚跟，可是一柄双刃剑。如果能做好这几家书场，就能走红，成为响档。反之，如果做不好，那数年之内就不能再进上海来说书，只能成为背包囊、走官塘的码头先生了。黄异庵经过慎重考虑，决定还是去上海得意楼书场走一遭。毕竟初生牛犊不怕虎，再说黄异庵自己也掂量过自己的分量。自己已经过了几个码头的实践，从场方和听众的反映，以及书场的上座率来看，自己有这个把握进得了得意楼书场演出。虽然其中有赌一把的味道，但毕竟是艺高人胆大。再说，这是人生拼搏的一次机会，如不乘机抓住，那么机会就会转瞬即逝。所以黄异庵就与西塘书场的老板和听众说明原委后，即刻随张老四赴上海演出。

上海，对于黄异庵来说它并不陌生。十年之前写书法出名的“十龄童”即是他本人。但谁也未想到，当初的小书法家在他二十岁再次来到上海时，竟成为一名说书先生了，而且还是一个小说书。此番，进上海得意楼书场不知凶吉如何，而且“热接”的还是说同样书的弹词名家朱兰庵的“下脚”。不要说黄异庵本人心中无底，连场方张老四也没有底，就是得意楼的老听众，听说场方请了一个外埠不知名的小先生来接说《西厢记》，其本事究竟如何，听众更是没有底了。评弹业内人士都知道，码头业务看前三天。第一天是风头，听众都来捧场掂分量。当天听众口碑出去，如果好，那第二天书场上的听客会增加，如果一天好过一天，过了第三天，那肯定是一档好生意；如果第一天客满，第二天只有九成，过了第三天听众一直保持在七八成，算是稳档；要是这档生意每天掉听客，过了三天卖座率仍每况愈下，那这档生意肯定做不好，甚至会是漂档。

黄异庵到了上海后的第二天就即刻上台演出。当时，他还叫黄易安，台上的他个子不高，脸儿稍大，头戴一顶圆平顶的和尚帽，穿一件蓝青布的长衫，虽其貌不扬，但步履稳健中透露出儒雅的风度。俗话说开口见喉咙，只听他嗓音嘹亮，口齿清楚，说书稳健，听来丝丝入耳。年纪虽轻，但很老

沈伟辰（左）、黄异庵（中）、孙淑英（右）

成。老听客心中已经有底了，这位小先生书艺不错。一回书听下来，见他在书中引经据典，条理清晰，书中人物刻画细腻，用词讲究，语言生动。上海听众一听，就知道这位小先生饱读诗书，腹中自有才华，所以听众口碑甚好。得意楼书场的上座率日日攀升，直到客满。其间，有一位上海润余社的台柱、擅长说《三国》的评话名家郭少梅对黄异庵的书艺十分赏识，经常去书场听书，并给予热情的指导，使黄异庵在艺术上得益匪浅，进步很快。得意楼的听众听了黄易安的《西厢记》后说，虽去了一个朱兰庵，但来了一个黄易安，看来弹唱《西厢记》书的，是后继有人了。黄异庵在得意楼弹唱的这档生意，终于使他在上海滩站稳了脚跟。黄异庵自从在得意楼书场初露头角，靓丽亮相之后，虽初出茅庐，但因书艺不凡，不仅得到了上海评弹听众的欢迎，而且也引起了评弹界的关注，结果后院起火了！黄异庵的《西厢记》是他自编自演的，没有师承。虽然他曾拜过王耕香为师，但他学说的是《三笑》而不是《西厢记》。根据光裕社的行规，没有师承的书目是不可进场演出的，尤其是像上海这样的大城市。一旦违规，即以光裕社的行规予以干涉。

光裕社，是评弹界的行会组织之一。它在所有行会中历史最长、人员最多，其前身是清嘉庆年间建于苏州的“光裕公所”。它的主要职责是保证会员的合法权益，举办公益活动，帮贫扶困。它有着严格的行规，具有较强的权威性。上海的光裕社即是苏州光裕社在上海的分社。上海其他的评弹社团还有润余社、普余社等。润余社，其成员大多是退出光裕社的中年艺人。普余社，则是以男女拼档合作演出为主的艺人团体。

正当黄异庵因《西厢记》演出一事为难之时，润余社的郭少梅即刻出手相助，让黄异庵去投拜曾说过《西厢记》的谢鸿飞为师，并让黄异庵加入润余社，以此得到社团的保护和帮助。最后，一场风波得以平息。自从加入润余社之后，并在郭少梅的建议下，他便正式把原来的艺名“黄易安”改为“黄异庵”，意在他弹唱的《西厢记》长篇书目，与朱兰庵、朱菊庵所说的长篇《西厢记》是有差异的。异，就异在刻画细腻、妙趣横生，异在插科打诨、别具一格，异在形象立体、性格鲜明，异在情节生动、引人入胜。黄异庵的《西厢记》获得了同行的肯定和听众的赞许，但他离大响档还有一定的距离。

每到年终，苏、沪两地的评弹界都要举办会书。会书，一般是在农历腊月进行，以此发现新人，并提高艺人的技艺。旧时的会书，台上的艺人和场内的听众相处较轻松。艺人与艺人之间可以相互扦扛，以此为乐。听众亦可在台下大吼小叫，甚至可以“倒面汤”“绞手巾”，轰他们不喜欢的艺人下台；而对说得好的演员，亦可以在现场叫喊“再来一个”，要求艺人继续弹唱下去。当然，能参加年终会书的艺人，他们在艺术上都是有一定声望的名家或有一定造诣的演员。一般艺人是不敢参加会书的，唯恐搞砸，影响自己在来年接码头演出的生意。而各地书场的场方也都盼望评弹界一年一度的年终会书。届时，场方都来书场听书，以寻找理想的艺人和书目，为本场签订来年进场的演出合约。在黄异庵进上海得意楼演出的这一年的年终，会书由上海光裕社、润余社等社团主办，并由得意楼、汇泉楼这两家书场协办。那年，光裕社、润余社共有六七档名家上台献艺角逐，最后一档送客书原应是由润余社的台柱郭少梅担当的。郭少梅为了扶持新人，建议由黄异庵来担扛此重任。黄异庵怕自己年少，资历不够而婉拒。但郭少梅坚持己见，对黄异庵说："只有送好客，才能一炮打响，方可立足上海，成为一代名家。"黄异庵得到郭少梅的鼓励后，答应上台一试。但汇泉楼的场方倒显得有些担忧，怕黄异庵送不住客，听客抽签，影响汇泉楼的声誉和演出业务。郭少梅听后，连忙拍着自己的胸脯对场方说："如黄异庵遇上被听客叫下台的事，我即刻上台去演出，我托他的底。"由于郭少梅的力挺，凭其声望，场方才答应一试。黄异庵深受鼓舞，大胆上台弹唱《西厢记》中的《拷红》一折。这段书黄异庵做足了功课，在书中引经据典，说法精到，赢得了听众一片叫好。通过这次演出，黄异庵非但在汇泉楼书场连演了半个月会书，而且得意楼场方也邀请他到得意楼接着做年档。因此次上海救场代书，加上在年终会书时的精彩演出，黄异庵自此成了真正的响档先生。由于他弹唱的《西厢记》异于朱寄庵家的《西厢记》一书，因此有了"黄西厢"之称。黄异庵为其自编自演的《西厢记》一书吟诗一首："会真手笔出微之，实甫西厢绝妙词。一段崔张风韵事，大媒先谢法聪师。"黄异庵亦被听众称赞是《西厢记》书中的"活法聪"。

艺苑勤耕耘

黄异庵自编自演长篇弹词《西厢记》一书唱红之后，又根据旧版《三笑姻缘换空箱》小说，将其改编成长篇弹词，书名为《文徵明》。黄异庵弹词本《文徵明》一书的问世，终于使《三笑》中的江南四才子中的三人各有一段精彩的故事。虽然没有专门演绎祝枝山本人的故事，但在这三段爱情故事中，祝枝山都起到了决定性的作用。没有祝枝山这个人物，书中三个人物的爱情都不可能有圆满的结局，所以祝枝山是长篇弹词《三笑》中的书中之胆。

《文徵明》一书具体讲的是：明代江南才子文徵明准备娶亲完婚。但文徵明的父母要儿子兼挑两房，也就是要他同时娶两个妻子，一大一小。但文徵明本人只钟情于吴翰林之女吴月芳小姐。再说，吴月芳的父亲坚决不同意文家兼挑两房，只可一夫一妻。其间虽然经多方劝说，但两家仍各持己见，致使文徵明的婚期一拖再拖，难有进展。正当双方僵持之时，祝枝山与唐伯虎两人打赌商定，谁能设法破解此僵局，使文徵明与吴月芳两人有情人成为眷属，谁就是赢家，输家要被罚。由此，他俩各施妙计。祝枝山借吴月芳父亲吴翰林生日那天，将文徵明藏在一只大书箱内，说这一箱书画是贺品，将其抬进了吴家。之后，祝枝山命家童将这箱“书画”直接送至吴月芳小姐的画室。待文徵明出书箱后，便可与在画室里的吴月芳小姐相见，造成单身男女私会于一室，“生米煮成熟饭”的假象，好让吴翰林哑口无言下不了台，最后只好成全两家的婚姻。文徵明和吴月芳小姐本就相互倾慕，两人在画室里相见，格外欣喜。孰料，正当两人互诉衷肠时，李典史家突然有人来画室，要拿回李家寄放在吴家的一箱书画。李典史也是苏州一家很有名望的书香人家，家藏许多名贵书画。但地方上曾有一些权贵、恶吏依仗恶势欲强取豪夺李家这些名画。李家无奈，只得将这一箱名贵书画暂寄在吴家的画室里避祸。谁知，那些权贵、恶吏为达到夺画之目的，仗势将李典史强行收监，除非以画赎人，否则定将其严办。李典史之女寿姑为救其父亲，只得马上派人到吴家来取回画箱。当画室外突然有外人欲闯进画室来取画箱，文徵明和吴月芳小姐一时手足无措，无计可施。文徵明只得躲进自己刚才藏身进画室的那只大书箱里，以免被来人撞见。但谁曾想到，李家来人竟阴错阳差地把藏有文徵明的那只书箱当作李家寄放在吴家的画箱，扛回了李家。此事一出，还当了得！不仅吴月芳惊恐万状，而且连老谋深算的祝枝山也急得双脚乱跳。好在祝枝山、唐伯虎都是

黄异庵

足智多谋的江南才子，两人终于想出了再以空箱换回文徵明之妙策。此计，非但使文徵明化险为夷，而且还促成了一段美满姻缘，使有情人终成眷属。所以《文徵明》又称《换空箱》。《文徵明》一书的问世，使三段爱情故事成全了长篇弹词《三笑》的三部曲，使《三笑》这部弹词长篇不只是秋香对唐伯虎笑了三笑后所发生的一系列故事，而是成了唐伯虎、周文宾、文徵明三人各自都能笑看自己，拥有一段美满姻缘的故事了。同样，黄异庵也为长篇《文徵明》一书赋诗一首：“一夫一妇美徵明，伯虎何来九妇情。乞借沧浪亭下水，清流日夜洗污名。”

我们从黄异庵先生对《文徵明》一书的赋诗来看，黄异庵先生的创作思想是属于新文化一类的，他所追求的是新事物和新思想，虽然他编写的长篇弹词《文徵明》出于旧版小说《三笑姻缘换空箱》。原小说讲的是一夫两妻。文徵明不仅欲娶心上人吴月芳小姐为妻，还因装有文徵明的画箱被抬进了李家，结果与李典史之女寿姑一见钟情。最后，文徵明与吴月芳、寿姑一起结为夫妇。而黄异庵在编写过程中，摒弃了一夫两妻的封建婚姻制，改为一夫一妻。难能可贵的是，黄异庵编写此书时，还是在新中国成立之前，可见他的创作理念早就接受了新文化、新思想。诗中不仅证实了文徵明的一夫一妻，他还为所谓“九美团圆”的唐伯虎正名。全诗的最后两句他借用了《楚辞·渔父》篇中的《渔夫歌》，即“沧浪之水清兮，可以濯我缨；沧浪之水浊兮，可以濯我足”。其意是恪守高洁的人格。诗中第三句的“乞借沧浪亭下水”的“亭”，只是借用造句而已，真正借用的乃是“沧浪水”之意。他曾编写过《屈原》长篇书目，接受了屈原那种崇高的思想。由于黄异庵先生接受的是新文化，所以他的创作理念也新。在新中国成立之初，他创作编写的长篇弹词《李闯王》一书，给人又是一番全新的面貌。

在撰写此文时，我曾查阅了很多有关黄异庵先生的材料。其中，有关黄异庵编写《李闯王》一书之说，似乎在大多数的资料中是众口一词，都说黄异庵的创作是出于突发性的：一次黄异庵在常熟花园饭店弹唱《文徵明》时，书场老板突然要求黄异庵停说《文徵明》，临时挂牌改唱《李闯王》。而且是在未经黄异庵本人同意的情况下，场方已将弹唱《李闯王》的书牌挂出去了。然后，黄异庵迫于现实，才不得不放弃弹唱《文徵明》一书，然后停止演出半月。在这半个月期间，他查阅资料，边写边演。其实不然，此种说法未必全面，存有偏差，有以讹传讹之嫌。在常熟花园饭店演出边写边演《李闯王》一书，此事确有其事，但绝不是因书场老板要求临时决定停下《文徵明》而改说《李闯王》的。黄异庵这次在常熟花园饭店弹唱《李闯王》是早在计划之中的。发表于1984年第三期《评弹艺术》、黄异庵自己撰写的《我写李闯王》一文中说："1949年，苏州解放还不到一个月，我得到凡一同志的帮助，就放弃说长篇弹词《西厢记》，改说《李闯王》。那个时候，有关李闯王的小说或剧本，都还找不到。怎么办呢？我就弄到两本明史，作为参考，就往常熟花园饭店挂牌说唱。"由此可见，黄异庵去常熟花园饭店弹唱《李闯王》，是根据当时苏州主管文化的领导凡一同志的指示而进行的，并非是因书场场方的要求，而临时改演的。《李闯王》一书，也是新中国成立后，黄异庵第一次自己编写并弹唱的非传统书目。在编写《李闯王》的过程中，黄异庵当时只弄到了两本明史，此外，他还参考了一些野史，以及从常熟蒋志万先生处购得的关于陈圆圆的《沧桑艳》一书。但这些资料大都是丑化李自成和农民起义的，而黄异庵所要弹唱的《李闯王》，是要歌颂由李自成领导的农民起义，所以他大量的案头工作是根据记载的内容反其意而用之。他尽量对这位历史上的草莽英雄，从正面去理解、去把握。书情的结构，情节的安排，人物的塑造，都是以此立意而进行的，他在书情的发展及情节的架构上都做出了很大的调整。当时，在构思上他遇上了两个大问题。其一，他的《李闯王》一书是从攻打宁武关开始的。宁武关守将周遇吉是明朝有名的忠臣、良将，后世称他一门忠孝、节义俱全，熟知明朝历史的评弹听众都知道这位历史人物。这就是个大难题了，要是将情节重点放在李自成攻打宁武关、挑战周遇吉上，书情的发展就会失去道义。失道而寡助，反而要引起听众的反感，对李自成率领起义军的正当性就会产生质疑，会产生反效果。其二，对于明代末代皇帝的处理，也必须慎之又慎。在编书创作中，作者既不能将明朝的灭亡全怪罪于崇祯皇帝，又要让老百姓对他煤山自尽的悲惨下场认识到这都是他咎由自取的。这两个大难题放在了黄异庵眼前。黄异庵真不愧是创作大家，他仅采用了“声东击西”的写作技巧便化解了以上难题。再是，在创作手法和书台表演上，《李闯王》一书不同于《西厢记》。《西厢记》是小书，人物细腻，情节婉转，唱词典雅，而《李闯王》听其书名便知是评话类型。攻打宁武关，攻打北京城，还有吴三桂带清兵入关，血战山海关，这些都是评话的题材，但如今要以弹词形式来表演，这又该如何来表现？黄异庵便用“竹节法”的创作方法，一切都迎刃而解了。在表演技巧上，他还是采用了大书小说的方法。当黄异庵将一切案头工作准备就绪之后，他便去常熟花园饭店，即刻挂牌弹唱《李闯王》一书。虽然这时他所要弹唱书目的具体内容还不知在哪里，但他还是延续了当年在太仓自编自演《西厢记》的创作方法，有条不紊地进行着。不写说白，只写唱词，上午分段落及练弹唱。因对新书的上座率没把握，所以夜场就弹唱《文徵明》，以此保证自己的经济收入。好在这次他是有备而来，有着充分的准备，所以他的编写和演出总体上还算顺利。但他每天不停地写书、背唱词，再加上演出，人是十分辛苦的。当年，说长篇弹词《白蛇传》、后来被称为“蛇王”的弹词名家杨仁麟也在常熟花园书场附近，他亲眼见到黄异庵每天编写《李闯王》的情景。每天清晨，黄异庵手执狼毫伏案疾书写唱词，上午背书、练脚色和弹唱。待日场演出时，此书听来熟练且生动，听众根本听不出他说的书是每天现编现写、现吃现吐的生书。待日场和夜场结束之后，他又忙着要做第二天弹唱《李闯王》书的案头准备工作。天天如此，周而复始。当他新编的长篇《李闯王》全部演出结束后，受到了当地听众的一致好评。他的这次大书小说的艺术实践成功了。黄异庵的《李闯王》的问世，对当时的评弹界来说，是一次说新创新实践的胜利，同时对整旧无疑起到了积极的推动作用。

就在黄异庵新创作的长篇弹词《李闯王》问世的同时，评弹界正掀起新中国成立后第一次说新创新的高潮，并在上海举行了第一次新书竞赛。这时的黄异庵已与第二任妻子苏醒定居在苏州了。苏州评弹界就请黄异庵在他创作的《李闯王》长篇书中选一回折子书，作为评话的形式，由评话名家杨震新代表苏州去上海参赛。结果，在苏浙沪评弹界的新书竞赛中，杨震新一举夺冠，荣获“新书状元”的称号。说书的成功在于一剧之本，杨震新的夺冠，离不开黄异庵编写的脚本。与此同时，黄异庵也荣获了新书目创作一等奖。同事们喜称他为“状元先生”。这是新中国成立后苏州市评弹界第一次荣获创作、演出双丰收的艺术大奖。

由黄异庵自编自演的长篇弹词《李闯王》前后分三个部分：《宁武关》《陈圆圆》和《明末遗恨》。长篇弹词《李闯王》是从闯王李自成率领起义军攻打宁武关“开书”的。历史上，起义军这一仗打了七天七夜，打得昏天黑地，打得腥风血雨。虽然最后还是攻破了宁武关，全歼了明军，但起义军自身也损失惨重。要是这样的开打场面放在长篇弹词《李闯王》的书中来说，当时的听众就有这样的调侃：“看来明天死的不是李自成，也不是明军将领周遇吉，死的而是黄异庵自己。”大家都知道《西厢记》的主角是张生、莺莺、红娘而已，全书文绉绉的清词丽句，吟诗答对，之乎哉也。而现在《李闯王》书中是李自成率领的起义军与明朝守将周遇吉的交战，如此惨烈的场面，若用说小书的方式进行，演员不死在台上才怪呢！黄异庵采用了“声东击西”和“竹节法”的技巧和手法，完美地演绎了起义军攻打宁武关这一段的开打书。当李自成带领起义军至宁武关，兵临城下，大有乌云压城城欲摧之势，而守将周遇吉死守关门，按兵不动。黄异庵制造了一个两军相持的悬念。接下来他用声东击西、盘旋曲折的有说有唱的形式，将书情的主要情节转向宁武关城内发生的故事：当地的恶霸郭大户“拷打活命娘”“活葬彭孝子”、陆老太“杀子救李岩”等书情。这样一转便说了七八回书了。通过转移书情，让听众同情被害人，痛恨这些恶霸、官僚，寄希望于李自成，期盼他赶快来攻破宁武关，拯救这些身处水深火热之中的受难百姓。如此一来，加强了起义军攻打宁武关的正当性。同时，对周遇吉其人，听众的看法亦自然而然地有了微妙的变化，也希望他早些让路，别再阻挡起义军的攻城。起义军攻打宁武关这段书，黄异庵完全是声东击西，“借百姓之苦，以分周遇吉之势，同时又快听书者之心”。正当听众希望李自成尽快破城之时，黄异庵仅用了数分钟时间，或吟一段赋赞，起义军便风卷残云般地攻破了宁武关。历史上攻打宁武关，李自成打了七天七夜，到了黄异庵口中仅用了数分钟便全部结束，这就是所谓的“竹节法”。比方五寸一节的竹管，在四寸九分的一段里，都是津津有味地说说唱唱，以慢做细磨来表演书中的主要情节，而到最后一分处，突然一霎而过，即所谓的动手开打，犹如快刀斩乱麻。当听众的情绪还未从城中百姓深受苦难的情绪中恢复过来时，黄异庵在台上的开打已经结束了，紧接着又是下一节的竹管开始了。

当李自成率起义军攻破宁武关之后，按照书情的发展就要直捣黄龙——攻打北京城。起义军一路上破大同、攻宣化、血拼居庸关，势如破竹，长驱直入，迅速围困北京城。如果书情是这样发展的话，仍是一个关、一个关地这样拼杀下去，那书情就会雷同。听众就感到味同嚼蜡，毫无趣味可言，犹如“旧瓶装新酒”。旧瓶即使你再怎么洗，旧瓶中的旧味还是洗涤不尽的，你把新酒装下去，与旧味混搭，那这个酒味就是不伦不类的，绝不会受人欢迎。所以接下来的书情发展，黄异庵故伎重演，又来一个“声东击西”的表演手法。他把起义军进军的书情丢在攻打北京皇城的路上，继而将情节转到了皇城的城内，转到江南名妓陈圆圆身上。

《陈圆圆》一书，是长篇弹词《李闯王》书中很重要的一个章节。因为它关系到李自成进京后的成败问题。从书情上看，这一段书就是十足的弹词题材的书情：书中写陈圆圆身落田皇府。田皇府即是崇祯皇帝的丈人、田贵妃的父亲田畹（又名田弘遇）的府邸。田畹下江南游玩，在南京秦淮河遇见陈圆圆，见她貌美多艺，将其买下返京。进京后，田畹就将陈圆圆送进皇宫献给崇祯。虽然她女儿在宫里是贵妃娘娘，但总有年长色衰之时，田畹怕女儿到时失宠而动摇自己国丈的地位，所以他急忙将年轻貌美的陈圆圆送进宫去，如能得到崇祯宠幸，自己国丈的地位仍可保住。谁知，此时的崇祯正被朝廷之事搞得焦头烂额，再也无心顾及花前月下之风流韵事，所以崇祯就将陈圆圆退回田皇府。这样，陈圆圆就成了田畹的小妾。后来，因田畹要笼络吴三桂，便设计让吴三桂对陈圆圆一见倾心，遂使吴三桂在席上夺取陈圆圆并将其纳为妾。书中有生、有旦，但在写作和表演手法上，黄异庵所刻画的人物形象绝不是张生和莺莺的重复，而是另有一番细腻的描绘，反差极大。黄异庵将吴三桂与陈圆圆两人的情感描述得情意缠绵、难舍难分，给人一种别样的感觉，即他俩的言谈、举止，自然而又不受拘束，用现代语言来讲，是“开放型”的，绝不是张生与崔莺莺的那种矜持怕羞的模样。黄异庵在编写《李闯王》一书时，在李自成攻破皇城前，他有意识地加入了这一段正宗的小书情节，然后再接写李自成攻打北京城。一方面是调整全书的节奏，使大书与小书之间互有交集，既有惨烈厮杀的情景，亦有缠绵悱恻的柔情。在情节和表演手法上找到一种平衡，也就是所谓的大书小说。另一方面，它又能使听众有一种书情起伏跌宕、面目一新之感。

当李自成攻下皇城后，此时的吴三桂已准备投诚李自成，却因为陈圆圆被李自成手下一名叫刘宗敏的武将所强占，吴三桂暴怒，可谓“恸哭三军俱缟素，冲冠一怒为红颜”。所以他引清兵入关，与李自成一番血战，导致李自成败走北京城。黄异庵写《李闯王》之所以要把陈圆圆之事作为主要书情来写，不仅是“声东击西”，为创作架构的需要，而且它也是李自成起义最终失败的根源。当然，这已是在《明末遗恨》之后的遗恨了。

其实，黄异庵之所以要在书中嵌入《陈圆圆》一段书情，主要是借此诉说明朝末年朝廷百官的丑恶，再是由于崇祯本人的多疑寡断，急于求成，反受贪官及乱臣贼子所欺，最后落得了自尽于煤山的下场。再说《明末遗恨》一段书中讲述崇祯的亡国之祸，黄异庵在写这段书时，对崇祯这个人物的刻画，分寸掌握得当，使听众对崇祯这个人物有了全面的认识，用哲学的语言来讲，对他要有“一分为二”的辩证认识。这也正是黄异庵在编书创作中的神来之笔。但是，可怜之人必有他的可恨之处。人们在对崇祯同情可怜之时，也恨他在临死之前，竟希望吴三桂借清兵来消灭李自成及起义军。所以此时听众的心全都倾向李闯王了，希望起义军尽快攻破皇城也就顺理成章了。所以，当长篇弹词《李闯王》说到最后一段，吴三桂引清军入关，李自成败走时，常有座中听众潸然泪下。这就是黄异庵编写《李闯王》妙笔生花。黄异庵创作《李闯王》一书之后，也为该书题写了一首诗来表达他的感叹：“解放新书说闯王，有明社稷半存亡。冲冠可杀吴三桂，为惜红颜竟引狼。”黄异庵在新中国成立之初创作的第一部新书，应该说是获得了成功。同时，黄异庵在创作中所运用的创作方法和弹唱技巧，至今仍值得后人借鉴。

黄异庵编写的长篇弹词《李闯王》一书，至今仍有人继承弹唱。比如上海评弹团的饶一尘的学生葛毅斌仍在弹唱《李闯王》中的《明末遗恨》这一部分。说起饶一尘跟随黄异庵学习弹唱长篇弹词《李闯王》一书，据饶一尘自述，其中还有一段趣闻逸事呢！

新中国成立初期，评弹界“斩尾巴”，即一些传统书不能说了，饶一尘与赵开生原先合作弹唱的《珍珠塔》亦在其内。后来，赵开生去上海找他的先生周云瑞去了，饶一尘想：我怎么办？终要有一部书说，方可度生计啊！事有凑巧，1952年黄异庵先生进常熟弹唱长篇弹词《李闯王》，生意红火。这对饶一尘来说正是天赐良机，他便去书场“偷书”。好在饶一尘天资聪颖，记性又好。他听一回，当天就记一回，不管是日场还是夜场，天天如此，抄得他手起老茧。黄异庵做常熟一档生意，等于送了饶一尘一部书。饶一尘将三十四回的《李闯王》长篇不仅照单全收，而且马上现吃现吐，他即刻去无锡五福楼书场挂牌，单档弹唱《李闯王》。谁知，在无锡刚演到第五天，恰巧黄异庵也进无锡演出了，在城里蓬莱书场挂牌，也是弹唱《李闯王》。这下可把饶一尘急坏了，他火速赶到无锡城里去看望黄异庵先生。黄异庵问他：“你的书是从哪里来的？”饶一尘如实回答：“是听伯伯的。”黄异庵又问：“你有脚本吗？”于是饶一尘把自己在常熟“偷书”时记录下的脚本拿出来给黄异庵看。黄异庵看后笑着说：“我的脚本还没有你这么全呢！”当时，饶一尘想，看来是要受到黄异庵老先生的一顿训斥了。你想呢，不打招呼在书场里偷书，而且还擅自挂牌弹唱，换了谁，谁都受不了啊。谁知，黄异庵一声都不响，只是挥挥手，示意他去吧。更让人想不到的是，第二天场方传话来说，黄异庵准备收他为学生。饶一尘听后非常地高兴，但又一筹莫展，因为他拿不出拜师金。后来黄异庵知道饶一尘因为拿不出拜师金而犯愁，他干脆地说：“如果拿不出拜师金也没关系，只要回到苏州光裕社，当着道众的面举办个叩头拜师仪式，就可以了。”就这样，饶一尘就成了黄异庵的正式学生，可名正言顺地弹唱长篇弹词《李闯王》了。说来也有趣，饶一尘、赵开生是从常熟走出来的一对小双档，后来两人都进了上海评弹团，并且都成了黄异庵的学生，一个学唱《李闯王》，一个学唱《文徵明》。他们将这两部书分别传承了下来。饶一尘的学生葛毅斌仍在演出《明末遗恨》，赵开生在数年前先后分别与苏州评弹团的盛小云、吴静合作，在苏州《电视书场》录制了长篇弹词《文徵明》的前、后部分。如今，赵开生还在整理长篇弹词《文徵明》的书稿，准备出版赵开生弹唱的《文徵明》演出本，将其传承下去。

黄异庵先生创作编写《西厢记》《文徵明》《李闯王》等长篇书目，不仅敢于标新立异，敢于再创造，敢于超越前人，还敢于做前人没有做过的事。他将中国四大名著之一的《红楼梦》改编成三十回的长篇弹词《宝黛缘》。从黛玉葬花，宝玉偷看《西厢记》开始，一直写至黛玉魂归。评弹界至今还没有人敢有此魄力改编此巨著，而黄异庵当时就敢于尝试；有了脚本，评弹界至今还没有人敢于弹唱此长篇，而黄异庵自己就能，而且还敢于到"全国红学研究会"的研讨会上去演出。二十世纪八十年代初，黄异庵应邀参加在南京举办的全国红学研讨会。在会期的第二天，全国各地有代表性的剧种，包括曲艺都集中到南京，相继演出《红楼梦》题材的剧目或曲目，作为"红学"大家进行交流时的观摩演出。当时，黄异庵就演出了一段长篇弹词《宝黛缘》中的选回。红学专家、北大教授周汝昌当时因自己错失此次观赏机会而深感遗憾。当黄异庵得知此事后，便写了一首七绝诗寄给周汝昌："白头人说红楼梦，应被红楼笑白头。怪底掌声雷动处，座中顾曲独无周。"周汝昌见到此诗后，深感黄异庵非一般普通的弹词演员，而是一位古文学基础深厚的学者，并撰文称道："黄先生是柳敬亭后一人而已。"可见周汝昌教授对其艺术水平的推崇和厚爱。周汝昌和诗一首："喉韵弦音总是情，自家拨尽一声声。还为阳春伤和寡，滔滔互釜正雷鸣。"之后，两人交往甚密，成为文坛知己。黄异庵写的长篇弹词《宝黛缘》因曲高和寡，故影响不大，未被流传下来，实为憾事也！黄异庵对自编《宝黛缘》有他自己的见解，赋诗曰："红楼写绝痴儿女，不入梨园生旦行。惟有江南书可听，温存软语话家常。"

综上所述，黄异庵一生所编写的四部长篇弹词书目，大部分与才子书有关，即使是《李闯王》《宝黛缘》，书目中所描述的女子也大都是才女。总之，他所写的作品都是与有才华的人物紧密地联系在一起的，包括他先后编写但未演出的《屈原》《赛金花》《翁同龢与杨乃武》《聊斋》等评弹长篇书目，亦都充满着文学性。所以，人们称他为“评弹才子”。确切地说，黄异庵并不仅仅是在评弹书目创作上的才子，而且在整个苏州评弹界，他也是代表了一个时代的才子。

才子黄异庵

黄异庵的“评弹才子”之美誉，最初出于中央领导人之口，是来自新中国第一代国家领导人周恩来总理的赞许。

1952年，全国戏曲工作者协会代表会议在北京召开。沪苏地区的戏曲界代表有京剧界的李瑞来、沪剧界的邵滨荪、滑稽话剧界的周柏春、评弹界的黄异庵。会议期间，毛泽东主席因忙于政务，临时由周恩来总理代表毛主席去探望出席全国会议的代表。周总理与代表们握手，每位代表都自报姓名、所在地区及单位。当黄异庵自报家门时，周总理笑盈盈地对黄异庵说：“我知道。”接着，周总理在话筒前讲了一番话：“新旧社会的戏曲我都尊重，那是为什么呢？因为戏曲最容易感动人。”代表们听后，报以热烈的掌声。周总理接着说：“现在苏联塔斯社要一首歌颂中国人民志愿军抗美援朝的诗歌，要发表在苏联《真理报》上，代表中可能会写诗的人不多吧？”站在总理旁边的田汉接着就大声地问：“有谁能作诗？”这时，黄异庵站出来说：“我已写好了一首，请审阅。”周总理听后，很高兴地讲：“让田汉阅。”黄异庵立即将诗呈给田汉同志。田汉阅后连连地说：“蛮好！蛮好！”第二天，田汉对大家回总理的话：“总理讲这首诗写得很好。黄异庵是个评弹才子。”“黄异庵是个评弹才子”就是这样出于周总理之口的。其实，黄异庵成为“评弹才子”绝不是一蹴而就的，他年幼时就熟读古书，古汉语水平极好，又精于诗文和金石书法，这些都为他取得评弹文学上的成就打下了坚实的基础。

黄异庵四岁进私塾读书，五岁开始练书法，七岁时就能书写对联。逢年过节时，左邻右舍都请他写对联。观赏的人们见他一副凝神挥毫的样子，都惊叹地发出啧啧之声，称他为小先生。就在黄异庵八岁的那一年，有一天他在父亲开的酱油店里看店。他一边看店，一边在柜台上练书法。有一顾客进得店来，毫无半点买东西之意，只是站在柜台外，专注地看黄异庵练写毛笔字。他看黄异庵练书法的整个运笔过程逆峰起笔，中峰行笔，回峰收笔，包括提、按都十分规范。运笔中的点、撇、捺、顿、勾，都有模有样，所书写的字的架构亦非常工整，可见此小孩有写书法的天赋。这位客人不停地点头，露出微微的笑容，并说要见小孩的父亲。原来他是上海的一位名人，名叫江锡舟，是著名画家江寒汀之子。当他看到此小孩有写书法的天赋，若有良师培养、指导，日后在书法上定是个可造之才。所以他冒昧要见小孩的父亲，欲将小孩带往上海拜外号为“天台山农”的刘介玉先生为师，学习诗书。黄异庵父亲黄理彬自己虽是行商做生意的，但他一心要培养小儿子在文化上将来有所出息，欲以知识改换门庭。现在见有此良机，当然一口答应，并亲自带了黄异庵随江锡舟一起赴沪，让黄异庵拜书法大家刘介玉为师。

刘介玉是清末民初的书法大家，本名刘青，又名刘文玠，祖籍浙江黄岩，生于嘉兴，擅书魏碑书法。他初学苏东坡，后修北魏，书法写来雄浑，与清末民初的著名书法家李瑞清、曾熙三人并称书法三大家。他九岁丧父，幼年师从嘉兴徐尔藩，后来成为吴昌硕的入室弟子。他初学书法时，因家贫无钱买宣纸练字，就以方砖当纸，以清水为墨，蘸水写字，每次写尽一碗清水方休。经数年的春去秋来，练就了一手好字，他书写的行书珠圆玉润。几十年戎马生涯之后，他寓居上海，以写字为生，名震上海滩。

黄异庵到上海，在江锡舟的举荐和资助下，正式拜刘介玉为师。第一天授课，刘介玉就给了黄异庵一本《颜家庙碑》拓本，还在册上题写“脱帖”二字。随后，黄异庵就随帖学书法。待练就基础后，就脱帖而写。后来他又随先生主攻行书。黄异庵在刘先生的悉心指导下，刻苦学习，所以他的书法之功日渐提高。两年后，黄异庵便以“年少鬻书”而名扬上海，人称

"十龄童"。那么黄异庵小小年龄，又怎会在上海卖字谋生呢？

因刘介玉退伍寓居上海后，除了以写字为生，还在上海大世界黄楚九经理那里做秘书，所以黄异庵父子也认识黄楚九。黄异庵父亲黄理彬见黄楚九很欣赏儿子的书法，并称他为神童，所以黄理彬就提出让儿子黄异庵进大世界做事。上海大世界，位于现在的延安东路与西藏南路的十字路口。在旧上海，它是当时最吸引市民的娱乐场所。每天人流量很大，人群中也掺杂着三教九流以及不三不四的人，所以黄楚九并不同意让黄异庵在大世界做事。但黄楚九经不住黄理彬的再三要求，最后还是同意黄异庵在大世界门厅处设摊卖字。于是，父亲磨墨铺纸，儿子挥毫写字，黄异庵走上了卖字的生涯。一张纸，一副对，卖一元钱。黄异庵年龄虽幼，但字写得非常好，所写的对联句子喜庆、典雅，所以他写的字和对联受到宾客们的青睐，购买者众多。就这样，"十龄童"名扬上海滩。苏州吴门书法界自此亦多了一位小书法家。

黄异庵在上海学写书法的两年时间里，就寄居在江锡舟家。他在习书法的空闲里，有时亦随父去书场听书。日久，他便迷上了这门别具风韵的江南曲艺中的评弹艺术。有时，他还和江锡舟女儿一起拨弄丝竹，学唱弹词开篇。江锡舟见女儿和黄异庵都喜欢评弹，还特意买了一把三弦，让他们练唱弹词开篇。他还对黄异庵和女儿两人戏说："谁先学会弹弦子，谁就先去学说书。"江锡舟对黄异庵来说，是黄异庵人生中的第一大恩人，非但出资培养他学习书法，后来黄异庵成人后，他的第一位夫人，就是江锡舟的女儿江氏，两人生有一男一女。最后，因感情不和，两人还是分手了。

黄异庵在书法上有独特的心得。他曾说："书法之道在于收放。收就是跟古人的距离近一些，放就是跟古人的距离远一些。如果一味地放，放到最后，就'有我无古'。所以在书写时，定要做到一收一放，放放收收，或收收放放。"这些心得是很有哲理性的。在长篇评弹的创作和演出中，经常也会运用到收放之原理。因为书情的发展及细节的展开，必须有收放之道。

收就是离书情近一些，紧紧地围绕着书情进行诠释；放就是离书情远了一些，离开了书情而扩展开去，评弹界俗称“外插花”。但若外插花多了，就会冲淡书情。因此，收放必须掌控有度。艺术上的原理往往在各艺术门类之间是相通的，只是其中内涵不一样而已。这就是所谓的触类旁通。黄异庵先生书法基本功扎实，能写各种书法字体，且能兼容并蓄。他写的隶书古朴，行书潇洒，有时他也偶作草书、篆书，其书法之艺也属一流。一位被称之为“百岁翁”的书法家苏局仙称赞黄异庵的书法是“艺林龙象”。

在“诗书画”艺坛中，常有一说：“书为心画，为情感之形。故传世之作，无不以诗书合璧，形神联珠而著称。”黄异庵不仅在书法上别具一格，他所工的诗、词亦格调极高，语精意达，平仄工整。我们从他编写的长篇弹词书目的唱词中，就可见一斑了！

评弹界人士都知道，弹唱长篇弹词《西厢记》者，必须会吟诗。否则，“待月西厢下，迎风户半开。拂墙花影动，疑是玉人来。”这几句经典诗句，演员如不会吟唱，听众就不会认可你会弹唱好《西厢记》。演唱者尚且如此，那么编写者更必须会吟诗作词了。因为《西厢记》的文学性实在是太强了。黄异庵就是这样一位既会作诗，又会吟诗的评弹才子。他有时遇上诗友知己，会像《西厢记》中的张生一样，为了作诗、吟诗而疯魔。早年，他还在苏州吴江的祥园书场弹唱《西厢记》时，恰巧遇到了一群文人知音。待书场演出完毕之后，大家都留在书场里一起吟诗唱和，并相互抄写诗文。犹如明代的文徵明那样，他经常相约骚人墨客，大家一起聚首狮林寺，即现在的狮子林，吟诗作画。黄异庵他们亦如此，一个晚上把书场四周的墙壁都贴满了这群文人写的诗和词。其中之乐趣非常人能体会到的。此事在五十余年后，凡当年参与此事者，重又相聚时，仍把它作为趣谈呢！因此，吟诗、作诗已是黄异庵人生中不可或缺的生活内容了。

黄异庵不仅喜欢吟诗、作诗，他还喜欢书写楹联。早在1985年，苏州新开了一家花店，其名为蝶来花店。店名似有“陌上花开蝴蝶飞”之意。花店经理为能获得一副好的楹联悬挂在花店门面两侧，以增加一些文化氛围，好招徕顾客，故特向社会征稿：获第一名者，可奖五针松一盆。应征启事见报后，应征者数以千计。苏州乃人文荟萃之地，大家都争相为书写楹联献艺而来，借此施展一下自己的才华。最后经专家评选，得奖者竟是一位白发老翁。其上联曰：应能薄利人常顾；下联曰：座有鲜花蝶亦来。蝶来花店之名被巧妙地嵌在楹联之中，同时这副楹联正好把这家花店货好、利薄的宗旨说了出来。这副楹联，确实诗意盎然，耐人寻味，众人为之折服。而这副楹联的作者，正是被称之为“评弹才子”的黄异庵先生。另外在苏州寒山寺罗汉堂前也有黄异庵书写的一副楹联：得人在得心，信佛皈依，俗缘自了；修慧不修福，让他饱食，我钵常空。这副楹联表达了他洞察世事的磊落襟怀。在1984年，苏州评弹学校特邀黄异庵先生到评弹学校讲习班去授课，讲解评弹知识、创作方法和表演技巧。临去前，他为评弹学校特地写了一副楹联。上联：讲习正开班、帮后生、再下功夫、门门踏实；下联：评弹从有业、学先辈、各标风格、代代创新。他把评弹事业传承发展的无限希望，都寄予在这些学子们身上。

苏州怡园有一石听琴室，黄异庵应茶友相邀以“琴石”为题，连续二十八天，每天一诗，共赋诗二十八首，句子无一类同。不但每一首诗都未离开“琴石”主题，而且这二十八首诗都称得上境界高远。（二十八首诗附后）叶圣陶、诗联专家陈以鸿都盛赞其诗作，并称黄异庵“在评弹界首屈一指，于诗词界毫不逊色”。可见黄异庵书诗合璧之才华，与他的“评弹才子”之美誉一样，早已闻名于姑苏了。

黄异庵喜书、诗。同时，他还是一位篆刻家、金石家呢！他于而立之年在上海拜邓散木大师习篆刻、金石之艺。

邓散木，原名菊初，别号粪翁，是中国现代书法家、篆刻家。他的书法与篆刻都形成了章法多变、雄奇朴茂的特点和风格，为中国艺坛所瞩目。他的书法在书坛被誉为“江南祭酒”，艺坛有“北齐南邓”（北齐指齐白石，南邓指邓散木）之美称。邓散木一生清高孤傲，落拓不羁，视金钱为粪土，故其别号为粪翁，取意是粪除荡涤污秽。

黄异庵拜邓散木为师，习篆刻、金石之艺时，他在评弹界早已是弹唱《西厢记》的名家了，而且他已收钱雁秋为学生，并合作拼档弹唱《西厢记》。黄异庵去拜师时，还是学生钱雁秋帮他手捧香烛，送他到邓散木先生在上海的寓所去行拜师礼的。这段学生送先生去拜先生的故事，在当时的评弹界曾传为一段佳话。可见黄异庵对邓散木先生是何等地崇拜和敬重。由此，黄异庵先生以刀代笔，以石为纸，苦练技艺。通过长年累月的实践，他悟出了刀法是表现书法和章法的手段，冶印毕竟不同于作书，应刀笔互通，择善而从，方有佳作。他在习篆刻、金石时，孜孜不倦，经数十年寒暑的勤奋努力，终于成就了他的卓越，苏州评弹界也多了一位篆刻家、金石家。明清史学专家钱仲联先生有“邓翁钵袋异庵传，风雅平生任一看。金石诗书俱绝代，高名至竟重吴天”之赞美诗，就是他对黄异庵的称道。

黄异庵之才，除了精通评弹创作、弹唱外，书法、诗词、篆刻、金石样样精通，他对医学也有所研究，可谓“六艺”精通了。“六艺”精通的黄异庵与宋代卓尔不凡的李清照是何其相似。“黄易安”与“李易安”各自创造了自己的“易安体”，包括他编写的《西厢记》《文徵明》《李闯王》等长篇书目，均富有“语尽意不尽，意尽而情不尽”的婉约风格。红学家周汝昌赠其诗曰：“多才多艺异常流，不独知音顾曲周。翰墨诗词兼篆印，一时声动古苏州。”黄异庵就是这样一位苏州评弹界的才子。

完美的句号

黄异庵的人生，是一个传奇：聪明的才智，跌宕的命运，坎坷的道路，完美的句号。

黄异庵少年时，他“年少鬻书”名扬上海滩，成就了他的书法。自进入评弹界后，他自编自演长篇弹词《西厢记》，青年时代的黄异庵，在上海的汇泉楼书场的会书中一炮打响，成了弹词响档，也成就了他的评弹，故有成名上海一说。二十世纪五十年代末，黄异庵去青海农场进行劳动改造。这时的黄异庵，即使在人生的道路上已跌落到最低点，他还是没有放弃他毕生热爱的评弹事业。他在劳动之余，在很艰苦的环境下创作评弹长篇书目。他在五年的时间里创作了《万里长征》《英雄儿女》两部现代长篇书目。在那里没有稿笺纸，他就写在香烟包装纸的反面，可见其对评弹的书目创作是何等执着。

1969年前后，他与女儿一起被下放到滨海参加农村劳动。在滨海农村，他充分利用自己的一技之长为村民服务。他会书法，逢年过节为大家在门上写春联；他会刻章，村民记工分时需要印章，他就为大家刻章；左邻右舍有些头疼脑热的，他就通过医书或穴位图学会了针灸，为大家扎针除病也很有功效，大家称他为“黄神医”。其实，黄异庵懂医学，能治病，在他弹唱的《西厢记》中，早已显露出了端倪。在《西厢记》书中，有一回《寄方》的书，即张生为解普救寺之围，写了一封书信给白马将军请他前来退敌。当退敌后，崔夫人将曾说过的“谁能退敌，即将崔家小姐许其为妻”之言忘得干干净净，假以兄妹之称而懒婚。张生就此病倒西厢。莺莺小姐对张生仍是一往情深，不仅派红娘前去西厢探病，还亲自写了一张药方让红娘带给张生，让他照药方抓药除病。这张药方是真药方，绝不是黄异庵编书时的胡编乱造，是他研究医学后才开出此药方的，确实是对症用药，是一张能治病的良方。而且开这张药方比起一般医生开出的同样的药方还要难上十分。因为莺莺开的这张药方不仅是为了治愈张生之病，其间还隐喻了自己对张生挚爱的一片心。因此，这张“药方”，既是药方，又是情书。由此可见黄异庵对医学早就有所研究了。所以他在滨海农村，也能利用自己所掌握的医学知识，为当地村民服务。由于他平时为人热情友善，村民们都对他十分热情，同时对他也非常关心，有什么好吃的，大家也都会与他一起分享。黄异庵在滨海时，虽然生活条件很艰难，但他与村民们日夜相处，在精神上还是很乐观的。在滨海，他在和女儿所居住的土屋里，居然还能写出“草顶泥墙屋两间，相依父女笑开颜。天尤酷热瓜尤美，室自清凉梦自闲。窗外断堤青入画，门前远树碧成环。从今始识村居乐，镇日无人一往还”“旧交唯石砚，火伴有寒炉”“曲水流墙观不足，梅花开到枕头边”等如此乐观的诗句来勉励自己。因为在他的心中，还是日夜期盼着总会有一天能回归故里，回到自己一生所追求的评弹事业中去。这里所叙说的，就是大家所谓的“三海”。

1978年，党的十一届三中全会召开后，党的各项政策都在一一地进行落实和拨乱反正。黄异庵及其家人也回到了苏州。当然，这个“右派”也就不成立了。有关文化部门将黄异庵安排在苏州评弹研究室工作，给予了他继续为评弹事业的发展做出自己应有的贡献的机会。

春风又绿江南岸，随着党的各项政策的落实，黄异庵重返书台的愿望终于实现了。他首先是重说《文徵明》，后又与第三任妻子刘美仙合作弹唱《西厢记》。有一次，他俩在上海静园书场演出《西厢记》。第一天开书，黄异庵一开场就来一个文字游戏，放了一只十分幽默且又有回味的噱头。他说：“我今朝和刘美仙拼，说么是说拼，其实我们已经到民政局去登记过了。”黄异庵开头讲的那个“拼”，他是故意误导听众去想到的是男女间“姘头”的意思，但他接着解释说：“这个‘拼’是拼档的拼，大家不要误会。我俩完全是合法的夫妻。”听众听后，哄堂大笑，并报以热烈的掌声。黄异庵一下子就把书场的气氛给挑开了，听众的情绪也随之被提上来了。这样一来，这个书也就好说了。黄异庵与刘美仙既是生活中的伴侣，又是艺术上的合作者，两人都应该是很幸福的，黄异庵也终能过上安稳的生活了。但又有谁知，世事也真会捉弄人。两人好上没几年，刘美仙却患上了不治之症，医治无效，离他而去了。最后，黄异庵的饮食起居，幸得一位名叫舒洁迁的女士，也就是他第四位夫人的精心照料，他才能自由自在地安度晚年生活。

黄异庵在家挥毫写诗

黄异庵说书、做事、创作都十分认真，但在平时的生活中他却是很随意、很风趣的。有一天，他一个人在黄鹂坊桥的一家小酒店里独酌，下酒菜就是几块刚出锅的油氽臭豆腐干。他一面独酌，一面和酒店伙计猜灯谜，用“谐音格”来猜他盘中的那几块臭豆腐干，说要打三个古人名。此时，围观的人愈来愈多，旁边也有人七嘴八舌地在乱猜。最后，黄异庵给出了答案，是黄盖、李白、文丑这三位古人。因为臭豆腐干是黄颜色盖在外面的，所以叫黄盖；臭豆腐干里面是白的，因此就叫李白；而闻闻却又是臭的，故而就叫它文丑。大家听后，又是拍手又是嬉笑。黄异庵一高兴，兴致也上来了，居然就在这酒店里说起了《西厢记》中的《酬简》来，虽说得很随意，但仍不失其精彩。这时的黄异庵犹如一名老孩童，平易近人、和蔼可亲。

随着生活的安定，他重拾对书法、篆刻和金石艺术的浓厚兴趣。有时挥笔书写，有时作诗填词，有时执刀刻石，有时伏案创作，对技艺的追求越来越完美。之后的《翁同龢与杨乃武》《宝黛缘》等长篇弹词都是在这段时间里悉心编写而成的。他编写《翁同龢与杨乃武》的本意是想给听众刻画出一位历史上真实的杨乃武的形象。因为在听众中长期流传的《杨乃武》一书，很多内容是虚构的，并非杨乃武其人真实的一面。因此，他曾花了相当的心血，收集历史资料，并伏案耕耘，写成了《翁同龢与杨乃武》一书。但碍于精力，该书未曾与评弹听众正式见面，这成了他的一大憾事。但此书他曾与弹词名家江文兰合作演出过一回片段。之后江文兰深有感叹地说道："《翁同龢与杨乃武》这书是真的好听的。"这是一位演出者给予此书的正面评价。在此期间，他还完成了"百词印章"的篆刻，为世人留下了宝贵的艺术财富。

黄异庵先生毕生的艺术成就，以及他对苏州评弹事业的发展所做出的贡献，听众没有忘记他，评弹界的同仁们没有忘记他，有关部门领导没有忘记他，党和政府同样也没有忘记他。1991年6月，由上海市曲艺家协会、苏州市文化局、苏州市戏曲艺术研究所等艺术单位联合举办的祝贺黄异庵艺术生涯七十周年的演出活动，分别在苏州和上海两地隆重举行。当年参加演出的人员，除了黄异庵本人外，还有薛君亚及黄异庵的学生饶一尘、赵开生、程振秋及夫人施雅君，徒孙沈伟辰、孙淑英和郑樱、高博文等。庆贺活动还印发了特刊。专辑封面除了由苏浙沪两省一市评弹领导小组组长、上海文联原副主席、上海评弹团原团长吴宗锡的亲笔封面题词外，还有他的弟子、著名弹词表演艺术家杨振雄先生亲笔所画的竹图，以示对先生高风亮节的称颂。上海曲艺家协会原副主席、上海评弹团原副团长李庆福先生为专辑书写了前言，两省一市苏州评弹领导小组副组长、苏州市文联主席周良先生亦写有《贺黄异庵艺术生活七十年》的祝贺文章，苏州曲艺界和黄异庵先生在书法、篆刻、金石方面的同好和弟子们，都写有祝贺他从艺七十周年的有关文章。专辑对黄异庵七十年的艺术人生做了较为全面的回顾和客观、公正的评价，对他在苏州评弹艺术、书法、篆刻、金石方面的艺术成就，都给予了高度的评价。此番庆贺活动在沪、苏两地及评弹界都产生了一定的影响。

黄异庵对社会同样给予了回馈。1994年12月，他在苏州市平江书画院院长江洛的提议和支持下，在苏州市平江书画院以举办黄异庵书法展览会之机，举行了一次义卖捐赠活动，并将当天所书书法卖下的九千多元人民币悉数捐赠给苏州市民政局，以帮助那些敬老院中的贫困老人，为他们能过上高高兴兴、健健康康的生活尽些绵薄之力。九千多元在当时来说不是一笔小数目，再说黄异庵自己的生活很节俭，而且已是八十岁开外的老者了，他有如此爱心，确是难能可贵，令人敬佩。

以上无论是黄异庵在八十岁高龄后的书法义卖，沪、苏两地联合举办的祝贺黄异庵艺术生涯七十周年的演出活动，以及他嘱托遗孀舒洁迂女士将自己私藏的十多幅名家书画均捐赠给苏州大学博物馆的义举，都为黄异庵的艺术人生画上了一个完美的句号。

黄异庵先生生前喜欢作诗，所以我就以宋代大文学家苏轼的一首《题西林壁》作为尾句，以彰黄异庵先生的艺术人生。

“横看成岭侧成峰，远近高低各不同。不识庐山真面目，只缘身在此山中。”

本文得以顺利完稿，因参阅了葛毅斌、徐永明、缪育平和周明华等友人提供的许多十分有价值的资料，如《柯平：寻找奇人黄异庵》《评弹才子黄异庵》《黄异庵编书·韦芈》等。特此表示衷心的感谢！

（作者：苏州广电总台原主任编辑）

完稿于2021年4月26日

附黄异庵先生《题苏州怡园“石听琴室”二十八绝诗》

题苏州怡园“石听琴室”二十八绝诗

（写在丙辰之春）

一

又见江南杨柳青，　怡园春暖水边亭。
主人何意题琴室，　不让人听要石听。

二

室自无琴石自呵，　悄无一语立中庭。
游人只管游春去，　风雨年年惯独经。

三

有石无琴室更幽，　清茶一盏意悠悠。
客来试问听琴石，　石不能言亦点头。

四

石听琴室最幽深，　室在琴亡感客心。
懵懂独怜一顽石，　绕梁何处听余音。

五

琴石相知不可分，　朱弦清响遏行云。
如今谁说琴亡后，　空有遗音石不闻。

六

千载高风仰子期，　听琴谁遣石为之。

笑他镇日装模样，　室本无琴知未知。

七

留题为叹绝知音，　几见时人识此心。

但怪石听还有石，　直疑琴室本无琴。

八

园林茶座设还当，　有室无琴着甚忙。

石友肯来闲一听，　些些风雅已沾光。

九

不遇生公遇米颠，　长依琴室倍堪怜。

无聊且作听琴石，　谁信当年亦补天。

十

不问琴声有也无，　听来太费石功夫。

何如放眼看琴室，　绝似群仙雅集图。

十一

无琴琴室已虚名，　石老停车更不情。

值甚可听听亦得，　座多卢陆试茶声。

十二

茶开七碗兴无穷，　冷落听琴二石翁。

春日满盲香涡室，　笑言何不与人同。

十三

笑语融融四座春，　雨前雀舌已尝新。

孤芳只听琴中趣，　危石终为室外人。

十四

万壑松新何有哉，　凝神如见石听来。

莫言笑柄留琴室，　正要多才似不才。

十五

任是无闻若有闻，　由他琴室客云云。

三缄解得金人口，　低首还有拜石君。

十六

老去尤宜惜寸阴，　耳无所听室无琴。

不如归去鹃啼血，　难动先生铁石心。

十七

香云深处发春花，　室有嘉宾座有茶。

难得听琴来雅石，　沧桑阅尽老烟霞。

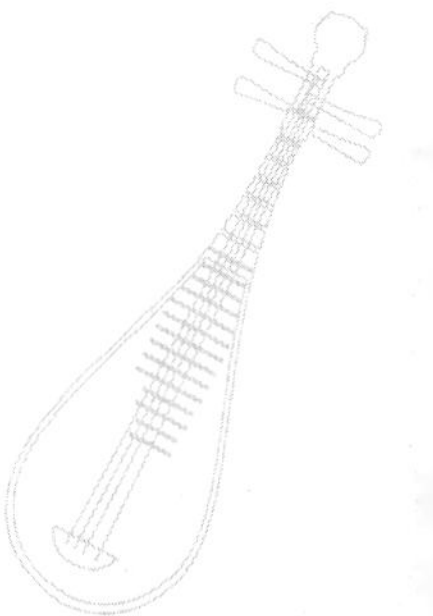

十八

百年辜负石玲珑，　那有声听到耳中。
琴室不如茶室好，　徒留手笔北平翁。

十九

通灵有石望嵯峨，　快意无琴听奈何。
岂亦白头艰一室，　年年花月误人多。

二十

一室清淡且笑欢，　有无琴听不相干。
知音慧石应知我，　半日心情要自宽。

二十一

琴石双清室又宽，　听人妙语欲忘餐。
座间不敢呈新句，　诗未高吟字未安。

二十二

无琴且作有琴听，　室外惊看石亦灵。
一曲广陵成绝响，　可人如玉立亭亭。

二十三

雅室犹存石不凡，　此公定有散仙衔。
故应生得林泉味，　聊解听琴一解馋。

二十四

最惹人怜石有知，多情为尔制新词。
相逢琴室如相索，大雅何妨听小诗。

二十五

焦琴去室石应知，父老能谈姑听之。
一夜春雷无觅处，冰弦斜挂杏花枝。

二十六

壁破琴飞事岂真，窥窗有石莫伤神。
请看一室生香处，都是能寻快活人。

二十七

名花常好室常春，石亦金刚不坏身。
却为听琴风露下，不知岁月几番新。

二十八

垂老诗肠索易枯，茶清室雅客才粗。
临风一笑原多事，石亦非听琴本无。

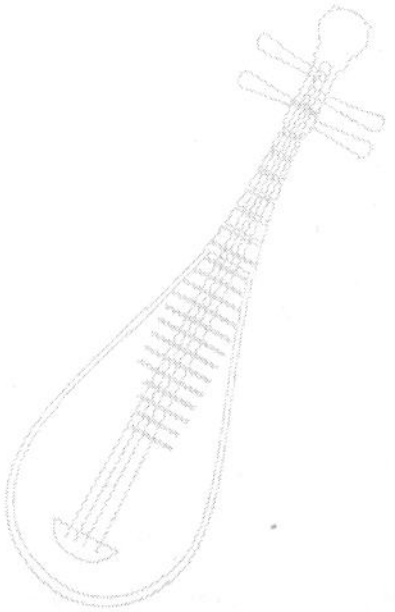

评话状元杨震新

周明华

杨震新（1921—1965），又名振新，小名和尚，江苏苏州人，著名评话表演艺术家，擅长说长篇评话《东汉》《水浒》《岳传》等书目。杨震新先生十二岁时师从唐凤岐，习长篇评话《东汉》。他除了说表流畅、动作干净利落外，还擅长运用眼神，能通过眼神把书中的人物演活，将听众的注意力深深地吸引住。他的噱头常用的是“小卖”，简单、干练，出其不意，听众听了之后，回味无穷。杨震新的扇子功可谓书坛一绝，他在评话界中，是说、噱、演较全面的一位表演艺术家。新中国成立初期，在首次苏浙沪评弹界新书目表演竞赛中，他代表苏州市评弹界演出《李闯王》中《攻打宁武关》一折拔得头筹，被誉为“书坛状元”。1952年加入苏州新评弹实验工作二团，任副团长，曾任苏州市人民代表大会第二届五次会议代表。他编演的现代长篇评话《杜鹃山》在情节结构、关子设置方面别具一格，富有个人的特点和风格。1961年在苏州评弹学校任教。由于杨震新的评话表演艺术水平非常高，他每次在学校示范演出，总能深深吸引全校师生。他对评弹事业的传承工作也做出了重要的贡献。

繁华金阊

《红楼梦》第一回："当日地陷东南，这东南一隅有处曰姑苏，有城曰阊门者，最是红尘中一二等富贵风流之地。"这是曹雪芹笔下的苏州阊门。

明朝姑苏才子唐伯虎一首描写阊门繁华景色的诗词《阊门即事》诗中写道："世间乐土是吴中，中有阊门更擅雄。翠袖三千楼上下，黄金百万水西东。五更市卖何曾绝，四远方言总不同。若使画师描作画，画师应道画难工。"诗中所描述世间的乐土在吴中，而阊门更是吴中的佼佼者，唐伯虎都自叹笔拙不敢描摹的阊门，怎能不勾起后人无尽的遐想。阊门附近的剧场、赌场、妓院众多，奇人异士、三教九流更是无所不有。而苏州评弹的书场在阊门一带更是星罗棋布，其繁荣景象也就可见一斑了。

苏州评弹起源于苏州，在苏浙沪一带有着广泛的群众基础，是苏州老百姓喜闻乐见的娱乐方式。开门七件事：柴、米、油、盐、酱、醋、茶。苏州人则要再加一事：书（听书）。听书是苏州老百姓每天必需的文化生活。在十四平方公里的苏州古城内就有一百一十七家进行评弹表演的茶楼书场。二十世纪四十年代中期，阊门一带的书场灿若繁星：阊门内的皋桥春和楼茶馆书场、汤家巷梅园书场、西中市大中南旅馆书场；阊门外的渡僧桥头辛园茶馆书场、岳阳楼书场；阊门石路的龙园书场、石佛寺弄雅乐书场、乐云坊凤鸣台茶馆书场、小荒场佑圣观弄皇宫书场、山塘街大观园书场等。这些书场大多是茶馆兼书场，苏城的老百姓从早上吃茶（苏州人特有的称呼：吃茶而不叫喝茶）、下棋、讲山海经到做生意买卖，下午和晚上听书，娱乐消遣都泡在茶馆书场里，这里是一个小社会。

坐落在阊门石路共和里的龙园书场是一家老式的茶馆书场，中式的平屋，书台朝西，一桌二椅，书台两边刻着"舌底翻澜，胸中块垒"的对联，当中状元台、百脚凳（乃是资深听客坐的），周边长条的椅子，椅子的靠背后面有一置物的长条搁板，可放置茶壶、茶盅。旧时听客进书场听书不买纸质的书票，书票是用竹子做的签子（说书先生的报酬称拆签）。书场里还有流动小贩手抄竹篮，低声叫卖五香茶叶蛋、兰花豆、豆腐干、油氽果肉（花生米）、脆梅、黄连头、腌金花菜等小吃。演出中间还有堂倌（现称服务员）绞了热毛巾在书场里抛来抛去，供听众们擦拭。龙园书场是阊门一带较显面的书场，书场老板张坤元绰号“胡大海”，他聘请的说书先生都是名家响档，一般普通艺人是无法进到龙园书场里说书的。所以阊门一带旧时就是说书艺人的竞技场。本文主角、评话响档杨震新先生从小就生活在书场林立的阊门。

拜师学艺

杨震新，居住在阊门石路共和里弄堂2-1号，杨家斜对面就是龙园书场。近水楼台先得月，孩提时代，只要他有空，就到对面去听戤（靠在墙角边上）壁书。戤壁书（又称放汤）是从前评弹书场给想听书而又买不起票的穷人的一种优惠方式，尤其对于孩子予以免费，也是当时社会润物细无声地培养听书接班人的一种方法——听书从娃娃抓起。

“好的说书像牛皮糖，粘住后甩都甩不掉。”评话艺人朱汉文说。“关子毒如砒”，说书艺人卖关子，为了抓住听客，让他们明天再来，往往在结尾的时候，把故事矛盾再次展开，制造紧张情节吸引听众，在矛盾冲突的高潮时戛然而止。“欲知后事如何？明日请早！”杨震新少年时放学回家，丢掉书包，嗖地又溜进了龙园书场，渐渐地听书上瘾，继而成为书场里面的老听客。“台上一个人，台下一众人；台上人指手画脚，台下人随之喜怒哀乐。”日久，他竟然喜欢上了说大书（评话）这门为大家带来快乐的能赚钱又出风头的行当。

“我一定要学说书。”兴趣和爱好是最大的动力。他学艺前说话不多，甚至有些口齿不清。一米六四的身材显得瘦小，脸颊上有一个深深的疤印，绰号“烂枇杷”，又称和尚。有人说他不是说书的料子。

杨震新十岁时丧父，母亲嫁给了杨五大。杨五大是阊门石路一带的社会名流人物，托鸟笼，开赌场，从石路聚新春面馆到占鱼墩赵天禄一带有不少店面房产，结交三教九流各色人等，他与评弹界的说书先生比较熟悉。儿子每天放学回家，不见人影，但总在书场里能寻到他。他不想读书，要学说书的愿望强烈，见他听书入了迷，父亲看在眼里。俗话说“好唱戏不如一个破说书”，如果他能吃好这碗饭，也是一个不错的选择，所以杨五大同意儿子去学说书。十四岁的杨震新就读閶济小学，到四年级就辍学了。要想说书不是随随便便就可以上台说书的，根据当时的规矩，要说书必须有一个师傅领进门，评弹界把它称为出道。好比现在的评弹演员要登台演出，必须经过考核后，取得演员演出资格证才可上台演出。杨五大想让儿子拜一位有名气的艺人，拜师金起步价十担米钿，在当时是一笔不小的开销。拜一个说书名家为师则要价更高。当时，正好有一位说《东汉》的评话艺人叫唐凤岐，此人喜赌，经常出入杨五大开设的赌场。有一次他因赌输还不出铜钿。杨五大见状说：“唐先生，赌场里的债不要还了，我儿子喜欢说书，你就带带他吧。至于拜师金嘛，也就两免了吧!”唐凤岐本来输了钱，还不出赌债正在发愁，现在杨老板说赌债不用还，只要带他儿子学说书，大家两清，这岂不是美事一桩。另外，有一个大小囡跟在身边学艺，还可以帮自己做点家务，一得二便，因此便爽快地答应了：“蛮好。”就这样，十五岁的小震新顺理成章地拜唐凤岐为师，学说长篇评话《东汉》了。但是小震新跟唐凤岐学艺不到一年，他就离开师傅一个人去闯荡江湖了。为什么呢?一般来说，旧社会的评弹艺人大多是比较保守的，他们都有这样的想法：徒弟学会，师傅讨饭。所以他们平时都不会好好地教学生学艺，而是把学生当小用人使唤，差东差西地叫他去干杂活。杨震新在学艺期间就是这样度过的，而且因杨震新当时学艺时没有出拜师金，所以唐凤岐除了把他当小用人看待外，就没有认真地教过他学艺。杨震新曾回忆当年学艺时的情景说：“师傅专门叫我洗荡烟壶水，有一次我干脆把水烟筒掼瘪，离师回家。”就这样，杨震新学艺不到一年便负气回家了。父亲见儿子学艺无成就回家了，就责问儿子：“怎么回来了？你不是口口声声说要学说书，穷爷付了赌债的铜钿，你倒说回来就回来，你到底要不要学说书？”父亲恨其不争气，将他打了一顿。小杨震新虽遭到了父亲的一阵责骂与痛打，但他还是坚定地说：“我要学说书的。”但这时的杨五大还在气头上，儿子的话他根本听不进去，狠狠地说：“唐先生处我无脸见他了，要学说书，就自己争一口气吧！”说完就将杨震新锁在房中，不允许他外出。杨震新被父亲关在房中，此时的他静下心来，把自己平时零零散散听到的书情捋一捋，把《东汉》的书路再理理清，默默地在房里背书，待书背熟了，他再搭足了架子在家里面壁说书。一段时间后，父亲见他有点像说书的样子，就对他说：“去外面试试吧。”就这样，一个十几岁的小男孩独自整理行装，辞别父母，带了两件长衫、一把折扇、一块麻将牌（当醒木），便开始了背包囊、走官塘的说书艺人生活了。

暴学三年天下去得，再学三年寸步难行。杨震新自以为可以上台说书了，一个人漂泊江湖去码头小镇演出。理想是丰满的，生活是残酷的。杨震新初到小镇书场里，年龄尚小，卖相一般，又没有名气，被人瞧不起是常事；书艺稚嫩，台上吃螺蛳，说书似背书，生意是不会好的。在上台之前，他最关心的是今天有多少听客。他换好长衫，躲在演员休息室，侧耳静听外面的动静，一点钟开书，到十二点五十九分，上台铃声响，书场里面还是静悄悄的，便胆战心惊地上书台了。第一天挂牌，听众见水牌（老式简易海报）上的艺人是陌生名字，一般都是抱着试试看、搭搭脉的心理来听书的。第一天有几十个客人，第二天跌剩一半，第三天只剩三五个人，碰到刮风下雨更惨了——“风吹一半、雨落全无”，经常出现“五台三”，即书场里五只台子三个听众。“开水‘嘟嘟煎’，听客不见面。”跟师不满一年，天赋条件又差，再加上竞争激烈，往往一只小码头就有几家书场，近在咫尺，互相角逐；遇到对方艺人名气比你响，年纪比你大，经验比你丰富，你一个稚气未脱的少年，“嘿！小赤佬牙钳也没有撬开呢！”书场场方势利眼很多，生意不好会“催交椅”“翻白眼”，闲话难听，内中滋味说书艺人都尝过。

“不要讲场方势利，有本事去势利场方。”因为书场也有书场的难处，他们指望的是生意好、听客多，而门庭冷落，是说书先生没有本事，站不住脚，书场老板只怪自己请了个本事不行的蹩脚先生。行话“神仙、老虎、狗”，一个说书先生在码头上，书艺不行的话就是一条“狗”。

杨震新第一次出码头，经过一天的车马劳顿，赶了八个小时的路程，来到上海市郊金山朱泾镇说书。初到小镇书场说书，难逃漂档的厄运，第二天书场就开不出书了，生意漂了。杨震新怕回家挨父亲的打，就一个人躲在书场小屋的被窝里哭泣。但哭又有什么用呢？码头漂脱后，迟早要回家的。回到家里，父亲恨其不成材，非骂即打。第二次出码头，又是一个“一粒焦”（漂脱），又只能提前返家。“怎么？又漂脱了？”父亲见儿子又提前回家了，埋怨他说：“你就练练好了再出去吧。”又一次把他锁在房间里。这一锁，他在房内待了竟长达两百多天。他反省自己，是书不熟？说书没有感情？口齿不清？角色不好……勿怪别人，只恨自己没有把本事练好。反省的时候，杨震新喜欢咬指甲，久而久之，咬指甲成了他的习惯，所以他的手指头伸出来十指光秃秃，变成十个和尚头。他在走投无路时，曾去玄妙观算命测字。测字先生说他头发生得太低，乌云盖顶，所以一直晦气倒霉，要剃平顶头，才能云开见日。震新的“震”字分量太重，压倒了“新”字，因而不能成为新秀，要改为“振”字，才能振兴。他信以为真，剪发并改“震”为“振”，以求改变命运。可惜测字只是测字先生赚钱的方式而已，改变不了一个人的命运。改名为杨振新后的他“涛声依旧”，码头生意还是漂，命运仍是不济。但一次次的失败，一次次的漂档，杨震新终于悟出一个道理：本事是练出来的，响档是漂出来的。艺术没有捷径，唯有狠下苦功，吃得苦中苦，方为人上人。

他在家闭门习艺，先是默默地背书，再是高声背诵《东汉》，把书背得滚瓜烂熟，熟能生巧嘛。然后反复捉摸人物情感，说表快慢节奏，各类人物角色，口齿念白，动作手面，以及说书的眼神等等书艺。这期间，他并非局限在方寸天地之中苦练，还去各家书场聆听前辈艺人演出的各类书目，学习他人之长，补己之不足，勤学苦练，寒冬酷暑坚持练艺，他练啊、练啊……真所谓“千磨万击还坚劲，任尔东西南北风”。待他练就硬功夫后，再次登台亮剑，便是“长风破浪会有时，直挂云帆济沧海”。一个评话名家就这样被杨震新磨炼出来了。

书坛怪杰

杨震新非常欢喜“书坛怪杰”陈浩然的书，他私下里会模仿陈先生台上一举一动。陈浩然演的是《济公》，他在台上精力充沛，说表风趣，表演生动。《济公》内容大众化，富有创造性。他演的济公很特别，用小嗓子，人称“小济公”，在书的关键时刻出场，一声“喂……和尚来哉……”既俏皮又有朝气，舞动手中的扇子，一下子把听众的情绪都调动起来了，听众顿时倍觉兴奋。陈浩然的说表、噱头、表演俱全。《济公》书中有一段捉拿采花大盗华云龙的书情，陈浩然并不是平铺直叙地说故事情节，而是运用电影的蒙太奇手法，剪接合成三个画面：“一、争看城墙上捉拿采花大盗华云龙告示，人群中两个虬须大汉怒目而视，义愤填膺；二、小街上一个粉面少年盯梢一位俊俏少妇，那少妇三次回首对少年微笑，原来她是衙门里捕快的妻子，少妇见这少年在盯梢，她暗中窃笑，看来你买眼药走进了石灰行；三、黑夜，华云龙进房调戏少妇，屋上两个大汉在监视，窗外捕快手执金镖怒对淫贼，华欲动手动脚，少妇手一挡，慢!……哇……突然大哭!”这突然一哭，一下子把听众的心给抓住了。书情在高潮处，说书先生却突然落回了：“各位听众，明天的书还要好听，明日请早！”长篇评话《济公》的主角是济公，这段捉拿采花大盗华云龙的书是一回软档书，陈浩然先生删繁就简，突出了普通少妇这一次要人物的形象。简洁的叙述，细腻的表演，深深地打动了年少的杨震新。

陈浩然年轻时拜贾斌章为师，学说《济公》。当时书坛上有大小济公之别，所谓“小济公”就是由他创造的。当时说《济公》的同道比较多，有名望的有范玉山、虞文伯、沈笑梅，这三人便是陈浩然的对手。艺人为了在光裕社有立足之地，必须争取好的演出业务。所以陈浩然对这部《济公》书是下过一番苦功的。有一回书《济公闹肉店》，说到酒楼门前有个猴子时，他把瓜皮帽一翻，里面红的夹里露出，他将帽子戴在额角，以扇代槌，以茶盖当锣，一脚踏在凳上，用山东腔吆喝，在拖腔至末句“保着唐僧西天去取经”时，他又扮成猴子样，眨着眼睛，两手缩起，挠着痒痒，活灵活现。由于他说法流利，加上身材矮小，在台上表现灵活，一开场便让听众觉得热闹非凡。济公吃了酒菜下楼，楼下小二报账，什么菜儿？钱多少？连酒带菜共几两几钱几分几厘银子，报得清清楚楚。他很会利用头上那顶瓜皮小帽，前冲后仰，左侧右歪，运用自如。他在书台上演出时，身上功夫干净利落，处处见好，二十多岁已蜚声书坛。初进上海东方书场，当时场方异常势利，认为初出茅庐没什么了不起，排他做头档，开开场，齐齐人头而已，岂知听众一听他书艺不凡，争先恐后地进场，头档客满。上海听众有一个习惯，都认为头档一般都是起码角儿，多数听众都在外边休息室吸香烟，或在走廊里踱方步，等第二档上台。头档客满，这种情况可以说是从陈浩然开始的，是陈浩然开创了这个奇迹。之后，上海诸多书场都来邀请陈浩然去演《济公》，日夜演出达四五场。所以在小震新的心目中，他的偶像是说《济公》的陈浩然先生。陈先生是评活名家，如要跟他学说书是要拜师金的，小震新心里明白，眼前自己的家庭是不会出这么一大笔拜师金的，因此他只能偷着学。

扇子功夫

好奇的他由于经常听书，发现了一个小秘密，说书艺人尤其是说大书的评话演员最基本的道具就是一把扇子和一块醒木，有些艺人也会带一方白色的手帕。醒木的材质一般是翠根或硬度较高的红酸枝或老红木做的，有身价的名家也有翡翠的醒木，评话名家吴子安就有一块翡翠醒木。小震新的第一块醒木，是一只麻将牌。他发现说大书的先生道具虽简单，但是那把不起眼的折扇用途诸多，可以变为端菜的盘子、来往的书信、写字的毛笔、挂墙壁的对联等，还可以当作兵器，比如刀枪剑戟、鞭锏锤耙。更有甚者，把一把扇子抛向空中，如杂技表演，变幻无穷，抓人眼球，这一招扇子功深受听众的欢迎。这是评话演员独树一帜的表演技巧，给他留下了深刻的印象。

“我来试试练习厾（抛）扇子。”男童调皮捣蛋是天性，小震新曾因顽皮被父亲用石锁锁在园子里，不甘寂寞的他居然把链子上的石锁当道具，将石锁抛上抛下当扇子厾。“震新，拿只碗与我去买碗面来。”父亲叫他去面馆买碗面。“嘿，这倒是个机会，何不将空碗当扇子厾呢！”他利用这个机会，手拿空碗一边走一边将碗抛向空中，碗从空中掉下来时未接住，掉在地上，碗打碎了，他偷偷地再拿一只空碗。父亲看到后，少不了用戒尺打他一顿，父亲边打边骂：“小赤佬，败家精。”后来，父亲看出小震新有一股不服输的劲头，心中倒暗暗地佩服起他来：也许小鬼能干出点名堂来的，自己虽是他的继父，但他毕竟喊自己一声“爹爹”，所以父亲后来干脆买一大沓碗，让他抛。可碗是瓷器的，一不小心就碎，这样成本太高了。所以，杨五大干脆买来木制碗给儿子去练、去抛，木制品厾不坏。就这样，小震新坚持练抛碗，一次次地抛碗，直到能将碗稳稳地接住。一次，父亲要他去聚新春面馆买一碗面回家，杨震新竟然一路上把盛满面的碗边走边抛，最后到家时，一碗面居然被完整地送到了父亲手上。父亲问他：“你是一路上把面抛回家的？”杨震新爽快地回答：“是的。”久而久之，只要能抛的东西他都要试试。敲松子、抛榔头，抛物练功成了他的生活习惯，最后他终于把抛接扇子的扇子功练就了。有一次，他在上海演出时，与一档弹词越做花式场子。上海书场名堂蛮多，有纯演出单档的专业书场，有评话弹词混搭演出的花色场子，花色场子一般是一档大书和若干档小书越做。杨震新在上海演花式场子时，见到书台旁边有弹词演员的乐器，一把琵琶和一把三弦，他顺手把同场演出的弹词演员的这把三弦抛向空中，然后，当弦子从空中掉下来时，他单手把掉下来的三弦稳稳地接住。这一抛，非同小可，吓得在旁观看的弹词演员慌忙将乐器藏起来，杨震新笑着对同场越做的弹词演员说："放心，没有关系，掉不到地上，如有损坏我负责来赔。"若要功夫深，铁杵磨成针。他在表演《武松醉打蒋门神》武松夺刀时，将扇子抛向空中，扇子从他的手臂上滚落到脚上，他用脚尖轻轻一挑，嗖一下子！扇子重又飞到空中，随后他起手接住。哗！台下听众掌声如雷。这套扇子功俗称"四连套"。他表演《包公阴审郭槐》小鬼舞钢叉时，把扇子从左抛向右，一个运手动作，身体转过一百八十度，一个鹞子翻身，扇子当空接牢后，然而再向上一抛，只见扇子掉下时被他稳稳地顶在自己的额前。在说《岳传·龙门败十将》这回书时，书中有十个角色出场，他就抛十次扇子，十次亮相，次次不同，变化无穷。虽然说扇子功不是说书的本体艺术，但对书台上的表演可以起到辅助的作用，有时甚至是点睛之笔。一次杨震新在春和楼书场演出，他对跟师学艺的二位学员周天来、顾之敏说："明天我来表演扇子功给你们看看，今天书场里先预告一下。"次日，书场听众客满加座，周、顾二位只能挤在人群后面看杨先生表演扇子功。当来演扇子功时，书场里响起雷鸣般的掌声，要知道从前的书场是没有鼓掌的习惯，这种场面实属罕见。

"人无我有，人有我精。"要是说杨震新的扇子功是他的绝技的话，可惜啊，真是绝技了！由于没有传承下来，当今的书台上也真的见不到这样的绝活了，再无表演如此精彩的"扇子功"的评弹演员了。

金鸡独立

杨先生还有另一个特长："腿子功"。说表好是稳档，脚色好是响档。

杨震新深谙其道。评话中的起脚色非常重要，起脚色起脚色，功夫从脚上开始。一个演员的脚上功夫能生动地塑造人物形象。著名京剧演员盖叫天腿子功特别好，一次在舞台上，盖叫天扮演武松，在武松满场动作结束，最后以金鸡独立亮相时不慎骨折，但他还是保持金鸡独立的姿势纹丝不动，直至大幕关闭。杨震新为了练腿功，把房间当练功场，回到家里一有空，腿一伸就往床架子上搁。“爸爸，这是干什么呀？”儿子杨二童问他。杨震新对儿子说：“这是在练功压腿呀。”压腿已成了杨震新日常生活中的必练之功，只要有空余时间他就抓紧练腿功。因此他在书台上的腿功与戏曲演员相比毫不逊色。长篇评话《东汉》主角姚期亮相时，杨震新在书台上右腿跷起，脚尖踢到太阳穴，他竟纹丝不动。这样的表演在评话的书坛上是绝无仅有的。新中国成立后，评弹表演的种类上多了一种中篇评弹的演出形式，有时候评话演员与弹词演员一起合作演出。杨震新曾经多次参与中篇弹词的演出，而且还担任重要的角色。在中篇弹词《秦香莲》书中，他扮演杀手韩琪。韩琪被陈世美差遣去追杀秦香莲母子三人，充当了陈世美杀妻灭子的凶手，但当韩琪倾听了秦香莲的申诉，并且有孩子与其父亲陈世美的面貌相同为证，韩琪被秦香莲说服了。这段书，他与弹词演员汪梅韵（饰秦香莲）合作演出，其中有一段快节奏的对话，两人对答如流，你来我往，丝丝入扣，引人入胜。评话、弹词演员的搭配，浑然一体，水乳交融，尤其是在近尾声时，杨先生的一段富有形象的说白：“你看这个孩子与陈世美多么相像，小囡放大了就是陈世美，陈世美缩小了就是这个小囡。”现场听众无不叫好，紧接着在公堂上，包公问韩琪：“状告驸马杀妻灭子有何证据？”韩琪说：“陈世美要我以鲜血染刀作为凭证，我只能将自己的腿部割伤，使刀上染上鲜血，才瞒过了这个负情的贼子，如今我以腿伤为证，请大人查看。”说到这里，杨先生突然在书台上将一条腿高高抬起，脚尖朝天，来了一个“分脚过肩”的亮相，把场内的气氛推向了高潮，赢得全场掌声雷动。吴宗锡在《表演谈》中说：“一上台的演员便进入了艺术创造的心态，进入了一种特殊的说书人脚色中，这时他需要调动自己的艺术想象、情绪、记忆等，进入书目的规定情景之中……演员上台后的一举一动、一笑一颦都是刻画塑造艺术形象的手段，可以说是一种表演，因此人们习惯地把说书人称作演员。”杨震新就是这样一位既会说又能做，还能演的评活表演艺术家。

破书《东汉》

传统评话《东汉》有“破书”一说，又有说它是喊熬《东汉》，所以演《东汉》的评话艺人不多。此书，最早是清同治年间钱润祥传下来的，后来其学生任胜祥说《东汉》，在书坛上颇有名望。《东汉》书再传到王子祥、马子鳌这一代，他们都是说《东汉》书的能手。唐凤岐是跟王子祥学的。唐凤岐的书内容丰富且其嗓音条件好，他的艺术道路可说是顺风顺水。但唐凤岐有口吃的毛病，所以他在书台上是慢口说书，方轮折角，由于他说书墨守成规，故生意不温不火，只是一个中档艺人。

《东汉》的主题是光武帝刘秀“兴汉灭新”的故事。王莽篡汉夺权，大施暴政，民不聊生。刘秀平息战乱，顺应了历史潮流，使全国统一。书分为上下两部分，有四大关子。上部是刘秀南阳发兵攻克济阳，为了收服济阳太守岑彭，扩大兴汉影响，元帅邓禹用了“攻城为下，攻心为上”之策，把名将岑彭“三收三放”。这段书情节曲折，人物性格鲜明，关系错综复杂，是《东汉》开场的第一炮。第二个关子是“汉”与“新”两军短兵相接，大战鲁山。姚期击败三胜将，其中有《招亲》一节，闹中取情，轻松有趣。下半部分的第三个关子是刘秀以少胜多、反败为胜的著名战役《闹昆阳》《斩经堂》《白莽台》。第四个关子是《招安王朗》《大战草桥关》，起伏跌宕的情节，把全书推向了高潮。全书一气呵成，总共三十回。

那么杨震新是怎么把这部被称为“破书”的《东汉》，说成广受听众欢迎的热门书的呢？杨震新虽然只读了四年书，但他听书听得多，名家响档的表演历历在目，他善于取百家之长为己所用。为了使自己所演出的每一回书都能达到悦耳动听的效果，他删除了一些可有可无的情节，而对有些起着承上启下作用的情节，给予保留，学习前辈评话名家陈浩然把软档书说成“肉头书”来吸引听众。他第一回书的开头是这样说的：“《东汉》是一部传统历史书，是在西汉后头，东汉是三国的祖宗。像一条鱼，嚓！斩脱一个头，去掉一个尾巴，尾巴是三国，剩下的一段是肉头……杨震新你说错了？（自己反问）怎么东汉在西汉后面？东西东西，东在前，西在后？这是历史，你们不相信去翻历史书，有了西汉才有东汉，东汉后头是三国，所以演三国的朋友要叫我阿爹的，我是他们的老祖宗。”这段开场白除了讲清《东汉》的历史背景外，又不经意地放了一个噱头，把场内听众的气氛很快就挑松了，这就是高超的说书技巧。又如刘秀兵败昆阳，被敌人围困，城内断粮，后来发现野生食物可以吃，便拿它当作粮食充饥。这回书是一回软档书，如果将这回软档书删除的话，就不能突出接下来《闹昆阳》的关子书，所以杨震新保留了这回所谓的软档，让它成为一回铺垫书，并在书中穿插了一些噱头。说一次敌兵看到刘秀的军兵吃的不是米饭，而是一种没有见过的东西，而且见他们个个吃得津津有味，似乎比米饭好吃得多。他们越看越馋，馋涎欲滴。敌兵看得见，吃勿着，越看越想吃。敌方有些士兵开口就问刘秀的军兵：“喂！你们吃的什么东西？”刘秀的士兵回答说：“乃是天赐粮草——长生不老果。”敌方士兵一听是长生不老果，都想要尝尝仙果，但两军对峙，又不好向对方讨来吃。后来有士兵想出一个办法，用白米换长生不老果。结果大家一起换，但换来的“长生不老果”数量少，大家都抢来吃，因为只吃到一丁点儿，就觉得更好吃，大多数没有吃到的士兵更加好奇，想这“长生不老果”叫什么名字呢？就问刘秀的军兵此物何名。刘秀想：“这个叫什么名称呢？因为这个食物是我们在遇到断粮的情况下寻找的代替品，那么就叫它‘芋奶’吧。”因为“芋奶”与“遇难”谐音，刘秀想敌方士兵都想用白米来换取名为“芋奶”的“长生不老果”吃，那是再好不过了，条件是两只野生芋奶换一升白米。城外有四十万敌军，每人一升白米换来两只芋奶。兵困城里的刘秀却换得来了四十万升粮食，刘秀军的粮食难题就这样轻轻松松地解决了。就这样，杨震新用这段愚昧可笑的书情，把这回软档书说成了一回噱书。同样的道理，他穷尽各种手段，把《东汉》这部破书，说成了杨震新自己的看家书，成了听众们的热门书。听众为了要听杨震新的《东汉》书，闹出了许多笑话，下面为大家介绍几则相关的趣闻逸事，从中得见杨震新的评话艺术在听众中的地位。

水缸踏碎

说书要过“三山一重关”（虞山、昆山、灵岩山、浒墅关），尤其是浒墅关有三家书场——浒关文化馆书场、南津苑书场、同乐苑书场。浒关离苏州市区近，如果说书演员蹩脚，听众乘一辆公交车直达阊门石路进城去听好书了。有一次，杨震新到浒关同乐苑书场演出，牌子挂出来，书票就售罄了。接下来的演出，书场每天客满，老听客、老位子，雷打不动（亦称“坐桩听客”）。杨震新高超的书艺得到了听客良好的口碑，众口一词“这档书灵格”，由此引起了滚雪球效应，听众越聚越多，有不少听众买不到票也要进场听书。有一位听客看见老虎灶旁边有一处空地没有人，他就抢着说：“我不要座位票，有个空档买张立票！”卖票员对他讲：“那是一只水缸。”这位听客回答：“我知道是只水缸，我就站在水缸盖上听书。”卖票员想你愿意立，那就卖张立票给你，并对他说：“好吧，你当心一点。”谁知道开了这个口子，后面有人也高声嚷嚷道：“我也买立票，站在水缸盖上听书！”这只水缸盖立一个人还没有什么问题，现在两个人同时踩在一只水缸盖上听书，这分量就吃不住了，只听见“叭！”的一声，水缸盖散架，两个人一起跌进水缸里，“不好了！水漫金山了！”“同乐苑书场踏碎水缸”，这一突发事故，一时传为美谈。

粮票书票

在三年困难时期，居民买什么东西都要凭票。当时最紧缺的是粮食，每人定量供应，全国发放粮票控制购买。杨震新在阊门石路和平书场演出，书场客满，门口有人喊：“一张一斤的全国粮票，换取杨震新书票一张。”粮票如此紧张，有听众为了要听杨震新的书，居然将自己的粮票来换书票，把听他的书看得比自己吃饭还重要。当然这只是少数现象，但也说明听众对杨震新书艺的崇拜。

推迟开会

1964年，全国农村搞“四清运动”，农村的人民公社都有“四清”工作队进驻。有一次，苏州一个郊区乡镇的公社下午要召开社员大会，开会时间定在下午一点钟，结果开会时间将到，召开大会的工作队领导看下面会场里只有稀稀落落几个人，便问怎么回事。参加会议到场的人员怎么如此的少？后来经了解，原来是在乡镇上有家书场，杨震新在乡镇书场演出评话《东汉》，说书实在好听，书场天天客满，今天大部分的参会人员都去书场听书了，所以出席会议的人不多。工作队领导看到这种情况只好宣布：会议推迟召开，等到书场演出结束，大家再来开会。

情不自禁

有一次，杨震新在龙园书场演出《东汉》，书中有一回书《斩经堂》。由于杨震新说表活灵活现，把吴汉杀妻的故事说得感人至深，有一位听众竟然忘了自己是在书场里听书，愤愤不平地跳到台上与杨震新理论：“难道说非要杀公主不可吗？”又有一次，他在内部交流演出《斩经堂》，同样是说得感情真挚，女听客感动得掏出手绢擦拭眼泪，很多行家都听得热泪盈眶。此时的杨震新也把自己的情感完全投入书情里去了，在书台上的他已成了一个忘我的说书人。其实，这时的杨震新已进入了如明末清初的曲艺评论家莫后光施教他的弟子柳敬亭时所言的艺术境界：“……在坐忘。忘己事，忘己貌，忘有贵要，忘身在今日，忘己何姓名，于是我即成古，笑啼皆一。”

以上所述的几则趣闻，从中可以得出这样一个结论：杨震新将破书评话《东汉》说成了一部“活书”，喊煞《东汉》变成噱煞《东汉》，甚至是一部情感《东汉》书。这都是因为他用“心”和“情”在说书，所以他说的《东汉》不仅处处受到听众欢迎，而且在行内欲拜他为师，跟他学艺的青年演员也随之多了起来。

评话状元

苏州评弹的传播区域是在江苏南部、浙江北部和整个上海。一个评弹艺人若要大红大紫那就一定要在有魔都之称的十里洋场——大上海站稳脚跟。杨震新十四岁拜师学艺，在闯荡江湖十余年间里，他练就了“三清一轻松”的基本功。所谓三清是口齿清、书路清、角色清；一轻松即是语言生动灵活，风趣幽默，切忌呆板枯燥，听众听后能感到身心愉悦。正因为杨震新的评话艺术已达到了自由驾驭、自由驰骋的地步，所以他演出的牌子挂到哪里，哪儿就挂客满牌，杨震新的名气及其演出的书目早已红遍了上海。

1950年那时提倡说新、唱新。上海文化部门举行春节戏曲会演。这次会演在苏浙沪评弹界引起了轰动，评弹界名家汇集上海，优秀书目竞相参赛，评弹演员都有一种翻身感、自豪感和光荣感。因为这些演员都在旧社会经历过卖艺生涯。在旧社会，评弹被认为是贱业，很多人看不起吃开口饭的说书艺人。浪荡江湖，四处飘零还要受到恶势力的侮辱。琴调创始人朱雪琴说：“当我在台上唱到‘我们是枯木逢春雨露沾’这句唱词时，就情不自禁地将自己的身世和书中的人物联系起来，自然而然地把‘枯木逢春’这四个字的音区拔得很高很高，将‘雨露沾’的唱腔拖得很长很长。”蜚声书坛的杨震新在旧社会也饱受苦楚。他小名“和尚”，那时没有人看得起“杨和尚”，他经常受到邻居伪保长的欺凌，新中国成立后，杨震新扬眉吐气地说：“新社会了，这个家伙总不会再耍威风了吧！”当他知道自己有资格参加上海文化局组织的1950年春节戏曲会演时，他十分兴奋。因为这次是说新书，杨震新特地买了一本《逼上梁山》的书籍，在家埋头编写，准备将它改编成评话参赛，几天后写成一回书，他读给妻子季彩萍听。他妻子听后，鼓励他说：“有点像书哉。”但是杨震新自我感觉还不行，这是要去参加竞赛的，尤其是在整个评弹界，参赛地又是在上海，不能有丝毫马虎。他想既然参加到竞赛，一定要争取第一名，夺得头名状元。当时，离比赛还有一个多月，虽然他只读了四年书，文化水平低，但他毫不气馁，积极地在做参赛的准备。一般来讲，说书艺人参加比赛总是拿自己平时说得最擅长、最有把握的书目参演。但是，杨震新不走捷径，下功夫另辟蹊径，精心准备。当时，苏州唯亭龙园书场请杨震新与黄异庵两档去越做，评弹才子黄异庵说唱的是自己新编的长篇弹词《李闯王》，杨震新就天天坐在后排认真听黄异庵《李闯王》的书。台上，黄异庵将书说得细致精到，丝丝入扣；台下，杨震新听得认真入微，十分投入。听着听着，杨震新突然灵机一动，《李闯王》虽是弹词风格的书，但其中有许多内容竟是评话的风格，那自己何不将它改编成评话呢？为此，他在黄异庵的帮助下进行了再创作，简略了红娘子（女角色）和适合弹词演唱的情节，抓住《李闯王·兵进宁武关》这段书情，重点塑造了李闯王作为一位农民起义领袖的正面形象，形成了粗犷中包含细致的评话风格。大书一股劲，小书一段情。演出中，他的快口、活口、一口干的说表技巧发挥得淋漓尽致，既有大书的劲，又有小书的情，李闯王的角色征服了全场观众。待演出结束，最后的评奖结果出来了，杨震新获得了一等奖中的第一名，在满场暴风雨般的掌声中，他登上了天蟾舞台的领奖台，一枚金光灿灿的奖章挂在了他的胸前。上海文化部门的各级领导和名流梅兰芳、周信芳等和杨震新握手致贺。杨震新流泪了，他万万想不到，自己竟会有今天的荣耀！当时担任评委的吴宗锡说："我是评委，上海举行新戏曲会演，杨震新一回书说得好，是第一名。那一年，杨震新正好三十岁，三十而立，成了评话状元。"

文艺理论家赵景深1950年在上海《戏曲报》第二卷第二期上发表评论，文中称杨震新像一颗彗星，突然照亮了上海的书坛，以《李闯王》评话获得春节戏曲竞赛中的评弹首奖。他的书目素材好，说得又生动，几位评判员一致给了他最高分。

书坛活口

说书有“活口”与“方口”两种艺术路子。杨震新善于随机应变，被誉为“活口”说书。所谓“方口”，用现在的话说，就是“剧本制”，而“活口”就是随机应变。俗话说：“上什么山岗砍什么柴，遇什么买主销什么货。”演员，特别是评弹演员，一定要掌握随机应变的演出技巧。说书艺人面对的观众是多层次的。市区与郊区的听众有文化素养上的差距，苏州与上海听众有不同艺术趣味上的喜好，有的欢喜听弹唱，有的欢喜听噱头。有的弹唱、噱头都不喜欢，而要求书路行得快一点，多听一些内容，也有听众觉得书太快、太粗糙，要求情节细腻，把人物刻画得生动些。特别遇到做会书，与正常长篇演出可不一样，要切好段落，掌握演出时间，发挥自己的特长，扬长避短。同时还要注意同一场演出的情况，上档演员的演出内容，不要噱头雷同，要把书演得雅俗共赏、老少皆宜。因此作为一个优秀的演员，必须根据不同场合、不同听众作相应的变化，才能取得理想的效果。在二十世纪五十年代的书坛上，听众们一致称杨震新是一个“活口”演员，善于随机应变，笑料即兴而来，不断爆出令人捧腹的书词。杨先生上台三分钟以内必将场的气氛“触开”。“我的名字叫杨震新，有人嘴里说不清爽，喊我洋灯芯。”“小卖”一放，听众嘻哈一笑，台上说书就轻松得多。杨先生虽然读书不多，但他社会阅历丰富，在听书看戏之中善于学习，评话的韵白、赋赞运用自如，通俗的语言，带节奏的表述，朗朗上口。他说：“一个评弹艺人，全凭二爿嘴唇，只消三言两语，说得四平八稳，五字口诀要记牢，落回必须要抓紧，切忌官私不分，莫把八技看轻，九九归一为点啥？实在为仔生意经。”以上自一至十的学艺口诀，凡艺人必须切记于心，并付之于艺术实践中。

1951年，杨震新与吴君玉拼双档在静园书场演出长篇评话《水浒》。《水浒》这部书杨震新先前从未说过，这次却要他担任上手，而且又是三档越做，他们的是压轴书。说的内容每天由吴君玉用口传方法和他排一遍，至于描绘、穿插、噱头等书外书各自思考。第一天演出，各人都没有底，在上台前，大家都捏了一把汗，特别是和他同台合作演出的吴君玉，更是怕出洋相，在毫无自信、提心吊胆的情况下上了台。杨震新是快口说功，他一上台，醒木一拍，开口就说："林冲发配到沧州……"哒！哒！哒！用快节奏说表，如行云流水，一泻千里。当说到鲁智深大闹野猪林时，上下手官白对答如流，两人边说边演，接口非常紧；开打时，相互动作配合默契，你下我上，你左我右，你刺我让，你劈我挡，毫无半点破绽，充分发挥了评话双档的特点。杨震新在说到棒打洪教头时，即兴穿插，放了一个肉里噱："洪教头的名字叫洪善，做事体一直瞎缠，被林冲打翻在地时的姿势优美得像一条曲鳝。"这突如其来的"小卖"，诙谐幽默地讽刺了反面人物，达到了出人意料的效果。杨震新不愧是"活口"，刚排给他的生书，被他说得滚瓜烂熟，而且张弛有致，收放自如，圆满完成了第一天的演出。大家上台前的那种担忧，已烟消云散。

年终做会书，常常有一批"落桥"听客在场子里面哄闹取乐。一次在四海楼书场做会书，下档书是顾韵笙、顾竹君师兄妹，因故脱场，救场如救火，杨震新毅然提前上台。哪知一些"落桥"，听客使劲喊道："杨震新下来！""伲不要听，下来！"其中一位喊得最响："叫顾竹君来！"杨震新抓住这句话，幽默地说："顾竹君已经嫁人哉，叫她来做啥？"台下一阵哄笑，那位"落桥"听客也一时语塞，杨震新抓住时机立即起脚色，将书开讲，这回书大受听众欢迎。他临阵不慌，斗智斗勇，一语静场，扭转被动。此事，被大家传为佳话。

有一次静园书场大会串。杨震新与老艺人汪云峰双档说《金枪传》当中的"阴审潘仁美"，杨震新演的是阴间小鬼脚色，他把手里的折扇当钢叉，突然将折扇抛向空中，只见扇子在空中急转，汪云峰在旁边模拟钢叉的声响，只见他手里的折扇忽上忽下，忽左忽右，忽前忽后变换各种姿态，场内满场叫好。这时杨震新一面抛扇，一面装出惊慌失措的样子，并逗着听众高喊："请不要拍手，你们一拍手，我的扇子要脱手哉！"台下一阵哄笑，结果掌声更加热烈了。

杨震新的"活"更多的是体现在书台的用语上。1950年，上海的洋泾浜英语很流行，他偶尔夹入当时流行的新语言。《东汉》刘秀请马武为将，帮他兴汉，马武爽快地回答："OK！"一千多年前的汉朝古人嘴里蹦出来一句英语，明明是不伦不类，却出人意料之外，结果又令人发笑。又如刘秀招兵买马需要本钿，所以先经商积累资本。做什么生意呢？据说开一家南洋兄弟烟草公司，汉朝皇帝卖香烟？使人忍俊不禁，又引起了哄堂大笑。

杨先生的噱头以"小卖"见长，一句过门。但也会穿插一些"外插花"的噱头。例如某人老实得过了头，一天，他吃了两只酒酿饼，因为平常不喝酒，居然面孔就红了。有人问："你早上就喝酒，好春风得意呀！"那人回答说："不，我吃了两只酒酿饼。"事后我就对他说："你就说吃了酒，这样多气派！"第二天，他又吃了两只酒酿饼，有人问："你吃早酒了？"这次他气派了，爽快地回答道："嗳，是的。""吃多少呢？""两只。"事后我又对他讲："酒怎么讲只，要讲两。"第三天早上，他又吃了两只酒酿饼，结果没有人去问他，他只好自己凑上去讲："今天我吃早酒了。"引得别人家来问："你早酒吃了多少呢？""二两。"老实人吹起牛来范围也不大的，只有二两的花头。人家再问："什么菜下酒的呢？"他脑筋动也不动，马上回答："用不着下酒菜的，因为里面有豆沙的。"结果还是吃的酒酿饼。

讽刺说废话的人的噱头。一天不知要浪费多少话，而且还要浪费别人的时间。比如走进点心店，不看牌子，先看台子，见人家端起一碗什锦面要吃，不识相地上去搭讪："喂，你吃啥格面？"明明看到了还要问，那人耐心比较好，回答："什锦面。"继续问："多少钱？"那人回答他："一元七。"还要问："要不要粮票？"只好回答："不要的。"再一次问："面可好吃吗？"那人无奈地回答他："还没有吃怎么知道？"看吃的朋友继续再问："嗳，你怎么吃拌面？"吃面的朋友发跶了："本来是汤面，给你一烦，面全涨干脱格。”“外插花”噱头一般比较长，讲了半天，下面不噱，会画虎不成反类犬，场面变得十分尴尬。

杨震新对艺术精益求精，即使成名之后，他还悉心钻研评话表演艺术。在上海参加会演获奖后，他没有故步自封地躺在成绩簿上不思进取，而是继续开始了《水浒》的改编创作。先是《林冲》后是《武松》，他向比他小一辈的评话演员汤少英请教，吸收“汤家武松”的一些细节，再经过艺术加工，所以他说的《武松》与众不同。其中《快活林》一折，武松有意闹店激怒蒋门神。蒋门神不认得武松，知道来者不善，他不敢轻举妄动，想用“吹牛法”吓退武松。蒋门神对左右打手说：“天下名师周侗是我的朋友！……”武松听见自己的师父与蒋门神是朋友，有些疑惑，举步不前。蒋门神看来者马上立停不动，感到此招奏效，估而他干脆大吹特吹起来：“景阳冈打虎的武松也是我的朋友啊……”说到这里，书场里哄堂大笑。这个细节就来源于汤家武松，是杨震新学习借鉴而来的。由此可见，杨震新的评话艺术造诣能有如此之高，就是因为他虚心求教、博采众长来弥补自己之不足，这正是艺术大家之风范。

闯荡上海

在杨震新学说书的年代，正值江南地区民众以看戏和听书为其日常文化生活消遣之时。苏州评弹（说书）起源于明末清初，到了二十世纪三四十年代便进入了一个发展的高峰期，尤其是在十里洋场的上海更为繁荣。1840年鸦片战争后，从开埠到后来租界的形成，上海有一种奇特的殖民文化现象，源自苏浙的民众到上海打拼发展，苏州评弹也随之走进了十里洋场的大上海。清乾隆年间的苏州评弹光裕社建立了光裕社上海分社，评弹行会组织还有普余社、润余社和上海评弹改进协会等。据统计，当时江苏、浙江、上海约有大小书场七百多家，评弹演员达两千多人，在评弹圈子里出现了七煞档、四响档。尤其上海各家电台“空中书场”的兴起，上海马路上的沿街商店大多在收音机里播放弹词节目，店员们都是听众，他们在做生意的间隙，就磕在柜台上听书，而走在马路上的行人也成了听众，如沿街的商店中收音机里都在播放蒋月泉演唱的弹词开篇《杜十娘》，走在福州路上，从听开篇的第一句唱词“窈——窕——风——流——杜十娘……”一直可听到“悔熬——李生——薄——情——郎！”开篇的落调结句，整个开篇可以完整地听完。而空中书场兴起的同时，又带动了评弹艺术的繁荣。

十四岁登台的杨震新跑遍了苏浙地区的庙、桥、村、浜。有人说苏州是说书人的考场，爱挑剔的苏州老听客对杨的书推崇有加，杨震新的大小码头生意甚好，这被称为“码头老虎”。行内有句话说：“说书要想红出来，就要进入大上海。”一个评弹演员要想大红大紫，必须在上海滩的书场里站稳脚跟。弹词名家张鉴庭曾经七进上海，前六次都是失败的，但张鉴庭每失败一次就再去码头上“摸爬滚打”，就这样，直到第七次进上海才在上海站稳了脚跟，终于成了弹词名家、一代大响档。

上海有一书场叫汇泉楼，书场场东叫阿狗，是一位伯乐式的书场场方。他是第一个接纳杨震新进上海说书的。杨震新的《东汉》并不像其师傅唐凤岐那样原封不动地师承，而是杨震新在继承的基础上不断地出新、日趋完善的。他把烦琐的情节删除，改造软档书，加入轻松的笑料和幽默的语言，以及铿锵流利的说表及绘声绘色的表演。他集思广益，博采众长，把古代的历史书说出了新意，成功地塑造了仁义待人的刘秀、赤胆忠心的姚期、深谋远虑的邓禹、料事如神的严子陵。杨震新使《东汉》焕然一新，把破书说成活书，形成了杨派《东汉》。所以杨震新一进上海说书，就深受上海听众的欢迎，他和他演说的长篇评话《东汉》赢得了上海听众的认可。

评弹是活的艺术，上海听众不喜欢听过分悲悲切切的内容，而更喜欢听轻松一点的书目。尤其是最后档的送客书，如果内容过于沉闷，听众就要抽签，立起来离场。杨震新为了适应上海听众的听书习惯，就压缩了一些过于悲切的内容，穿插了当时流行的语言，并经过加工将它成了“小卖”的噱头。如《吴汉杀妻》的一回书中，他说“吴母怪儿子不争气，恨不得登报声明脱离母子关系……”又如“吴汉觉得娘讲闲话‘七勿搭八’，是不是最近染上了十三点毛病了”。再如“婆婆要杀公主，如果在现在社会主义社会里是不会答应的，可以请她到妇联去谈谈”。吴汉杀妻，公主兰英惨死，当他把悲剧书情推到高潮之时，也能使听众带着眼泪而发出辛酸的笑，在悲剧中把“小卖”的噱头发挥得淋漓尽致，创造了最佳的现场效果。

随着杨震新人气日益上升，他也引起了评话界的关注。有一次杨震新与顾宏伯、吴子安三人合说三个档《包公》一折。顾宏伯先生是二十世纪三十年代评话大响档杨莲青先生的弟子，一部《包公》红遍苏浙沪，被誉为“老包公”，吴子安先生擅长说《隋唐》，早于杨震新红遍上海滩，杨震新与他俩相比，在上海还是初出茅庐。这次拼评话三个档，上手顾宏伯，下手吴子安，中间是初进上海滩的杨震新。三个档演出最主要的是搭口紧，上中下三人要丝丝入扣，来不得半点马虎，否则要出洋相。演出开始后，上手顾宏伯先开口，他是老包公，演的是他的看家书。当他一段说完，就将钩子甩给下手吴子安，吴子安说完又将钩子重又甩还给上手，两人甩来甩去，就是不让初次出道的杨震新开口，不甩钩子给他。杨震新开始时还没有感觉，后来慢慢地发现苗头不对，他们两人是在做局，故意不让自己开口的，看来他们俩是事先做好的圈套，心存不良，别有企图，这是欺陌生，欲在书台上压制他。时间很快过去，已快过半回书了，怎么办？当杨震新识破了他俩的企图后，便当机立断，突然一记醒木，使两人顿时一呆。杨震新手快嘴快，乘他俩呆住时，便以迅雷不及掩耳的速度，抓住时机，借书中人物之口，连珠炮似的一口气将书说下去，直说到终场落回，“各位听众演出到此结束，请听下档！”真是以其人之道还治其人之身。场内听众似乎也弄明白了，台上三位说书艺人在斗智、斗艺、斗法，这次是“二欺一”。

前排左起：吴子安、顾宏伯
后排左起：杨震新、濮正明

但杨振新的“反戈一击”，而且是绝地反击，“一战二”，化被动为主动，一点余地都不留给他俩，赢到了最后，直说到书落回。“包公和程咬金”二人联手也斗不过单枪匹马的“刘秀”。这次三人的较量，杨震新胜出，听众个个暗中叫好。就这样，名不见经传的杨震新初露锋芒，给上海听众留下了深刻的印象。顾宏伯、吴子安两位评话名家也由衷地佩服杨震新的机智和敏锐，杨震新并非是等闲之辈、池中之物。此后，顾宏伯在书台上介绍下一档演员时，就说：“下一档书比我好，这个朋友真是大本事，叫杨震新，勿相信，大家来听听看。”同行嫉妒是规律，评弹界称为“敌档”，能够得到同行的认可和赞誉，这是不多见的。上海七煞档之一的张鸿声称赞杨震新说：“他书说得好，而且是会说书。”名家能在台上当着全场听众称赞后辈，这在评弹界也属罕见。

杨震新自己也曾捉弄过他人。有一次他与金声伯、姚声江三人合作演出《金枪传》选回。姚声江居中，上手杨震新，下手金声伯。上台后杨震新先开口，后将钩子甩给金声伯，金声伯说完杨震新又紧接着说，姚声江在当中根本插不上嘴。姚声江说书口齿慢，而且有些口吃毛病，看他俩钩子甩来甩去，就是不给他书说，等到书要结束时，姚声江发脾气哉，拿一杯茶往杨震新身上一倒，当着全场听众大声斥责说：“你们阿要让我说说勒！”等到姚声江台上醒过来时，可惜演出辰光已到了，只能结束下台。评弹艺人台上捉弄同行是惯例，也是曲艺演员特有的睿智和表演风格。听众就喜欢艺人们在台上出洋相，这都成为茶余饭后的谈资，越这样生意越兴旺。

杨震新有一个良好的习惯，演出前再熟的书他也要重温一遍，不准旁边有人干扰，下了书台再回顾一遍今天的演出效果，摸索各种说法，适应台下听众。他从“笨嘴笨舌”到“出口成噱”就是通过不断地磨炼而成的。有人讲杨震新噱头好，噱头新，“外插花”“小卖”样样都行，这同样是他经过长期的艺术实践，掌握了放噱头的技巧。但是杨先生也不是一味地乱放噱头，所谓一噱遮百丑。他在上海汇泉楼书场、上海东方书场与米高美书场的演出就各不相同。汇泉楼书场、东方书场等专业性较强的书场更适合说感情书、正功书，因此杨震新就说感情色彩浓郁的情感书；而米高美书场是花色场子，他的演出又被排在最后一档送客，尤其是去压弹词皇帝严雪亭先生的台。针对这样的情况，场合不同，听众不同，他就迎合听众的口味，说以噱为主的书，在台上他噱头不断，台下听众笑声不绝，全场气氛热烈。无论杨震新是说感情书，还是说噱书，都深受上海听众的喜爱和欢迎，为此他在大上海闯荡时声名鹊起，红遍申城。虽然杨震新擅长噱头，但是他常说：“我还是喜欢说感情书，以情动人，这才是真正的艺术。”正因为杨震新说书，并不单纯地追求书场效果，而是崇尚艺术的发挥，所以他才能把《东汉》这部书说好、说活。不仅在一般码头上受到听众的喜爱，而且在光怪陆离、追求时尚的上海滩，也能赢得广泛欢迎。在上海，他不仅站稳了脚跟，而且通过了大上海的各种考验，成为一名评话响档。

参加集体

评弹艺人主要在苏浙沪一带演出活动。旧时，评弹艺人四海为家，说书艺人被人瞧不起，说是吃开口饭、跑江湖的。新中国成立初期，政府号召走集体化道路，单干艺人纷纷组织起来，建立评弹小组和评弹团体。杨震新自进入大上海后，与当时评弹界的名家响档一起同台献艺，尤其是在新中国成立初期苏浙沪评弹界新书目竞赛中获得了评话状元之后，似一颗冉冉升起的新星，更是名声大振。那时，上海有一批享有盛名的评弹艺人参加了上海评弹改进协会，杨震新就是其中之一。后准备组建上海第一个评弹演出团体，杨震新也在预备参加名单之中。

1951年11月20日，上海组建了上海人民评弹实验工作团。11月23日，十八位艺人穿上解放装，背着行李，冒着大雨，随上海文化戏曲艺术界组建的治淮工作队到安徽淮河工地参加劳动，体验生活。但此时的杨震新没有前往，因为他是家中的独生子，从小随母亲吃过不少苦头，母亲不舍得儿子去淮河工地。母亲对他说："儿子，你已经成家立业了，一家老小都在苏州啊。苏州一样说书。平时离开苏州去上海演出还可以经常回家，如果加入了上海人民评弹实验工作团就等于半个儿子送掉了，而且现在还要到安徽去受苦，所以娘坚决不同意你参加上海评弹实验工作团。"杨震新是一位孝子，母亲的话不能不听，所以他只能告别上海，返回苏州。

评弹艺人组织起来可以互相帮助，走集体化道路是当时的一股潮流。1951年，在苏州文联的领导下，评弹艺人都集中起来，在北局第一天门的光裕社里办讲习班。由于评弹艺人从来都是以个体为演出单位，自接生意，自己赚钱，个体独立，自负盈亏的。要建立团体，就要牺牲个人经济利益。所以市文联举办讲习班，就是要让评弹艺人能认识到走集体化道路的意义所在。艺人们经过一段时间的学习，在反复的讨论和认识提高后，于1951年11月，苏州也建立了由潘伯英为团长，郭稼霖为副团长的苏州市新评

1950年上海评弹改进协会成立合影

弹工作团。演员有王吟秋、王如荪、吴君玉、张君谋等共六十四人。1952年1月，苏州又成立了苏州市新评弹实验工作二团。曹汉昌任团长，杨震新、丁冠渔任副团长，以及有曹啸君、曹织云、谢汉庭、唐雪霞、徐雪兰、高雪芳、庞学庭、赵慧卿等十一名团员。后来两团合并为苏州市人民评弹团。团的性质是民营公助。主管领导单位是苏州市文联。当时建团定了三条原则：一、经办问题自力更生。二、参加人员自觉自愿。三、参加评弹团将来生老病死有依靠，现在要艰苦一些，让集体有所积累。曹汉昌、杨震新、丁冠渔三位团长定四元一天，后因经济困难，曹汉昌、杨震新自动减为三元一天。其他成员根据艺术水平确定自己的工资，如高雪芳一元九角。曹织云八角一天。参加评弹团，对有着沉重家庭负担的杨震新来讲，经济上的损失是巨大的，单干的时候，杨震新一天的演出收入为九十元到一百元（一天演出四副场子/两个电台空中书场）。一个共有十口人的大家庭，都在等米下锅呢！但是杨震新响应党的号召，走集体化道路，义无反顾，参加了评弹团。

义而好学

杨震新身上具备两个可贵的优点：一是好义，二是好学。

一是好义。他是一个有正义感的人，同情弱者，疾恶如仇，好打不平，对朋友赤诚相见，慷慨相助。有一次，一位朋友去问他借钱，他自己也身无分文，但毫无难色，笑眯眯地请他“稍待”，自己就跑了出去，片刻间回来，爽快地把手中的钱交与朋友。原来他长衫出去，短打回来，借的是他把自己身上穿的那件长衫袍子当掉的钱，所以会有“长衫出去，短打回来”之说。正因为他有这种好义的性格，所以他才会深爱着他《东汉》书中那些兴汉起义的英雄们，能在七尺书台上满腔热情地歌颂他们，用他的真挚感情去感染台下的听众。

二是好学。艺术的道路上没有捷径可走，只有下苦功，方能有所成就。

他把精力与时间都用来学艺，即使生病也不休息。他常去龙园书场，坐在最末一排，边听、边看、边想。首先在说表上下功夫。他在长期的演出实践中练口劲，练就了一路有力的快口说功，他说：“我的舌头天生比人家短一段，所以只能咬紧牙齿，靠唇齿二音来掩盖自己的缺陷。”因此，他坚持苦练，练就了铿锵流畅、独一无二的好说功。这些话听起来十分轻松，但事实上他能把有缺陷的舌尖练成如今的模样，那是要付出很大的辛劳的。再是他经常听同行说书，以取他人之长补己不足。杨震新学艺的恒心在同行中是众所周知且有口皆碑的。徐檬丹曾经讲过：“杨震新学艺非常用功，生意不好，自己把自己关在房间里闷头闷脑地练，他是苦练练出来的。有一次他漂脱回到家，将房门锁起来，好几天不出房门，一日三餐都是由妻子从窗口送进去的。”

书坛中有句名言：“不肯下功夫，优点会变缺点；肯下功夫，缺点会成变优点。”一些漂亮的女演员，一上书台颜值很高，很端庄，但是一开口，嘴翘露齿，面孔会变得很难看；有些演员嗓子响亮，但是开口一唱，声音刺耳，实在难听。这就是优点变缺点，而缺点变优点呢？如说《英烈》的评话前辈许继祥“倒嗓子”了，但又不能停下来。许继祥说书以阴噱取胜，因此他充分发挥自己的特长，来弥补当时倒嗓时的声音不足之憾。许低声说，蒋忠赶武场误时，被帐中的元兵不断地盘问。蒋忠身材高大，元兵身材矮小，两人身高差距很大，所以蒋忠听元兵讲话的唠叨声好像是从脚底下传上来的。他心中厌烦，随手抓起帐篷，将它往上一拎！帐篷里面的元兵见帐篷被提起来，他们错以为帐篷“飞”起来了，所以“辟辟！叭叭！”地都跳起来，蒋忠看到这些乱作一团的元兵，他就随口戏说：“哦，原来是一盆炝虾。”许继祥喉咙虽哑，但这种形容，听来气派、生动、风趣，仿佛一位巨人站在你面前，使听众忘记了他沙哑的嗓音，都在回味他的这段幽默的肉里噱。

阊门一带有众多的书场，可以说四多：书场多，名家多，书目多，流派

左起：曹汉昌、谢汉庭、朱霞飞、杨震新

多。杨震新从小就泡在书场里，见多识广，耳濡目染。他像一块海绵，将他人之长吸收进来，转为己有。这点点滴滴的他人之长，杨震新都谨记在心。由于长期地积累，这些逐渐成了他取之不尽、用之不竭的艺术财富。杨震新听同行的书，不仅在自己学艺时听，即使成了响档后，他还是要听，甚至在他斩获评话状元的荣誉后，只要有空余时间，他总是往书场里钻，坐在某个书场的最后一排，不论评话、弹词，不论演技高低，他都要听。他说："虚心学习不是一句空话，不能挑肥拣瘦，台上演员说的一万句话，哪怕九千九百九十九句都不可取，只要一句对我有用，我就得到了艺术养料。"因此，杨震新的说书技艺是非常全面的。苏州评话分长靠书与短打书。他是二栖演员，这两种书他都会说，而且会扬长避短，创造有自己特色的动作架子。棍棒刀枪的动作在台上样样精通。钟士亮创造的钟家一条枪，表演时用左手当中的三根指当枪尖，大拇指和小指弯曲成形。而杨震新的舞枪同样别具一格，他用食指和中指当枪尖，在台上舞动时照样漂亮。

他说《岳传》，虚心向曹汉昌学习；说《水浒》，观摩扬州评话王少堂的表演，并且写了许多笔记，对王少堂的幽默语言赞不绝口。他还向小辈汤少英学习汤家《水浒》。观摩京剧、滑稽戏，观察生活，研究语言的运用，他集思广益，博采众长，把长篇历史评话《东汉》说出了新意。潘伯英对他的评价是："杨震新是评弹团内最用功的一个。"

杨震新也经常对学生讲："说表功夫是基础，要珍惜时间，不要贪玩，有空多看书、多听书，多吸取他人之长。如有看戏的机会，千万别放弃。"

整风"反右"

1957年，杨震新卷入"黄杨事件"，后离职，被遣送回原居住所在地接受劳动改造。这期间，杨震新只能在家画蛋壳仕女（工艺品），为附近食品店赵天禄加工饼馅，剥松子肉，敲西瓜子。但是，他对自己很有信心，要好好劳动，改造自己，争取重返书台。

1962年，在南京举行江苏南北评话会演，两个曲种：苏州评话，扬州评话。杨震新的书艺在听众中有广泛的影响，领导通知杨震新准备一回书去参加省会演。"我又能和听众见面了。"一个视演出为自己生命的演员，对于这次机会，是不能放过的。杨震新对自己的实力充满信心，他精心准备了《东汉》中的一折《连环舌驳计》。书中有三个角色，邓元帅、吴汉、刺客。明擦秋毫的邓元帅在片刻之间巧妙地让刺客承认行刺汉王刘秀的事实，救了吴将军。尽管离开书台已很久了，但他基本功扎实，艺术底蕴深厚，所以这次他重又踏上书台，顿觉精神百倍。他那铿锵有力的说功，生动简洁的语言，热情洋溢的音调和突然甩出的幽默的'小卖'噱头，说得丝丝入扣、出神入化，他的精彩表演获得了全场一致好评。杨震新十分珍惜自己第二次重上书台演出的机会，所以他演出的《东汉》更是光彩夺目，他与曹汉昌合作的《岳传》珠联璧合，他勇于担当为吴君玉代书，他努力创新编写演出现代书目《杜鹃山》，他服从领导安排去评弹学校任教……获得政治、艺术新生的杨震新，又重新焕发出无穷的热情，为他所爱的评弹艺术继续拼搏！

主考老师

在三年困难时期，中央提出“调整、巩固、充实、提高”八字方针。1961年9月，苏州戏曲学校撤销其他戏曲门类，只保留评弹专业。1962年9月，组建并成立了由苏州市主办、由苏浙沪主要评弹团师资力量组成的苏州市评弹学校。杨震新被安排到评弹学校任教。在学校里，他负责传授评话班的说表和动作基本功的课程。他首先教学生的是《辕门赋》，既有说表，亦有手势和动作。再是，在念赋赞时，要求学生做到口到、手到、眼到等要领。接下来他教评话班一段《武松打虎》的小段子书，除了说表、动作，还有噱头。他上课时，评话班的学生无不聚精会神，毫不松懈地认真听课。杨震新老师上的每一堂课，同学们犹如在书场里欣赏他的艺术表演。他把教育看得如此重要，把每一堂课都当作一场正式的公演，没有丝毫懈怠。由于杨震新老师的评话表演艺术水平非常高，他每次在学校示范演出时，总能吸引全校师生，包括弹词班的男女同学。经过两个春秋，他送别了第一届评话班的同学，他们都被分配到评弹团去跟师学长篇了。1963年，在招收新学员时，杨震新是主考老师之一。其他主考老师还有景文梅、谢汉庭、庞学庭、张少伯等。这一年苏州评弹学校贯彻执行老首长陈云提出的“评话也要有接班人嘛”的号召，所以当年只招评话生不招弹词生。

“小朋友，你叫什么名字？”“我叫周明华。”“你来考什么？”“学说书。”刚刚小学毕业的我被父亲（我父亲是老听众）拉到当年校址在学士街的苏州评弹学校，参加招收评话班学员的考试。坐在居中的杨震新连续发问。

“小朋友，这几个字用苏州话读读看。”只见黑板上写了几个字，我用苏州方言读出来。“你唱支歌试试。”五音不全的我随即唱了一首《学习雷锋好榜样》“你喊喊喉咙！”“啊——！喔——！依——！”“你表演捉一只蟋蟀给我看看。”“嗯！”我一会儿跳到东，一会儿跳到西，最后在杨震新老师的茶杯里捉到了蟋蟀。“周明华，你回去吧。”这一年有五百多人报考评弹学校的评话班，最后竟然只录取了两人，我与庄洁扬。两个人不能开班，因此只能作为插班生，跟着“六二年级”评话班学习。

我们的班主任是张少伯，评话主教老师是杨震新。“同学们，说大书要练口劲，这段干板要一口气念完。”那是长篇评话《水浒》中的一段“乔郓向武松诉冤”。首先，杨老师将这段评话干板为同学作了示范：“武都头，勿必愁，听我详细说从头。我向来做做小生意，四时鲜果卖到头。三月十三生意到，头批货色有拣头，我大大小小齐一齐，拣仔一篮马上走……”杨老师念完这段干板后，就与我们详细地讲述念这段干板的要领及其技巧。“一要口齿清，二要节奏感强，三要练得熟。熟能生巧才会好听。不能平铺直叙，快的时候要快，慢的时候要慢，但要快慢有致，一气呵成。根据情节的需要，自己可以在心中打节拍。”此段干板是当年苏州评弹学校学习基本功的教材，虽然已时隔五十多年了，但杨先生所教的《武都头》这段干板教材，至今仍在苏州评弹学校的评话班沿用。

再是杨震新老师在学校里示范演出时，表演的一段《水浒》中的“盘嫂哭灵”这回书，同样使我难以忘怀。“同学们，今天我来说一回《水浒》中的‘盘嫂哭灵’”。他说：“武松出差东京回转阳谷县，一路觉得奇怪，两旁边老百姓对我远疏疏，到紫石街抬头只见门口挂好麻幡，不好！家里死人勒……哥哥，我的好哥哥！你死得好冤啊！……嫂嫂！哥哥究属怎样身亡？讲一个明白！”武松哭得昏天黑地，见到哥哥冤魂出现，哭道：“好兄弟啊，阿哥死得冤枉呀！”杨老师把武松对哥哥武大郎的感情发挥至极点，引人入胜，听得我们潸然泪下，这是我第一次领略到艺术大师的风范。

拼命三郎

杨震新好胜。他面对困难从不低头，生活艰辛也从未见他流过泪，总是见到他开怀大笑。有一次热水瓶脱底，一瓶沸水烫得他满腿是泡，妻子心疼地责怪他不小心。他却风趣地讲："这要怪开水不好，烫错地方，我脚上痒的地方不烫，偏偏烫我大腿。"

1963年，杨震新在光裕吃茶，静园书场负责人韩小毛急匆匆地赶到会上寻人代书。原因是吴君玉上海家里遇贼偷，上海派出所来电话，要吴君玉急回上海处理此事。当时，上海评弹团的吴君玉在苏州静园书场开讲《水浒》，生意非常好，听众口碑佳，家中突然发生失窃之事，需请人代书。按一般常理，正值人气上升之时，说书艺人都懂得这个书是不好代的，说得难听一些，这是一只烫手山芋。"救场如救火"是业内的规矩。这时，杨震新刚刚摘帽不久，离开书坛已有好长一段时间了，虽然在评弹学校任课，在校内也经常示范演出，但这毕竟是内部的，现在要代吴君玉在静园书场演出，那是要正式地面对老听众了，何况还是天天客满的热场子。看在场的道众中无人应答，杨震新决定来试试，这毕竟是救场的大事情。杨震新与吴君玉是从小一起长大的好朋友，两人既是同行又是街坊邻居，重义气的杨震新毅然答应代书，这是要有勇气和魄力的。韩小毛马上回到静园书场，将一张海报贴在书场门口，上写"吴君玉因故，由杨震新代书，《水浒·鲁智深拳打镇关西》"。那是一个星期天，喜爱吴君玉的听众们已早早地来到了静园书场，一看海报，"怎么？今天换书哉，而且是由杨震新代书！"杨震新在大书场里，已好久没露面了，有些听众不熟悉杨震新，感到陌生；熟悉杨震新的听众又感到很好奇，怎么会是他代书？所以大家争先恐后地买票，静园书场仍是客满。开书铃响，听客入座，台上灯亮，演员出场。听众看到久别书台的杨震新先生，见他醒木一拍，开口就说："道得三皇五帝，更有夏商春秋……赵匡胤陈桥兵变，三百年大宋江山。奸臣专权，皇帝昏庸，官逼民反……"接着杨震新一口气背诵水浒中的人物："长要长到云里金刚宋万，矮要矮到矮脚虎王英，白要白到白面郎君郑天寿，黑要黑到黑旋风李逵……"一口气将一百零八将的绰号与名字背得十分流畅，似行云流水，下面掌声雷动。在书台上，杨震新边说边舞动扇子，将折扇一会儿抛向空中，一会儿用额头接住扇子，一会儿鹞子翻身的亮相，一会儿单脚蹬腿“金鸡独立”！台下的听众已经不仅仅是听书，而是来看表演了。杨震新一次偶然的代书，又一次征服了苏州的听众。

杨震新好讲。他的性格是好动的，但在准备说书时，他静得出奇，在房中一坐就是一天，他虽然体弱多病，可是上台一开口就像一列特快列车，风风火火，犹如猛将般八面威风。即使发病吐血，在台上也毫无病态，仍是精神十足，他把生病两字早已抛之脑后，知情的人见此无不动容。1964年10月，杨震新在苏州评弹学校任教，四十出头的他已显得既苍老又瘦弱。有一次，学校计划让学生去无锡进行实践演出，杨震新为了培养下一代，不顾自己的身体，毅然带领评弹学校六二、六三年级近二十名学员一起赴无锡迎春书场，向无锡老听众进行汇报演出。为了保证书场的演出业务，进行了师生联合演出。学生的演出排在前面，后面压台的自然是杨震新。他是名家响档，不少无锡听众都是冲着“杨震新”三个字而来的。杨老师因身体不好，在上台前还在喘气，为了放松心情，他不停地抽烟，同学们都非常担忧地看着满面病容的杨老师。台前主持人正在报幕：“下面请听长篇评话《水浒》选回《武松醉打蒋门神》，由杨震新老师表演。”顿时，台下听众掌声雷动，久违了的无锡老听众热情洋溢地鼓掌。听到场内掌声四起，杨震新一扫刚才的病态，精神百倍地登上书台演

前排左起：张鹤亭、杨震新、言慧珠、陈景声
后排：陈学锋

出。见他在书台上，武松出场一个亮相，醉醺醺地走进快活林酒店与蒋门神大打出手。整回书，他说表流畅，人物形象鲜明，动作干净利落。只见，杨先生将折扇向后一抛，一个运手转身，用手把扇子接住，左手再将扇子抛出，右手接住，将扇当作明晃晃的宝剑，然后右脚单腿独立，左脚向后一伸，一个"燕子飞"向前一刺，剑锋直指蒋忠咽喉……全套动作可谓精彩绝伦。全场听众随着书情的节奏凝神观看，听众的喜怒哀乐尽在杨震新的掌控之中。场内不时爆发出长时间的掌声。下面在观摩的学员都惊呆了！如此精彩的表演，谁能相信他竟是一个患肺结核的重号病人。演出结束时，学员们赶忙上台搀扶着杨老师下场，进休息室。他瘫坐在沙发上，不停地喘着气。杨先生在台上的那股精气神，都深深地印刻在同学们的心中，他为了观众，可以不惜一切，用生命在拼搏！

同是六三年级评话班的同学庄洁扬先生回忆说："我们这班同学对杨老师一直是尊敬的，是有感情的，对于他中年离世和曾经的遭遇也都抱着惋惜的心情。记得1964年的初春，我才虚岁十五岁，学艺才半年，有一次评弹学校老师在苏州书场举办汇报演出，杨震新老师排在末档压台，临上台时突然咳嗽不止，还咳出一口血来，按理是不能再登台了，但谁可替代他呢？想不到他果断地做了个决定，对着我说：'小鬼，你上去代我说一刻钟！'这是我第一次破口，穿了杨老师的长衫，拿着他的折扇和醒木，大着胆平生第一次踏上书台，正式面对听众说了一段《半夜鸡叫》。当我下书台时，只见杨老师已是精神抖擞地登上了书台，仍旧继续坚持演出，谁能想象得到，在一刻钟之前他还在吐血呢？其实他让我代他一刻钟书，一方面是为了使他自已能平一平气，可继续演出，另一方面也是乘机培养和锻炼我们，给学生一次上台演出的机会。这是我永生难忘的，也是我们这班同学在日后的演艺生涯中都能永远保持精气神的一次深刻教育。杨先生真是一个'拼命三郎'！"

花开杜鹃

1964年华东戏曲会演以后，提倡说新、唱新，评弹界也是如此。苏州人民评弹团成立了创作小组编写新书目。曹汉昌、杨震新、钱江三人编写评话《杜鹃山》。钱江是主要撰写人，曹汉昌、杨震新参演。当时的形势，说新、唱新是很时髦又十分紧迫的。三人每天商量剧本，第二天就上台试演。后来曹汉昌去演《节振国》了，《杜鹃山》的加工提高主要由杨震新负责，他倾注了大量心血，将传统评话艺术融入其中，经过反复实践，《杜鹃山》终于完篇。《杜鹃山》新书目在各地演出受到广大听众的赞赏与好评，成为当时苏浙沪书坛上的佼佼者。杨震新还将此书传授给了周天来、顾之敏、陈学锋、陈景声等年轻评话演员。

周天来（苏州评弹学校著名评话演员、评话教师）在接受我的采访时说："杨震新说书有劲，精气神十足，牙清齿白。在台上时他力道结棍，下台后，人就瘫掉了，躺在沙发上一直在喘气，闲话也讲不动了。"周天来还说："我进团以后，先到上海跟张鸿声学《英烈》。从上海回苏州后，领导就安排我学《杜鹃山》，当时一起学的还有陈学锋、顾之敏。我们开始听他们演出时还是双档，曹汉昌是上手，杨震新是下手，在苏州书场越做夜场。当时《杜鹃山》的创作演出基本上是钱江、曹汉昌、杨震新三人合作，是现写现演的。夜场演出结束后再到团部，深夜里讨论书目提纲，明天上午再讨论一下这回书怎么样分工、怎么说法，晚上就到苏州书场上演。排书的时候还没有噱头，一上台，杨老师的噱头就来了。他在表演大块头时说：'手摸不到肚皮眼，眼睛看不到脚节板，人朝天困勒浪，肚皮像坟墩堆，合扑困像跷跷板。'正巧曹汉昌也是大块头，场内演出效果非常好。"周天来还说到杨震新的噱头好似信手拈来，在说《东汉》书时有一个噱头："有两人一起看城墙贴的告示，其中一个人不识字就问旁边识字人：'上头写点啥？'那识字的有意戏弄他，见他手中拿一块糕，就说：'哦，上头写拿糕的人要杀头格。'拿糕朋友一听一吓，要紧拿块糕拉拉长。回答的朋友看他将糕拉长后，他马上改口说：‘拿糕拉长的也要杀的。’问的朋友赶紧将拉长的糕再搓搓圆，变成团子。回答的朋友马上又改口说：‘将糕搓圆变成团子格罪名还要重。’……”就这样反反复复地戏弄他人的噱头，杨震新边说边做，书场里的听众笑翻。周天来还谈到自己跟随杨震新学说《杜鹃山》时的情景，他深有感触地说：“杨老师对我非常好，当时经济困难，我是学生，也没有钱去支援他，但我知道杨老师喜吸烟，香烟是凭票供应的，我把香烟票省下来，就送给杨老师。有一次曹汉昌身体不适血压高，领导要我顶几天，但我自己心里感到没有把握，就问杨老师：‘我行吗？’杨老师果断地说：‘来三格。’同时他还鼓励我：‘你定心演，我排给你。’那时我每天到杨家去，震新老师每天指导我，那时候他的身体已经不好了，他是躺在床上为我排书辅导的。”周天来还说：“我是浒墅关人，杨老师来浒关同乐园书场说书，我去听书，全场客满。听了杨震新老师的书，别人的书不要听了。在评校，我们评话班十八个学员有观摩课，听杨老师的说书，大家兴奋得勿得了。”

顾之敏（苏州民俗博物馆原副馆长），大家熟悉的，有一个时期在电视台当吴方言的主持人，观众都叫他“老苏州”。他原来也是位评话演员，也曾随杨震新学艺。这次我去采访他，他深有体会地说：“我跟杨震新先生三个月，没有正式拜师，当时的环境也没有拜师一说，所以称呼老师。1964年时，总的形势要说新书了。当时有几部质量比较好的新书，如《江南红》《智取威虎山》《杜鹃山》等。我是评弹学校派到团里跟杨震新老师学《杜鹃山》的。杨震新说书口劲足，一口气，说书一口干。记得当时他的身体一塌糊涂哉，我到他家里去排书，我早早地去，他总是早早地端坐在家里喝茶等我。他患有严重的肺病，有时吃早点时，见他一口大饼，一口血，看了真让人心痛。但是他全不顾患有重病，与我排书时仍是非常认真。他还对我说：‘小赤佬，你有点文化，高中毕业（当时的苏州市评弹学校录取学生不看学历，无论是小学、初中、高中学历，只要符合专业条件都收）而且笔头快，我讲的每一句闲话，每一个语气词——的、了、吗、呢，你要全部记下来，这是非常重要的，如果你说书没有语调，是不好听的。’当时，杨老师他口述给我听，每天半个钟头，我速记下来，回去以后再重新整理，复印成一式两份，周天来一份，我一份。第二天再到他家里去，先回课给他听，拿昨天记录的半小时故事内容复述给他听。杨老师说：‘你能讲多少就讲多少，十分钟也好，二十分钟也好，能讲半个小时更好。’我每次去讲二十分钟到半个小时。听后，杨老师鼓励地说：‘蛮好，你记性蛮好的，讲得勿错。’然后杨老师再讲半个钟头，我再记录下来，第二天再继续回课。就这样，半个月的时间，《杜鹃山》的书我全部记录了下来。后来我就靠《杜鹃山》这部书到外面去演出，生意非常好，我是杨震新老师最后一位学徒了。那时，杨老师才四十多岁，我最后一次听杨老师的演出是在石路和平书场。我与周天来一起去听书，他身体很不好，上台之前在演员休息室穿件长衫都要我俩帮他穿好，但一到台上就精神百倍，等到两个小时结束下台，长衫也不会脱了，双手一伸，我俩帮他脱长衫，他喘气要喘半天，我们扶着他慢慢走回家。我学了《杜鹃山》到外码头演出生意很好，几乎只只码头爆满，因为杨先生的书编得好，噱头都符合社会潮流。”

杨氏门第

杨震新生于1921年，属鸡。原居住在苏州城内平江路桐芳巷。十岁时丧父，其母改嫁阊门石路杨五大，随母生活。就读于阊门广济小学，念四年书后辍学。二十二岁结婚，娶妻季彩萍（曾任石路居委会副主任，后在苏州民间工艺厂工作），二十四岁时喜得千金。当有人去告诉他“杨先生你喜得千金，请你为女儿起名”，这时杨震新正在打麻将，听来人告诉他妻子生了一个女孩，现要他为女儿取名。谁知他牌兴正浓，说道：“慢慢叫，让我来摸只牌看。”一摸一只“肚脐眼”，原来是只一筒的牌，所以他随口一说：“就叫一筒（童）吧！”现在看来，倒也算是段趣闻。事隔三年，1947年第二胎是个男孩，杨震新给儿子取名就叫二筒（童），后又生了四个女娃，干脆他们的名字就“童”到底吧！故而接下来子女的名字就是三童、四童、五童，直到六童。当然这“童”字辈只是这些子女们的昵称，而他们的学名是“玉”字辈，分别是玉英、玉生、玉琴、玉敏、玉群和玉清。

长女杨一童（玉英）继承父业，从事评弹艺术，是著名评弹演员。女孩子适合唱弹词，她就拜马襄时为师，学习弹唱《落金扇》《秦香莲》两部长篇弹词书目，与朱介人等人一起合作三个档。她也曾分别与浙江省德清评弹团的沙丽英及江阴评弹团的崔勇合作，演出《描金凤》《十美图》，自编自演新书《真假杜英杰》《杨立贝》等长篇书目。她说表老辣，角色生动，深受广大听众欢迎，在苏浙沪地区颇有影响力，被誉为“码头老虎”，是浙江省海盐评弹团副团长，曾任海盐县人大代表，荣获县属单位的先进工作者称号。

杨震新育有五女一子，他对独子二童宠爱犹加。小时候二童调皮捣蛋，喜欢父业，外形酷似其父。曾考苏州评弹学校，但因某种因素而未能如愿。初中毕业后进苏州晶体原件厂工作，曾任供销科科长。退休后，仍念念不忘其钟爱的评话艺术，拜李宏声为师学说《岳传》，之后他经常跑码头，演出《岳传》《东汉》等书目。

评话大响档杨震新对艺术精益求精，而且他从不保守。早年收有徒弟杨玉麟，是苏州市评弹团的主要演员，擅演《东汉》，曾编演《清代三侠》和现代书《江南红》；赵玉昆，苏州市评弹团主要演员，擅演《东汉》《岳传》；强逸麟，苏州评弹学校评话老师，擅演《东汉》《岳传》。

杨震新由于长期劳累，患有严重的肺病，经常咯血。1965年5月，他被确诊严重肺结核病，一代大响档杨震新先生于1965年10月22日被病魔夺去了生命，时年仅四十四岁。他在临终时嘱咐：“我的棺材里要放一件长衫、一把扇子、一块醒木，我要到那里去说书呢。”杨震新对评弹事业的酷爱和执着，可谓是至死不渝。

“宝剑锋从磨砺出，梅花香自苦寒来。”一代宗师、评话状元杨震新是后代的楷模，他对评话艺术刻苦钻研的精神以及他所留下的艺术财富将永垂青史！

本文在撰稿过程中，采访了杨一童、杨二童、周天来、顾之敏先生，并得到周良、吴宗锡、徐檬丹、高雪芳、陈景声、马宏梁等诸位的大力支持和提供的宝贵资料，在此特表示衷心的感谢！另，本文参考了杨震新学生杨玉麟相关的回忆文章，以及《评弹艺术》《评弹通讯》《胡天如回忆录》等。

（作者：苏州评弹团原副团长、评话演员）

完稿于2021年9月11日

附录1:

《杨震新“小卖”噱头崭》

胡天如

杨震新乃唐凤岐得意门生。《东汉》一书本是冷门书,杨震新说表妙语如珠,尤善用“小卖”。如此冷变热,被其挑松也,《斩经堂》乃他的拿手书,后说《水浒》极风趣,杨脸上有一瘪团,常喻成笑料,其扇子功夫极深,能抛向上肩顶直,或以背身接之,投之脚背立直,踢之以手背承接,有十余种不同姿态,真绝技也。

杨家在阊门外石路龙园书场隔壁,对门乃雅乐书场,自小耳濡目染,所听名家难以数计,博采众长,融化一炉,加之天资聪颖,一学即会,《水浒》演来亦轻松动听,余聆其“快活林”一折,自始至终,无一语无噱,有血有肉,通情达理,能蹊前人未蹊之径。如说武松至快活林,见诸酒店门可罗雀,心忖莫不是酒酸价昂,莫不是小二招待不周,怠慢酒客,否则因何业务萧条?其实蒋忠命人到各酒店把所有酒客全拖至己店,一店肥,诸店瘦,故其店生意冷落矣。余仅举一例,此类例子不胜枚举。新中国成立初,余与唐骏麒大书双档在静园做早场说《彭公案》,有次唐因病,由杨代之,余叙述内容,上台后拼搭很紧凑,接口灵活,掌声此起彼落。余亦精神为之抖擞,所谓上将遇良才也。《杜鹃山》乌豆跳车(乌豆后改雷刚),彼与曹汉昌拼档口,杨滑口,独献其能。

忆1947年余在澄城之“良友”,杨在“二友祠”,两书场相隔仅十余步,双方业务皆满。杨云:“憨兄,真有两下子。”余云:“初生之犊,若再过三年寸步难移矣。”

正在杨震新艺入臻境,而肺疾骤至,余在吴门风苑演夜场,杨来晤,但言已住博习医院,明日拟开刀,切去肺叶一片,其作势云:“准备吃一刀。”

余好言慰借云:“但愿人长久,千里共婵娟。”后闻其母恐儿不测,坚从医院拖之出,故未开刀也。

后卧床不起,临死谓其妻及子女:“余在阳间说书犹未过瘾,让余穿上长衫,右手执扇子,左手持一醒木,到阴曹再去说书。”言毕而逝,死时仅四十余岁。

杨震新书艺甚高超,有些由陈浩然处蜕化而来,善用“小卖”,三言两语诙谐绝倒,说法落落大方,有口皆碑。徒有强逸麟、赵玉昆,杨玉麟等。其女杨一童在浙江海盐团,貌极像其父。杨震新生平爱搓麻将,故其子名“二童”,女取名一童。

附录2:

开篇《献给恩师杨震新》

杨玉麟(杨震新徒弟)

书坛评话大响档,
杨震新三字传四方。
他说表清脱口劲足,
笑料穿插寓意强。
《东汉》赞颂汉光武,
更有吴汉《斩经堂》,
竟说得听众泪汪汪。
“姚马杜岑”把先锋夺,
邓禹发令在大堂,
功夫巧用在扇子上,
生动劲演添辉煌。

春申新书大会演，
他演活了英雄李闯王。
荣获新书“状元郎”。
五二年加入评弹团，
走马上任副团长：
为振兴评弹不辞忙。
岳飞赶武场，
枪挑小梁王；
杜鹃花儿红，
枪声震山岗。
珠联璧合的老双档，
好伙伴就是曹汉昌。
如此奇才怨命短，
四十四岁一病亡；
渺渺忠魂在何方？
今日书坛歌唱你，
重现你当年笑面庞；
听众们怎能把你忘？

曹啸君的评弹艺术

张玉红

曹啸君(1917—2007),苏州人。1931年师从朱琴香学《描金凤》《双金锭》,后因故离开评弹界,在苏州电讯局做接线员。1938年又师从曹筱英学艺,学习弹唱长篇弹词《玉蜻蜓》《白蛇传》,艺成之后,曾与钟月樵拼档,又放过单档。之后,与侄女曹织云合作拼档弹唱。1952年1月15日,曹啸君与曹汉昌、杨震新等十一位苏州评话、弹词艺人成立了苏州市评弹实验工作团。1959年下半年,参与筹建江苏省曲艺团。1960年5月10日,与金声伯、高雪芳等十二位苏州评弹艺人及省内其他曲艺剧种演员,正式成立了江苏省曲艺团,并担任副团长,后担任团长。曹啸君艺术上受到张鉴庭"张调"、蒋月泉"蒋调"的影响,受其兄曹汉昌和好友杨震新评话艺术的影响,他的弹唱风格被称为"蒋夹张""张夹蒋",有"唱不煞的曹啸君""喊不煞的曹啸君""活佛婆""活包公"之称,说噱弹唱样样精、小书大说别具风格、小人物入木三分等都是听众对他艺术的高度概括和称赞,其评弹被称为"曹派艺术"。主要弹唱的书目有《秦香莲》《梅花梦》《白蛇传》《玉蜻蜓》等,学生有曹织云、徐祖林、王培君等。1982年加入中国共产党,并任江苏省曲协副主席。

艰辛学艺上书台

苏州弹词名家曹啸君，1917年9月23日出生于苏州，父亲曹芙卿在温家岸经营一家石灰店，勉强维持一家六口的生计。曹啸君有一个哥哥、两个妹妹。曹啸君八岁上学，就读于苏州箓葭小学，功课一般，但喜欢文艺，还乐于在学校的小商店里帮忙，为此分散了好多读书的精力，四年级时因为没考上城中小学高小，还留级多读了一年。父亲看曹啸君读书不用功，就把他送到上海学做生意，他就跟着父亲的舅舅王永年学描鞋头花。不料王永年是个赌徒，自己的生活都难以为继。生活没有着落的少年曹啸君经王永年的儿子，也就是表叔王锡生介绍，来到上海鸿余顾绣庄做学徒，他才安定下来。

1931年，曹啸君虚岁十五岁那年，日本帝国主义侵略者发动了“九一八事变”，大举入侵我国东北，上海形势也很吃紧，老板给了曹啸君十块钱解雇费。曹啸君费尽周折，冒着生命危险，经过两天两夜的奔波，忍饥挨饿，终于回到苏州家中。

回到苏州的曹啸君，既不能上学，也不能做工，无所事事。当时，他们家周围住着不少说书先生，哥哥曹汉昌正跟着邻居周亦亮学习评话《岳传》，在小码头上有了一份生意。曹啸君家隔壁住的是李汉臣，还有评话名家许继祥、丁冠渔，以及陈汉平、陈汉祥兄弟俩。在这样的环境下，曹啸君的父亲准备让曹啸君也去学说书。但是按照拜师的规矩，老师要收十几担米作为拜师金，学生还要摆酒席，而曹啸君家家境贫困，承担不起这些费用，正好哥哥曹汉昌的结拜弟兄、弹词名家朱琴香同意收曹啸君为徒，不要拜

全国曲代会和兄长曹汉昌（左）合影

师金，只要贴跑码头的盘缠和伙食费即可。就这样，虚岁十五岁的曹啸君拜在了朱琴香的门下，学习弹词《描金凤》《双金锭》，一起学习的还有凌文君。

从此之后，曹啸君跟着朱琴香在码头上学习弹琵琶，学唱开篇，慢慢地上台送送开篇，也是一种艺术实践。朱琴香教曹啸君的第一首开篇是《西湖十景》：“一出门来二条桥，三人行舟四人摇。五小姐独坐中舱内，六个丫鬟在后艄。七公子拍手哈哈笑，八个书僮在岸上跑，九莲灯挂在船头上，十里长亭过小桥，一株杨柳间株桃。”

这首开篇是用老俞调弹唱的，凡是学说弹词的演员无论男女声，作为基本功都要练习弹唱的，至今都是如此。朱琴香对学生的练声运气要求非常严格，少年曹啸君勤学苦练，为以后几十年的演出生涯打下了坚实的基础。

曹啸君跟着朱琴香跑码头，先生有两部书，可以说七八十天，曹啸君就要准备七八十首开篇，且每天不能重复，但是曹啸君除了在先生开书前送开篇外，还要帮师母带孩子、干杂活，这样就和学说书有了冲突。他经常被先生、师母派出去买东西或者做其他杂事，一回书听不完整。比如有一次，朱琴香在浙江西塘说《双金锭》，正说到龙梦锦赶到苏州去探望被关在牢里的舅舅王学卿，龙梦锦的未婚妻王月仙小姐也要去探监，就要夫妻相会了，是个关子书，但是当天朱琴香有个亲戚从上海过来，他就派曹啸君去嘉善接人。曹啸君接到这位亲戚，开好旅馆，顺便在嘉善东门处的书场里听了邵墨林先生的一回《大红袍》，第二天回到西塘，错过了朱琴香说的《双金锭·夫妻相会》的关子书。

曹啸君跟朱琴香跑码头，有一次在昆山石牌镇演出期间，结交了一个南货店的小开，非常要好。小开经常送曹啸君虾米和加辣菜吃，曹啸君白天不敢吃，晚上偷偷在被窝里吃，味道很好。但是几天下来，曹啸君咳嗽、喉咙痛，嗓子也哑了，送不了开篇了，听客看到曹啸君声音喊不出来，就出来说情，想让曹啸君休息一下。但是朱琴香很生气，说：“越哑越要唱，唱亮了就有功了。”哪知道曹啸君就是唱不亮，开篇当然也送不了了，他被赶回了苏州。

年少气盛的曹啸君本来就觉得学不到什么真正的技术，就是带孩子、干杂活，心里不满，回苏州就回苏州！曹啸君的父亲看到儿子做了“回汤豆腐干”，非常生气，但在母亲的劝说下，也就作罢了。

曹啸君离开了朱琴香，哥哥曹汉昌把他带到码头上，想让弟弟跟着自己学评话。有一次，曹汉昌在南浔做张鉴庭、张鉴邦兄弟的“下脚”，他们演出结束后要到震泽山泉书场开书，曹啸君就趁机听了张鉴庭先生的书，学习他的说表弹唱，然后又回到南浔，继续听哥哥曹汉昌的《岳传》。

曹啸君跟着哥哥曹汉昌从南浔回来，苏州电讯局正在招生。曹啸君考上了电讯局的实习生。由于他口齿清楚、眼明手快，后来便当上了接线生。那个时候，苏州的电话用户不多，全市也就上千户，空余时间比较多。曹啸君的同事张龙生，是评弹名家张云庭的儿子（张云庭是说《玉蜻蜓》的，人称“翡翠玉蜻蜓”）。两个人趣味相投，经常在一起弹弹唱唱，一起去百灵电台唱开篇，做电讯局扩大用户的宣传广告，曾获得中央电讯局发的奖。

曹啸君在电讯局的工作，可以称得上是“金饭碗”了。不久，父亲去世，婚后的曹啸君倍感肩上养家糊口的担子重了，因而工作更加勤勤恳恳。但是“金饭碗”也有被砸的时候，1937年7月7日“卢沟桥事变”爆发，时局动荡，苏州电讯局也是日寇轰炸的目标之一。曹啸君他们经常是空袭警报一响，就躲进防空洞，警报一解除，就赶紧出来接通电话，保证通信畅通。每天紧张的工作，使得曹啸君的身体状况出现了问题，他本来体质就差，这样一来，雪上加霜，吐得苦胆水都出来了。这时连医生都逃难去了，找不到医生看病。眼见苏州城里的局势越来越紧张，曹啸君一家老小逃到了岳父的一个乡下朋友家，乡下朋友在江岸浜有几间房子，他们可以暂时安身。当时曹啸君身体很差，只能靠人架着才能挪步。下船时，船工背着他，一脚踏空跳板，两个人一起掉进了河里，多亏众人相救，两人才幸免于难。

但是一家老小住在别人家里总不是长久之计，那时在枫桥附近的白马涧处有个书场，可以开书，哥哥曹汉昌准备在那里演出，赚钱养家，全家就搬到了白马涧。几个月后，局势稍微平稳了一些，一家人回到苏州城，可是苏州城已经被日寇占领了。

曹啸君一家回到苏州后，原来的石灰店是开不起来了，电讯局也是日寇的了，他不愿意去做汉奸，为日寇效劳，就在自家门前，搭了两块门板，摆个小摊，卖点糖果、五香豆，出租小人书，妻子做点花边，日子非常艰难。为了生计，曹啸君在哥哥曹汉昌的帮助下，又学起了评弹。

哥哥曹汉昌的要好弟兄曹筱英，是弹词名家王子和的学生，说《玉蜻蜓》《白蛇传》，当时住在曹啸君家。他看到曹啸君摆摊赚钱，居然还会弹三弦、唱开篇，而且还不错，有如此的天赋，靠摆摊度日，可惜了，所以他就有意拉曹啸君一把。曹啸君在电讯局干了六年，嗓子得到了休息，完全恢复了，嗓音很高，而且也喜欢弹弹唱唱，觉得评弹是一条出路，但是和第一次拜朱琴香为师一样，还是没有拜师金，也贴不出盘缠和伙食费。曹筱英体谅曹啸君的难处，不收拜师金，但要求曹啸君出来和他拼档，学三年，帮三年，这也是评弹界的老规矩了。曹啸君为了学本事，就都答应了。母亲在收的房租里，拿了一点出来，作为盘缠，按月支付给曹筱英。妻子也用做花边的钱，贴补给先生，给曹啸君作为早餐的费用，还有两顿的费用是由书场承担的。在全家人的支持下，曹啸君开始了第二次学艺。

这一次学艺，曹啸君不敢懈怠。刚出去就送开篇，曹筱英一天做两副场子，曹啸君就像以前电影放映之前的新闻短片一样，做机动时间用，让先生多一点休息时间。先生每天坐黄包车赶场子，曹啸君就两条腿跟着跑。就这样，跟着先生几个月，曹啸君基本掌握了曹筱英的两部书的下手书。等到“扫脚”回到苏州，曹筱英关照曹啸君年档时去浙江平湖新埭，一起拼双档。

1938年农历除夕，这是一个不平常的除夕，因为曹啸君要从“插边花”升到下手，正式说书了。评弹演员是没有在家过年的习惯的，曹啸君也一样。他带着行李，乘火车到枫泾，准备从枫泾到新埭。谁知道到了枫泾一打听，日军下乡“清乡”，枫泾到新埭的路不通了。没有办法，曹啸君只能找到枫泾书场。当时弹词名家张少蟾在此地演出，留他住了三天。到了第四天，去新埭的路还是不通，曹啸君只能回苏州。

事有凑巧，那时候张幻尔剧团在苏州北局（苏州人又称小公园，即现在苏州人民商场和开明剧院之间的一片广场）演出《洛阳桥》。因戏不够长，张幻尔想让曹啸君在前面加半小时评弹，一天两块钱。曹啸君觉得自己没有正式上过台，不敢接。道众邹蕴玉大姐出面壮胆，答应给曹啸君补书。就这样，曹啸君在一个偶然的机会被推上了书台正式说书，也就是行内所称的“破口”。

曹筱英因为在新埭没有等到曹啸君，便赶回苏州，埋怨曹啸君不该“放生”。曹啸君把情况做了说明，并有张少蟾作证，这才消除了误会。曹筱英重新接了码头，在中埭。在去中埭演出的路上，遇到了日军“清乡”，曹啸君和曹筱英只能背着琵琶、三弦逃难，躲过了机枪的扫射，逃了出来，在一户卖肉的人家住了两天。第三天，他们回到中埭，拿了行李，转到西塘。天有不测风云，曹啸君刚刚跟师曹筱英一年，先生就在吴江盛泽因病而亡。当时师母还在福建鼓浪屿，一时赶不回来，曹啸君和场东一起料理了先生的后事。等到师母赶到，再一起把先生的灵位送到上海家中，师母把先生用过的一把三弦送给曹啸君。就是这把三弦，成了曹啸君艺术上的终身“伴侣”。

曹筱英生前对曹啸君非常好，曹啸君的技艺也得到了长足的进步，俞调、马调、小阳调都会唱，但是问先生要脚本抄，先生就是不给，曹啸君只能每天看先生在台上说到哪里，就抄到哪里，抄完以后，马上把本子锁到箱子里。一部《玉蜻蜓》，曹啸君只抄到半部，问先生要下半部，曹筱英说王子和太先生只传了上半部，下半部是他自己弄的，所以也就只能给曹啸君上半部。曹啸君问先生要《白蛇传》的本子，先生借口说曹啸君嗓子没有阴面，不适合说《白蛇传》，也拒绝了他。其实曹筱英是怕学生抢了自己的饭碗，谁不知道“蜻蜓尾巴白蛇头”，曹啸君只有前半部《玉蜻蜓》，先生在世，抄不到，还可以记下来，自己默补，先生去世了，师母也不给本子。曹啸君想起了在电讯局的同事张龙生，他父亲就是王子和的学生张云庭，想跟张云庭学说《玉蜻蜓》，张云庭答应了曹啸君的请求，不要拜师金，吃用开支自己带，帮师一年，不拆签，这样的条件，曹啸君也都答应了。

哥哥曹汉昌了解曹啸君的困难，让他跟着出码头，听听《岳传》。一个大书，一个小书，只是听，解决不了问题，但是跟出去听听，还是对曹啸君有所帮助的。艺术是兼收并蓄、长期积累的，学到的东西越多，到用的时候就越得心应手、融会贯通。

有一次，曹啸君在无锡听哥哥曹汉昌说书，道众周振玉和钟月樵拆档了，钟月樵没有人拼档，就和曹啸君商量，临时拼一档。曹啸君答应了，接了无锡乡下藕塘桥的一个场子，做了半个月，生意不错。场东挽留，可是他们没有书了。听说无锡北门外五福楼书场小开曾经跟俞筱云学过《白蛇传》，有本唱词脚本，钟月樵和曹啸君就想方设法借到了本子，每天演出结束就抄书，抄一段，排一段，边排、边回忆，边排、边创作，排了就演。功夫不负有心人，经过两个人的共同努力，短短一段时间，他们就掌握了一部《白蛇传》。那年年底，他们还参加了逢闻镇上的会书。这场会书结束，曹啸君接到了昆山田里书场的邀请，场东接他去做年档。这一个年档，曹啸君以单档的形式和田里的听客见面了，书台上正式多了一位叫“曹啸君”的弹词演员。

浪走官塘进上海

小年夜，下了一夜的雪，曹啸君却必须在大年夜前赶到田里，开始他“走官塘”的生涯。因为正逢过年，火车站特别拥挤，他先挤上车厢，妻子再从窗口把三弦递上来，靠它吃饭的，不能弄坏了。曹啸君要在昆山附近的一个小站陆家浜下车，再步行六七里，才能到达目的地田里书场。他一下火车，就被一片白茫茫的雪地搞混了方向，只得扛着铺盖，提着小皮箱，拿着三弦，出站、问讯，一步一滑，终于来到田里。一路上，他又打听到场东家，当晚他就在场东家的地上铺上稻草，就当是宿舍被安置了下来。书场离场东家不远，稀稀落落几户人家，中间还要路过一片坟地，几条汪汪叫的野狗对过往行人虎视眈眈。说是书场，其实就是一个土地庙，既有土地公公、土地奶奶在受人朝拜，也有不少无所事事的人在里面赌博，只有中间一块地方给说书先生说书用，这种场子叫“混场子”。安排一个说书先生说书，就可以借机聚拢一批人，对艺术的要求不高。一个评弹艺人长期在这种场子里混，艺术水平是得不到提高的，但是对于曹啸君这样初出茅庐的小年轻来讲，倒是个艺术实践的好地方，上座也不用担心，是场方包的。曹啸君白天说《白蛇传》，晚上说《玉蜻蜓》，饭前自己排书，空下来背背开篇，从早到晚，时间非常紧张，这是曹啸君第一次独当一面的单档。虽然书场条件很差，但在艺术上可以使曹啸君得到锻炼。

就这样，每天演出结束，曹啸君就跟老板的儿子一起回到住处。但是有一天，老板儿子走亲戚去了，曹啸君夜场结束，不敢独自回去，想跟几个赌客一起走。但是赌客又不马上走，等着等着，曹啸君就趴在桌子上睡着了，因此受了凉，第二天竟发起烧来，喉咙剧痛，身上还起了红痧。老板一看不对头，就叫了一条轧米船，把曹啸君送回苏州的家，经医生诊断是猩红热。

曹啸君这一病，就是两个月停演，没有了收入，还要支付医药费，生活又陷入了困难之中。等到身体稍微恢复一些，他就出去在各种场子里转转，赚点小钱来维持生活，特别是在农村的场子里。这一转就是一年。

曹啸君经过一段时间的磨炼，艺术水平有所提高，开始在集镇上较正规的专业书场里做了。虽然没有包账，要和场方拆签，经济上有风险，但是因为对自己的业务有自信，也就慢慢地做顺了下来。小集镇上到处都有书场，以常熟为例，有张家市、洪家市、赵市、徐市、何市、吴市等，号称七十二市；有八十副专业书场，支塘、直塘、横泾、浒浦、梅李，都是很像样的书场，也是出生意的地方。曹啸君自从进了专业书场，业务能力提高很快，谁知天有不测风云，意外的事情又发生了。

曹啸君在吴江平望演出时，正值夏秋季节，农村的卫生差，他不幸身染痢疾，苦不堪言，又不能耽误演出，书场职工给正在马桶上的曹啸君递毛巾，催促他上场。书场后面是平望辣酱加工厂，味道呛人，几方面的原因导致曹啸君终于抵抗不住，小血管破裂，吐血不止。但是因为生意好，场方不同意停演，他只得带病演出。在后来的三年里，他因为经常发病，只能演演停停。直到1945年，他在乌镇和徐效山越做时，旧病复发，遇到一位长老，服用了民间秘方，经过一年左右的调养，身体才慢慢恢复。

由于身体不好，曹啸君那一阵经常做做停停。有一次在沙头（即太仓市沙溪镇）演出时，接到哥哥曹汉昌来信，称和张鉴庭在昆山越做两副场子，要求曹啸君在中间"挑个扁担"，演半个小时，日场畅乐园，夜场老同春。待曹啸君赶到昆山时，老同春的海报早已上墙，畅乐园的海报上只有曹汉昌和张鉴庭的名字，曹汉昌前去交涉，畅乐园的海报上多了个"赵汉祥"的名字。这是场方想当然：哥哥曹汉昌，弟弟就赵汉祥了。吴语里赵、曹不分的。曹啸君一看，明明就是老板瞧不起自己，就憋了一股劲：一定要把书说好！结果听客反响不错，甚至有的听客还嫌曹啸君的半个小时太短，要求同样也说三刻钟。

这一期演完，曹啸君的身体也康复了，蓬朗镇的书场老板请他去复档，妻子项凤英担心曹啸君出去又发病，就带着孩子雪珍一起去。谁知到了蓬朗镇，遇到"双龙会"，道众王燕霞、赵云霞夫妇已经在演出了，他们是自己找上门去的，老板在外面不知情。曹啸君决定让他们一次，书场老板过意不去，联系了嘉定的书场，然而等他们坐船到了嘉定，场东却不肯接，说对面重敌档，唐再良的《三国》每天有五六百人，老板劝曹啸君不要做了，如果只有一百多人，还不够交税的呢。曹啸君觉得老板瞧不起人，就主动提出：日夜两百人，我包你，不到两百，我赔，超过两百，照拆。老板同意试试看，第一天，日场百十人，夜场一百五六十人，超过预计的两百人了，曹啸君不用贴钱了。

嘉定书场的业务从第二天起，日夜场一共四百人了，曹啸君站住了脚跟，老板很高兴，经常到宿舍探望、关心，前后判若两人。曹啸君进场时和老板谈好二十天一期，正好说到“沈方哭更”，上关子了，但是演出期满了，老板再挽留也没有用了。那时候的场东非常势利，对响档先生拍马屁，对漂档先生冷冰冰，这反而刺激了艺人奋发向上。艺人能否出道，场东就是一大关。

曹啸君学说书时，光裕社社长杨月槎在主持工作，大家都很尊重会长，年轻人到协会上吃茶，只能坐在角落里。大概杨会长听说了曹啸君的事，就故意考考他，当着大家发问了：“哪个叫曹啸君啊？”曹啸君连忙站起来：“阿爹，我叫曹啸君，是曹筱英的学生子，曹汉昌的弟弟。”杨社长说：“哦，曹筱英的学生子，说《玉蜻蜓》，你自己选一回书，上去说说，让大家听听看。”曹啸君选了一回比较熟练的书，即刻上台表演了一下。一回书说完，杨社长说：“嗯，有口饭吃吃了，码头上可以做做了，这就算及格了。”曹汉昌听到杨会长的话，忙带着曹啸君去出个小茶道，还买了对香烛，在三皇菩萨面前磕三个头，这就是被承认出道了。这种考试，对于青年艺人来说，压力是很大的。但在曹啸君的一生中，压力最大的一次，要算周玉泉带着他去演堂会。周玉泉是曹筱英的师弟兄，也是王子和的学生。那天堂会，说的是《玉蜻蜓》，周玉泉与曹啸君两个人拼档。曹啸君问是哪一回，要排一遍。周玉泉说：“反正是《玉蜻蜓》，熟的，不用排书的，胆子大一点。”

等到上了书台，曹啸君先送一首开篇，然后周玉泉开口了：“诸位，你们今天要听哪一回呢？”曹啸君一听慌了，知道自己的底子还是不能被听客随便点的，万一出丑了，以后怎么办呢？听客点了《庵堂认娘》，但是曹啸君知道自己的“蜻蜓”是没有“尾巴”的，这回书只是听先生说过几遍，没有抄到本子，但是他转念一想，唱篇会唱就唱，不会唱就不唱，接接“话搭头”。曹啸君有了这样的想法，心里就一定，心定了，头脑也就冷静了，头脑一冷静，台上他就能清醒且顺利地应付，一个接口、一个搭话，总算把一回书挺下来了。以后，每当曹啸君想起此事，心里总是有些后怕，学艺难，难学艺啊！

在曹啸君的艺术成长道路上，除了先生的教导、兄长的扶持，还有道众的帮助。由于先生曹筱英去世早，“奶水”不足，他又不想听从哥哥曹汉昌的建议学习评话，在三位道众的帮助下，他坚定了自己学习弹词艺术的发展方向。曹啸君第一位合作的是钟月樵，虽然两个人年纪差不多，但是从辈分上讲，钟月樵是曹啸君的隔房师叔。钟月樵原来与周振玉拼档，后因故拆档，因而钟月樵不得不重新找上手，而此时的曹啸君，自从先生去世后，虽然也曾放过单档，但是书不多，加上身体不好，纯粹放单档还不具备条件。为此，在宋曼君的帮助下，钟月樵和曹啸君就此拼档了，曹啸君做上手，钟月樵做下手。第一个码头是无锡的藕塘桥书场，两人同吃同住，感情深厚。两个人演了十几天，书没有了，就想方设法借到一部《白蛇传》唱本，齐心协力，埋头苦干，把它接成了书，现吃现吐，所以他们两个人的合作是曹啸君具备独立条件的开端，是一个从无到有的过程。有了自己的书，才谈得上提高质量，书好比是皮，艺术是毛，皮之不存，毛将焉附？正因为有了这样的基础，曹啸君在一年左右的时间里，逐渐离开了农村混书场，而进入了集镇书场。

曹啸君第一次学艺未成，离开了朱琴香，后来又师从曹筱英，中间也有几年的演出实践，但是曹啸君总觉得自己“学到用时方恨少”。为此，他在学艺途中，虚心好学，广结良师益友，博采众长，从而提高自己的艺术水平。张鉴庭就是曹啸君的良师益友之一。在码头上，他曾有幸听过张鉴庭的书，其说表、唱腔深深地影响了曹啸君，特别是那次在昆山和张鉴庭合作的“挑扁担”，于他就是一次深造。曹啸君如饥似渴地学习张鉴庭的说表艺术，兼收并蓄，艺术上提高很快。那么怎样来检验呢？当然是靠听客，反映在演出的场子上，曹啸君从集镇书场一跃而上，进入了县城的书场。尽管一开始那些场东不熟悉曹啸君的名字，不怎么热情，但是由于生意好，场东们也就很快热情地接受了曹啸君。

曹啸君的另一位良师益友就是杨震新。他与杨震新相处的时间比前两位都长，杨震新也是对他影响最大的一位。虽然一位是评话演员，一位是弹词演员，但是两个人通过长时间的越做，在艺术、生活上相互帮助。1946年下半年，年纪轻轻的杨震新已经崭露头角了，曹啸君也在码头上有了一席之地。杨震新的书只有二十七天，过去书场有个规矩，场方和艺人预约，场方要付给艺人五块钱作为盘缠，等到演完，再扣回去，但是场方希望艺人复档，就不扣这预付的五块钱，意思是已经把下一期的盘缠付了。杨震新只有二十七天的书，盘缠不好算，所以愿意和曹啸君越做，两档书，一大一小，时间上也凑满三十天，做到了常熟、江阴、常州、无锡等县市的书场了。

杨震新艺术上有特长，说表好，书路清，咬字准，嗓子好，表演时抑扬顿挫，富有节奏感，真是“大书一股劲”，噱头“小卖”比较多，角色、手面、八技都有特色，特别是一招丢扇子的绝招，听客和道众一致叫好。杨震新说书很动情，书味特别浓。

曹啸君和杨震新越做了两年，日夜两场，往往是大书压得住小书，要小书压大书的脚是比较困难的，这就促使曹啸君专心致志地钻研艺术，发挥小书的特色，在弹唱方面吸引听客，被听众称为“喊不煞的曹啸君”“唱不煞的曹啸君”。两个人相互切磋，取长补短，一起进步。

曹啸君的包公造型，学习的是京剧裘盛戎，在书台上就学习杨震新的姚期等形象，比如《秦香莲》中的《韩琪杀庙》的一回书，韩琪那把刀可以联系到杨震新的四支令箭。

杨震新的四支令箭可以与说《岳传》的评话名家钟子良的“钟家一条枪”媲美，杨震新将手中的扇子当作姚期手中的令箭。四支令箭，四个发法，也就是在书台上用四个动作来表演。例如元帅发令口称："岑彭过来听令！"只见杨震新右手拿起扇子作为令箭，往右肩一搭，一个"苏秦背剑"的姿势"嗒"的一声抽出令箭，一个亮相动作。元帅发第二支令箭口称："马武过来听令。"马武接这支令箭的动作是：杨震新用脚尖将扇子踢起来，一个"鹞子翻身"将扇子接住，口称"得令呃！"就算接令了。然后再是第三、第四支令箭发下去。就这样四支令箭，四个虚拟动作，表现得刚柔相济、虚实得当，再加上口技相配，构成了一个完整的画面，看上去相当的美观。这些绝招杨震新平时很少用，难得一显，光彩四射，赢得满场掌声。所以在《韩琪杀庙》一回书中，曹啸君的拔刀姿势亦是两腿马步，背对听客，右手以扇代刀，也是从后背拔刀，来一个"苏秦背剑"的姿势，然后一个"鹞子翻身"，当身体转过来，面对听众时，这把刀劈下来，名为"泰山压顶"。刀正要劈下去，当看到冬哥、春妹求情的悲惨情景，韩琪突然刹车，刀没有劈下去，他急忙将刀收住而"后背藏刀"。这四个连贯的动作，同样也赢得了听客的掌声。以上这段《韩琪杀庙》的动作，都是从杨震新的四支令箭那里学来的，所以毫不虚言，杨震新是曹啸君的良师益友。

1947年，曹啸君和杨震新在无锡蓬莱书场越做，有一天在公园里喝茶，来了两位上海的场东，一位是汇泉楼书场的王关宏，一位是东方书场的高尚法，代表了上海汇泉楼、群玉楼、荷园、东方四副书场，聘请他们去演出。

进上海，在当时是艺人们梦寐以求的。一个评弹艺人，在码头上做得再好，也只是"码头老虎"，不能称"响档"，只有在上海站稳了脚跟，那么在杭嘉湖一带就吃得开了，所以评弹艺人对进上海当考试一样。1947年端午节，曹啸君等人进上海的时候，上海书场响档很多，竞争激烈，老一辈的有徐云志、周玉泉、俞筱云、俞筱霞、汪如云、李伯康、蒋如庭、朱介生、魏钰卿、杨莲青、杨仁麟、杨斌奎等，年富力强的有张鸿声、蒋月泉、沈俭安、薛筱卿、潘伯英、朱伯雄、朱耀祥、唐耿良、赵稼秋、范雪君、朱雪琴、黄静芬、魏含英、曹汉昌、姚荫梅、秦纪文、顾宏伯、黄兆麟、严雪亭、张鉴庭、张鉴国等，年轻的有杨振雄、杨振言、周云瑞、陈希安、凌文君、吴子安等。所有这些，对于刚进上海、艺术水平一般的年轻演员来说，心里真是没有底。为了能够一炮打响，应聘的四个年轻人，祝逸亭、汪雄飞、杨震新、曹啸君，四档书，两大两小，各有特色，大家通力合作，做了必要的准备。祝逸亭是徐云志的学生，说《三笑》，说噱弹唱都可以；汪雄飞的《三国》很正宗，有"活关公"之称；杨震新的《东汉》，书味特别浓，感染力强。四个人不仅在艺术上切磋研讨，而且在台风等方面都有严格的要求，演出服装统一，先是一式的灰色花呢长衫，进入夏季又是一式的藏青印度绸长衫，整整齐齐，听众感到耳目一新。

四个人当中，曹啸君年纪最大，被推为首。在进上海之前，四个人就商定不私接场子，也不准有中途毁约的。哪知道到了上海，汪雄飞接了一个大陆书场，和俞筱云、俞筱霞越做，盘洋已收，海报已出，汪雄飞未和三个人商量，大家都不同意。大陆书场老板范新富得知后，找到曹啸君，说接下来让曹啸君去做，曹啸君当然不同意。汇泉楼老板王关宏出来打圆场，建议曹啸君不要得罪大陆书场这样有实力的书场。曹啸君还是不同意，表示四档书可以不做上海，原定的四副场子，由大陆书场老板安排。

杨振言（左）、曹啸君（中）、吴君玉（右）三人合影

曹啸君等四个年轻艺人在上海演完一个季节，生意非常好。因这四位年轻人年纪相仿、力量均衡、各有所长，听客称他们为"四小金刚"。从此，曹啸君他们在上海站稳了

脚跟。

1948年中秋节，曹啸君在上海演出，做华园、沧州、雅庐、富春楼、汇泉楼，演《玉蜻蜓》，越做的有潘伯英的《张文祥刺马》，曹汉昌的《岳传》，吴剑秋、朱慧珍的《白蛇传》。夜书场散后，他还要赶往亚美麟记电台。每天日夜五六副场子，时间紧，中间没有吃晚饭的时间，他只能在三轮车上吃些点心，上台说书，出书场上车，天天晚上唱到十一二点，睡眠严重不足。有一次在电台唱着唱着，他居然睡着了，听众打电话到电台，以为电台坏了。那能不能少演一点呢？不行，这都是由场东安排的。钱虽赚了不少，生活却并不好。物价飞涨，钱不值钱，书票却不能涨价。有一次书台上下来，赚的钱还不够付三轮车费。曹啸君在书场说书，妻子项凤英出去抢购生活用品和食品，有时候米都抢不到。

在那个年代，评弹艺人的生活是非常艰难的，还有不少被毒品残害，潦倒一生，不得善终的。

翻天覆地命运改

1949年的3、4月间，曹啸君和侄女曹织云在湖州碰到重敌档：西园书场是杨莲青的《包公》，兴业书场是朱伯雄的《张文祥刺马》，还好这两个敌档都是说大书评话的，曹啸君和曹织云是小书弹词，业务倒还不错。

湖州，城不太大，但当时的外部环境很乱，国民党到处强征暴敛，伤兵也经常到书场捣乱。有一次，一个伤兵往状元台上一坐，要曹织云唱《大补缸》《小上坟》，吓得曹啸君第二天只好放单档了，把曹织云藏到朱伯雄的兴业书场里。

还好不久，湖州解放了，长兴也解放了。4月27日，解放军进城，湖州解放了，群众欢欣鼓舞，曹啸君也准备上书台开书了，但是场东通知他们先不要开书，说军管会分配了一个任务：请他们去俘虏营里唱开篇。曹啸君一开始不愿意，但是想到是军管会的任务，也是蛮光荣的，决定去了再说吧。这是曹啸君第一次参加政治活动。他演唱了一首《刀会》，掌声雷动，这也是他第一次在这么多观众面前演唱。联欢结束，场东就通知开书，由于新的货币还没流通，所以收到的用来买书票的是各种各样的东西，鸡蛋、米、蚕豆，什么都有，和场东拆签，很有意思。过了几天，上海的道众陆耀良、姚荫梅来到湖州。那时候上海还没解放，他们回不去，苏州和湖州是同一天解放的，他们决定一起回苏州看看。

5月27日上海解放，几家舞厅被改为书场，曹啸君与几个同行约定，年档到上海看看，届时，他和潘伯英、曹汉昌、杨震新、徐云志等人合作，做东方、得意楼、西园、红星、沧州五副书场。

新中国成立后，评弹演员成了革命文艺工作者、人类灵魂工程师，所以思想必须进步，要好好学习。潘伯英本来就是评话响档，文化水平高，他讲的革命道理深入浅出，曹啸君和其他评弹演员们越听越爱听。上海军管会派刘厚生来组织评弹演员学习，就在上海大新公司楼上举办了上海市文艺界第一届艺人学习班，大家认真学习、积极讨论，有着强烈的翻身感。曹啸君边学习、边演出，在上海做了一年多。上海慢慢地从解放初期的混乱中稳定下来，市场秩序也恢复正常，老百姓由衷地热爱共产党。

抗美援朝战争爆发后，曹啸君和艺人们积极配合政府宣传反抗侵略，宣传人民的力量，演出书戏《三雄惩美记》，由刘天韵、张鉴庭、姚荫梅三人演三轮车工人，曹啸君演群众，角色不分大小，义演都是为了抗美援朝，艺人们的心情是激动的，精神是振奋的。

1951年，曹啸君回到苏州，苏州文联正在一期期地举办评弹艺人讲习班。曹啸君尽管在上海已经参加过学习，但是在苏州，他还是认认真真地参加了讲习班的学习。在学习中，艺人们提出了“斩资本主义尾巴”“斩封建主义尾巴”的口号，简称“斩尾巴”，就是不说宣传封建迷信的旧书，不放低级庸俗的噱头，这个口号很快被大多数艺人接受。陈云同志曾经指出：对抗日战争前后的这一段评弹的历史也要研究，不研究这段历史就不能了解评弹发展的全过程。在这段时间内，评弹艺术趋于商业化，庸俗、黄色的噱头泛滥，可能因此才有了新中国成立后的“斩尾巴”，事物的存在总是有原因的，“斩尾巴”是对前一时期不良倾向的否定，有积极意义。

“斩尾巴”和组建评弹团是差不多时间发动起来的，参加评弹团的人，首先得“斩尾巴”，团的章程上不一定有这样具体的规定，但每一个参加评弹团的同志都有这样的决心。经过一段时间的酝酿，1952年1月15日，苏州市评弹实验工作团就此诞生了，首批成员有曹汉昌、曹啸君、杨震新、丁冠渔、庞学卿、赵慧卿、徐雪兰、高雪芳、谢汉庭、唐雪霞、曹织云十一个人七档书。

入团后，曹啸君他们的工资被改为固定工资。入团之前的收入是高的，要比入团之后的收入高出三倍，但当时大家的想法是：参加革命了，赚多赚少都应该归集体所有。艺人要创新，要整旧，要学新书。之后，各人的工资又有调整。1956年3月6日，苏州市评弹实验工作团改为国营人民评弹团，工资又有调整，曹啸君的工资是二百七十元，到了1957、1958年，因为听客减少了，演出收入也减少了，艺人们就采取上缴工资的办法，自动降薪，曹啸君的工资改为二百元。当时团里几次工资的变化，都很容易解决。现在看来，不管提倡与否，人的精神境界是高的；建团也是，不管是实验团还是国营团，都没有向国家要一分钱。苏州新评弹实验工作团刚刚成立的时候，没有团址，没有办公桌，曹啸君他们就向静园书场，也就是苏州书场的前身，借了一只抽屉，放置团章以及团里的东西，这就是“一只抽屉闹革命”，到了1953年，才在干将坊找到了房子，设立了团部。

苏州市评弹团成立后，创作了第一个是中篇《罗汉钱》，后来又有了《刘巧儿》《刘莲英》《营业员孙芳芝》《中国的马特洛索夫》《在悬崖上》，还有历史题材改编的《拉郎配》《乔老爷上轿》《秦香莲》，等等。曹啸君和曹织云一档，在中篇《罗汉钱》的基础上将其发展为长篇。大家依靠集体的力量创作了好几部新的历史题材的长篇弹词书目，这些书目后来

曹啸君和高雪芳同台演出

被称为“二类书”。曹啸君和曹织云的《秦香莲》是1953年开始编写的；1955年，他们又编演了一部《梅花梦》。除了“二类书”，曹啸君他们还在苏州市文化局的领导下成立了整旧小组，曹啸君负责《白蛇传》的整旧工作，主要是去芜存菁，对不必要的情节和烦琐的说表大刀阔斧地删减，使得《白蛇传》这部长篇弹词成了保留书目。在以后的表演过程中，曹啸君对该书又做了较大的修改，通过长期的演出实践逐步完善，使之最后成为他演出书目中的代表作。

新中国成立之后，评弹艺人们感到了翻天覆地的变化，艺术的发展工作得到了各级政府的重视，艺人的社会地位也得到了大大的提高。1958年8月，文化部在北京举办了全国第一届曲艺会演，苏州市评弹团参演的节目是由潘伯英创作的短篇弹词《六对半变一条心》，演员有侯莉君、杨乃珍、徐碧英、刘雪华。会演结束后，文化部组织部分演员成立了中央曲艺巡回演出团，杨乃珍被留了下来。文化部还通知曹啸君立即去北京，参加这次中央曲艺巡演团。曹啸君接到通知后，马上赶赴北京，来到天安门广场，心情非常激动。评弹艺人，虽然常年“跑码头”，但是这样的全国巡演还是第一次，这也是曹啸君第一次来到离家这么远的地方。演出团汇集了全国各地各曲艺种类的优秀演员计四十人，能与这些艺术家们一起演出，曹啸君感到机会难得。

演出团先从北京出发到沈阳，然后从渤海湾辽东半岛出发，沿黄海、东海、南海一路南下，经河北、天津、山东、江苏、上海、浙江、福建、广东，再到湖北，经过十一个省，行程万里。在整个演出期间，曹啸君如饥似渴地向其他演员学习，吸收其他曲艺种类的艺术营养来丰富自己的唱腔。

1958年的国庆节，巡演团成员是在福建漳州度过的，他们参加了漳州市的国庆大游行。10月3日，演出团到达福州，接受了新的任务，原来的中央巡演团改为福建前线慰问团，组织上做了一些调整，年纪较大的比如王少堂等同志提前回去，留下的同志被分为两个演出队，曹啸君和杨乃珍被分在首都文艺界福建前线慰问演出第五团。慰问团开到了前线，和战士们生活在一起。有时候还有子弹从头顶上飞过，战斗气氛比较紧张，有时候晚上去演出，路上没有光线，汽车又不能开车灯，一路颠簸，但是演员们始终精神饱满。

曹啸君和杨乃珍总是跟着山东快书演员高元钧，高元钧曾去过朝鲜战场进行过慰问演出，对战士比较熟悉。有一次，他们三个人到一个班，为全班十三个战士演出。战士们认真地听完曹啸君、杨乃珍的表演，报以热烈的掌声。

慰问团转辗于福州、厦门一带，完成任务后，又去了广州、南昌、九江、庐山，最后来到武汉。武汉市党政领导宴请了慰问团全体成员，朝夕相处三个多月的团员们就要分别了，江苏、上海的同志坐船离开武汉。曹啸君他们回到苏州时，已经快到春节了。

曹啸君和杨乃珍合作演出

曹啸君还曾经和杨乃珍、徐琴芳、侯莉君一起，在舟山群岛解放七周年的时候，由江苏省省长惠浴宇带队，与京剧演员宋长荣等一起来到舟山群岛慰问演出。他们克服晕船等困难，在各个岛上演了七天。曹啸君和杨乃珍演的是《秦香莲》，徐琴芳、侯莉君演的是《落金扇》。

曹啸君对1961年的一次演出记忆犹新。当时，他和杨乃珍还有徐云志，去无锡太湖饭店为叶剑英演出，然后又到上海。那时候上海与南京之间，除了火车，还有飞机。曹啸君从南京到上海是坐的飞机，回南京也是坐的飞机。曹啸君将这三次慰问演出任务归纳为两句话：现代化交通工具，陆海空行程万里。

在曹啸君的演出生涯中，经常会接到特殊的演出任务，给他留下难忘的回忆。1959年春节过后一个月，曹汉昌通知他去上海，上海市文化局通知他与高雪芳、杨乃珍三人一档，说一回《白蛇传》中的《红楼说亲》。这是一项重要的政治任务，同去的还有庄再春、蒋玉芳、朱容等，由苏州市文化局张科长带队。下了火车，上海市文化局、上海评弹团的领导前来迎接，曹啸君感到这不是一般的演出。曹啸君第一个踏上书台，发现观众席里有一位白发老人，非常眼熟，正是国家主席刘少奇，旁边还有一些国家领导人。他们说完一回书之后，掌声热烈，后台通知说少奇同志提出加演一个《宫怨》开篇。演出结束后，敬爱的周恩来总理等中央首长上台来和演员合影留念。演员们吃过夜宵，回到宿舍准备休息，带队的同志又来通知，说又有演出任务，原来是周恩来总理、贺龙副总理等中央首长还要听评弹。中央首长们和蔼可亲，演员们近距离演出，一点都没有拘束的感觉。周总理听书听得很认真，每当演员们弹起乐器唱的时候，周总理就跟着节拍，用脚尖轻轻地打着拍子，慈祥的脸上露着笑意。演出结束后，周总理以及其他中央首长和演员们一个个亲切握手，气氛和谐。周总理还拿出橘子，打开录音机，请大家一起欣赏京剧女老生孟小冬的演唱，周总理把评弹演员们待若上宾，大家心里热乎乎的。曹啸君回到宿舍，心情久久不能平静，想自己这么一个普通的评弹演员，艺术上也没有什么大的成就，能上这样的大场面演出，见到这么多的国家领导人，实在是太幸福了！这次演出过后的二十年，曹啸君学习到了周恩来总理《在文艺工作座谈会和故事片创作会议上的讲话》，里面提道："评弹也有教育作用，艺术很有特点，一个人表演很多角色，做多方面的表演。"曹啸君心情非常激动："总理日理万机，还记得自己曾经为他表演的节目，难道是周总理个人对文娱的爱好吗？不，这是代表了党和政府在培育和浇灌百花园里的每一朵花朵，即使是像评弹这样的艺术小花。"周总理的关怀鼓舞着评弹艺人们更好地为人民服务、为社会主义服务，为党的文艺事业做贡献。

老书里经常说："福无双至，祸不单行。"在旧社会，确实是这样；新社会里，这句话已经过时了。1959年，对于曹啸君来说，是福上加福、喜上添喜，这一年是他有生以来最幸福的一年了。3月，在上海为党的八届七中全会演出，见到了党和国家领导人；7月，苏州市决定让曹啸君参加江苏省第一届出国旅行代表团，去苏联、阿尔巴尼亚、匈牙利、保加利亚、罗马尼亚、蒙古人民共和国（蒙古国前身）六个国家。曹啸君兴奋得从梦中笑醒，整理行装时，他特地带上先生曹筱英传给他的三弦。过去这是吃饭家生，现在是革命武器，它跟着曹啸君走了大半个中国，现在又要走向世界了，要把江南人民喜闻乐见的民间艺术带到国外去。

旅行团一共二十四人，苏州市六人，还有名医肖伯宣，劳模吴大宝，工商界代表胡敏、程延龄，电厂张厂长，由南京饭店经理陈良、国际旅行社经理黄少武为代表团正、副团长，秘书是无锡市交际处负责人朱汉卿同志。

曹啸君随代表团先后走了七天七夜，第一站到达莫斯科，瞻仰了列宁和斯大林的遗容，参观了莫斯科大学、苏联经济成就展览会。第二站到达列宁格勒（圣彼得堡前称），参观了革命圣地冬宫、涅瓦河要塞、阿芙乐尔巡洋舰和斯莫尔尼学院。

在苏联为期十八天的参观结束后，曹啸君和代表团坐飞机来到阿尔巴尼亚，参观了首都地拉那、历史文化名城斯库台和最大的港口都拉斯，然后来到匈牙利的首都布达佩斯参观了一个儿童康乐园。随后，他们又来到了保加利亚，参观农业合作社。在罗马尼亚，他们游览了首都布加勒斯特，参观了罗马尼亚经济成就展览会、罗马尼亚石油工业中心、港口和造船厂，然后又回到莫斯科，经伊尔库茨克去蒙古人民共和国。由于天气原因，飞机不能起飞，在伊尔库茨克耽误了，却意外遇见了以习仲勋副总理为首的中国政府代表团，江苏省代表团还请中国大使馆的厨师在大使馆做了一桌菜，请中国政府代表团吃了一顿饭。能够在异国他乡品尝到祖国的美味，真是非常幸福。在蒙古人民共和国首都乌兰巴托期间，代表团参观了拉摩庙、蒙古包。

这一次出国经历开拓了曹啸君的眼界，丰富了他的经历，增长了他的见识。带出去的三弦，他用其弹过一次《三六》。他深深地感到自己要更加努力地为人民服务，以更多、更好的节目来回报人民、回报政府、回报党的关怀。

组建省团金陵来

曹啸君参加的江苏省出国旅行代表团结束行程回到南京，他晚饭后闲逛，来到新街口，路过红楼书场，就是在现在的金陵饭店（新街口）区域范围内，看见门口水牌上写着“苏州评弹”。苏州评弹在南京演出不多，南京不属于吴语区，也没有一个像样的书场，南京人没有听评弹的习惯。曹啸君觉得奇怪，走近一看，只见广告上写着：郁树春、曹织云《苦菜花》，汪梅韵、高雪芳《秦香莲》，魏含英《珍珠塔》。他想苏州评弹团和常熟评弹团的演员怎么来南京说书了？带着疑问，他走进书场欲看个究竟。前面两档书已经结束，他就坐等魏含英下书台。魏含英看到曹啸君来了，说：“你来得正好，省文化厅的领导同志要找你，具体情况也说不清楚。”第二天，曹啸君来到省文化厅，处长要求曹啸君马上到江苏饭店报到。曹啸君说明情况，说自己不是来报到的，而且把刚刚结束国外旅行尚未来得及回家的情况做了汇报。处长答应给他一天假期，让曹啸君回苏州一次，然后马上去江苏饭店报到。曹啸君回苏州休息了一天，就立刻来到南京，去江苏饭店报到。在江苏饭店，已经有不少省里的其他曲艺演员在了，苏州的、扬州的、徐州的、淮阴的，都是在艺术上颇有造诣的同志，据说，这是要成立江苏省曲艺团了。

看到省委、省政府这样重视曲艺工作，作为曲艺艺人来说，大家心里很高兴，但是涉及要留在南京，却都有具体困难。有的同志年纪大了，希望安定一些；有的同志家庭困难，希望最好能回原地；有的市被抽调的人太多了，要求回去一些。曹啸君等大部分同志都是抱着"留则安心、去则愉快"的心情，服从安排。经过组织研究，最后留下了扬州评话王少堂的《水浒》、王丽堂的《水浒》、康重华的《三国》、夏小台的《岳传》；扬州弦词（即后来的扬州弹词）张慧侬、张丽雪的《双金锭》《珍珠塔》《双珠凤》《倭袍》；徐州琴书代表人物徐教明、丁兰英；淮阴工鼓锣代表人物张同举；苏州评话金声伯的《包公》；苏州弹词尤惠秋、朱雪吟的《珍珠塔》《王十朋》，徐琴芳、侯莉君的《落金扇》，汪梅韵、高雪芳的《秦香莲》《白毛女》，郁树春、曹织云的《梅花梦》《苦菜花》，曹啸君、杨乃珍的《白蛇传》《秦香莲》《玉蜻蜓》；创作人员郁小庭。共计二十一人，十三档书，被留在省里，其余的同志回到原单位。后来徐州琴书徐教明、丁兰英，还有淮阴工鼓锣张同举，又先后回到了原单位。留下来的同志从招待所搬到了锡剧团里，不久又搬到人民剧场、大华电影院、南京会堂、四条港，半年多的时间，搬了这么多次。好在大家是白手起家的，没有什么公家的东西，演员自己的东西也不多，除了琵琶、三弦、醒木、扇子、演出服及生活用品外，没有别的东西，所以搬家很方便。

1960年5月10日，江苏省成立了三个艺术剧院：省京剧院、省地方戏剧院（包括省锡、省扬、省淮、省苏昆）、省歌舞话剧院（包括省话、省歌、省曲艺）。由此，江苏省曲艺团诞生了。

成立大会上，省委书记陈光同志到会讲话，省文化局局长周邨提出建院的目的在于提高艺术质量，提出现代戏、传统戏、新编历史剧三并举的方针，对省曲艺团提出了整旧与创新的要求。以整理旧书为主，这恐怕是根据当时团里艺术力量的具体情况而提出来的，省曲艺团人员不多，演员在群众中都有影响力。评弹方面，有尤惠秋创始的尤调、侯莉君创始的侯调，还有苏州评话金声伯，都是上座率高、开支小、拉得出、打得响的，所以大家称曲艺团是"发财团"。但是建团以后，因较长时间的营业性演出比以前少，俗话说"拳不离手，曲不离口"，长期不外出演出，演员们怕业务荒废了，要求去码头上演出，有的演员要求回原地。

作为一个演员，要求演出，曹啸君认为是对的。虽然他担任了副团长一职，但他还是一个演员，所以他既从团领导的角度，又从演员实际情况出发，去做演员的思想工作。这就比较实事求是，一方面在南京多安排一些演出，一方面争取到外地演出。再说当时，南京新街口已经新建了百花书场，是苏州评弹的专业书场，场子是完全按照苏州评弹书场的要求建造的。经过几方面的工作，演员们的情绪才慢慢地稳定下来。

曹啸君（右）和郁小庭（左）合影

学校要放寒假了，省戏校评弹班的学员经过一两年的课堂学习，要跟先生听书了，领导决定把评弹班的学生一起转到团里。所以，团里不仅增加了一批青年学员，还增加了五位教苏州评弹的教师。

建团前后，遇到了三年困难时期，带来了经济问题。到了1960年下半年，困难就更加明显了。当时，大家只有一个信念：困难是暂时的。

团里的演员全部吃食堂，食堂每顿供应“飞机包菜”酱油汤，不少演员得了浮肿病。曹啸君倒是无所谓，年轻时经历过几场大病，病后也没有好好调养，就这么过来了，倒是没有得浮肿病，就是营养不良。组织上对演员们非常关心，省文化厅明文规定不要出去演出，让大家好好休息，注意身体健康。文化厅在白下区办了一个临时疗养所，曹啸君也被送了过去。一边治疗一边疗养，每人每天发一个营养饼，主要成分就是米糠，有点甜味，不太好下咽，但是对浮肿病有效果，这也体现了党组织对他们的关心。

又过了一段时间，领导千方百计给演员们增加副食品，猪肉、白糖、苹果等，这是党对文艺工作者的特殊照顾，对曹啸君这样的高级知识分子，还发一种菜券，凭券到指定菜馆可以吃到高级菜肴。曹啸君拿到菜券后，炒了一盆虾仁回家，一家人边吃边谈，百感交集。妻子想到1948年在上海，排队买米都买不到，要不是场东帮忙，连饭都吃不上，今天国家遇到这么大困难，家里一样不缺，还有特殊待遇，是国家在照顾他们啊！所以虽然在困难期间，大家的工作热情还是很高的。领导号召货币回笼，演员们积极响应。曲艺团说干就干，货币回笼的效果是最好的。评弹演员深入工厂、农村、居委会，创作了反映技术革新的中篇评弹《八龙上天》；深入医院，改编并演出了中篇评弹《红色医生》，《红色医生》描写了汉族医生扎根少数民族地区，为治疗大面积烧伤的病人献皮肤的动人事迹；还新编了历史题材的评弹《卧薪尝胆》。演员们深入部队、高校去演出，到

江苏省政协曲艺界代表合影

十月公社去劳动，并为那里的农民演出，不仅唱开篇，还唱京剧、地方戏、歌曲，受到了农民的热烈欢迎。大家明白，苏州评弹要在南京扎下根，除了靠领导重视，还要自己努力，扎根要扎到群众中去，才能够为苏州评弹扩大阵地，也算是为评弹事业做出了贡献。

然而，一场史无前例的运动，在全国、在省曲艺团轰轰烈烈地开展起来了。曹啸君作为一个从旧社会过来的老演员，大部分时间在说传统书，又是一个团的业务领导，“当权派”“反动学术权威”的帽子扣了下来。

风雨过后是彩虹！十一届三中全会以后，知识分子政策得到了落实，曹啸君被恢复了省曲艺团副团长的职务；1980年的文代会，他又当选省曲艺家协会副主席、省文联委员；1981年，中国民主促进会恢复活动，承认他为民进老同志，当选为民进省曲艺团支委、省政协常务委员。

1982年5月8日，曹啸君光荣地加入了中国共产党，成为一名无产阶级先锋战士。劫后逢春，曹啸君表示，要在有生之年，用毕生的精力，为共产主义事业做贡献。

说噱弹唱皆是才

1961年5月，江苏省委决定举办江苏省评弹流派会演，全省评弹名家济济一堂，有苏州评话、苏州弹词，有传统书、二类书、现代书。参加演出的有评弹历史上传统流派的继承者，有通过自己悉心研究开创一种新流派的创造者，有说噱弹唱演诸方面都有所创新、自成体系的，有在说噱弹唱演某一个方面有突出创新的。

这次会演，省委领导十分重视，由省文化厅厅长周邨、副厅长郑山尊等同志主持，省委宣传部副部长陶白到会做了报告，《新华日报》《雨花》等报纸杂志用大篇幅文章进行报道。省委彭冲、陈光等领导同志都到会并观看了演出。

这次会演，进一步贯彻了党的“百花齐放、推陈出新”的方针，继承和发扬评弹艺术的流派特色，在全省影响很大。会演以后，老先生们各自着手记录、整理自己的节目，蔚然成风。正在筹建中的江苏电影制片厂还把各艺术流派拍成了纪录影片。

会演之后，在省委领导的支持下，有关部门在新街口中山东路新盖的四层楼上新辟了一个书场，陶白同志将其命名为“未名书场”。这样，苏州评弹在南京的演出阵地就有了新街口的未名书场、百花书场，山西路的和平书场，下关的工人俱乐部，秦淮区的夫子庙，还有中山路广州路口的文化馆。苏州评弹在非吴语区的南京打开了局面，正是兴旺时期。

流派会演在江苏省是第一次，为了保证会演成功，省曲艺团的同志们全力以赴接待好来南京的演员。曹啸君是负责演出业务的，在组织大家演出、讨论的同时，他自己也在思考以什么节目来进行汇报演出。

会演就是大检阅，和一般的演出不一样，曹啸君觉得自己是省团的演员，拿出来参演的节目更要有质量。在省团内部，除了戏校的两位老先生，就数自己年纪最大，艺龄也不算短了，总要演出个水平来。听客们都说曹啸君说噱弹唱演样样都可以，但是选哪段具有代表性呢？

曹啸君说书，对小人物做过研究，动过脑筋，对小人物的见解可以说是入木三分。他认为，主角当然要塑造好，但是配角也很重要。可是在长篇里，每一个小人物都是在一回一回的书里连贯起来形成的形象，孤零零选一回书，效果未必好。而且一个小人物也代表不了全部，不一定能反映出风格来。《白蛇传》书中阿喜有阿喜的特点，《玉蜻蜓》书里沈方有沈方的性格，老佛婆有老佛婆神态，关亡婆有关亡婆的腔调，还有《白蛇传》里的王永昌、孙天吉、陆其峰，《秦香莲》里的张三阳，众多小人物，选哪一个呢？妻子也给曹啸君出谋划策，《骂庵邻》《沈方哭更》《长江遇盗》《游西湖》《做亲》《梅花梦》《韩琪杀庙》《查栈房》都是曹啸君的拿手好戏，也很噱，但是曹啸君想说《包公》里的《铡美》一段。首先，从思想性来说，比起传统书，他对这段戏更有把握。其次，从说表方面讲，情节比较集中，矛盾比较尖锐，能反映出评弹说表细腻的特点；这段戏人物性格鲜明，紧紧扣住“铡”与“不铡”；包公的思想也是复杂的，四句挂口，效果非常好，“陈州放粮救灾荒，为国为民奔波忙，执法无私秉公断，专与民间雪冤枉”。曹啸君不知道练习了多少遍，说它像念不是念，说它像唱不是唱，节奏性强，抑扬顿挫分得清，面风、手势、眼神，配合到位，那叫一个“精气神”！让听客能感到一种肃穆、庄重、威严、大义凛然的气势。下面一档篇子，曹啸君觉得如果用陈调弹唱，虽然庄严浑厚，但缺乏刚劲，有苍凉的感觉，就动了动，以书调为基础，融合质朴豪放的马调以及清越高昂、吐字如珠的夏调，特别是在“子民何处雪冤枉”的“雪”字这个仄声韵上重重一顿，然后把“冤枉”两个字用渐强音吐出，用大书的一股劲，唤出张龙、赵虎，起张龙、赵虎脚色，到斩掉陈世美，一气呵成，一定能够博得满堂彩，当年朱琴香先生的严格要求，喊嗓子、运气、练习丹田功，在这里都派上了用场。

曹啸君和妻子项凤英商量停当，就决定说《包公·铡美》，但是妻子提醒说：“你说‘包公’这个角色，你有一次和顾宏伯比赛，当时大家觉得大书不见得喊叫不过小书，哪里知道，顾宏伯的声音没有你亮。”曹啸君说自己学的是京剧的裘盛戎，是黑头的技巧，叫“共鸣”。他就带着这一回书，去“班门弄斧”了。果然，在这次全省会演，曹啸君弹唱的《包公·铡美》获得了极好的演出效果，这就是曹啸君“小书大说”的一个突出的例子。

曹啸君的“小书大说”，并不是他首创的，前辈老艺人也有这样的说法。他之所以“小书大说”，也是有这方面的天赋，跟哥哥曹汉昌学过评话《岳传》，并长期和杨震新越做，把一些评话的说表技巧尝试着用到小书里。比如《玉蜻蜓·长江遇盗》这回书，是一回软档书，吕东和这个角色，被奸臣所害，落草为寇，作为强盗头子，可以粗犷一些。曹啸君给他的开相是青面孔、阿胡子，性格有些憨，类似《岳传》中的牛皋。

吕东和出场亮相，双手捋着胡须，一不注意，捋过头了，“泼泼泼”，一缙卷曲的胡子全部缩了起来，这是大书的说法，一个身材魁梧、生性豪放又带点憨厚的吕东和形象出现在强盗山上。下面表吕东和当年银两被偷，沈钧卿代他还了账，所以吕东和想找这个读书人报恩，但是得不到消息，就跳脚骂昏君。吕东和关照小喽啰下山，只要看到读书人经过，就统统带上来给他看看。一阵锣声，小强盗跳到沈钧卿的船上，两个童儿吓跑了，沈钧卿却坐在船舱里一动不动，小强盗吓了一跳！贼骨头怕冷门人，贼骨头进来，里面人不喊"捉贼"，反倒阴笃笃地问一声："你要啥？阿要拿给你？"小强盗怕沈钧卿有功夫，但看看也不像，就把沈钧卿绳捆索绑，丢到小船上，往山头而去。小强盗带沈钧卿上山，沈钧卿见吕东和，一躬到底，口称："大王在上，猴子见大王叩头！"这个书呆子自称"猴子"，吕东和差点笑出来。沈钧卿长江遇盗，后来和吕东和结拜为弟兄，有情节，有趣味。如果单是接接榫头，或一表而过，未免可惜。于是，曹啸君就采用了"小书大说"的手法，再加上一股劲，带出一段情，把一回软档书改造为一档关子书，效果很好。

有人说"大书全靠劲，小书全靠情"。曹啸君认为这不是绝对的，该静的地方要静，有劲可使的地方用一点技巧，使一点劲，这样既有劲，又有情，书就热闹了。

曹啸君在长篇《秦香莲》里，在《韩琪杀庙》这样的书段里，采用"小书大说"的方式，出韩琪角色，用大书的手面，以扇代刀，左手按住刀鞘，右手握住刀柄，唰的一声，寒光一闪，钢刀高高举起，杀气腾腾。秦香莲母子三人苦苦哀求，诉说冤情。韩琪经过激烈的思想斗争，不但没有杀害秦香莲母子，日后还在开封府当堂做证。曹啸君运用大书的角色、面风、眼神、手面的配合，气氛浓烈。尤其在起包公时，运用大书的说表，效果奇好。多少年来，曹啸君演《秦香莲》，只要包公一出场，业务就上升，书票顿时紧张。一次在上海演出，几面场子，听客跟着演员的场次乘电车赶场子；在无锡一个书场演出，走廊里都排着凳子；在常熟梅李演出，书场里外都挤满了人，里面挤坏了老虎灶，外面有人跌在尿桶里。这些情况，大多出现在《秦香莲》中包公出场以后的情节里。听客的强烈反应，让曹啸君体会到了"小书大说"的做法是深受听客欢迎的，也是他扬长避短闯出来的一条路子。

曹啸君认为，苏州评弹的主要手段，包括说、噱、弹、唱、演。说，居首位，所以他非常注重说，小书大说就是一个成功的尝试。曹啸君认为，要成为一个好的艺人，除了师承，名师出高徒，是个重要的要素，还需要具备三个方面的条件：一是要有好的天赋；二是要有过硬的基本功；三是要不断学习，掌握技巧。

天赋，包括嗓音。嗓音好，不但说话悦耳动听，而且起脚色、分行当、起爆头，还要口齿清楚。评弹作为一门口语艺术，最低限度要让人听得清楚，表达能力要好。天赋是客观的东西，但可以通过后天主观的努力和勤学苦练来改变，这就涉及第二个条件：基本功。基本功，除了吊嗓子，练运气，练习喷口、咬字、绕口令等，还要加强思想、政治、文化方面的修养。从前书场里没有扩音设备，演员在书台上发出的声音，要让场子里的每一位听客都听清楚，如果五排后面的听客听不清楚，谁还会来花冤枉钱呢？对于评弹演员来说，重要的还在于自己对说表内容的理解，只有理解了，才能在掌握了一定的技巧后，表达出来，感动听客。要感动听客，自己先要被感动，没有一定的思想、政治、文化水平，是达不到这种效果的。要说好一部书，涉及的知识面很广，有一位老先生说："蒙听客赞美，谓说书足以辅助社教。"一位评论工作者说："一个评弹艺人，总需有点书卷气，不能流于庸俗，而以庸俗气感染听众是不符合社会主义精神文明价值观的。"时代在进步，评弹演员岂能止步不前？

技巧是说表的基础。语言是评弹塑造形象、表达主题的基本工具。评弹的语言是在人民群众口头语言的基础上，经过加工提炼，使之更准确、生动、形象，富于艺术感染力的。曹啸君十五岁跟朱琴香学说书，先生的说表在一般水平之上，但弹唱并不讲究。曹啸君跟先生学了一年多，掌握了七十几首开篇，书却一回都没有掌握。因为先生说的，他很多都不理解，只能死记硬背，所以就回不出来。后来体会到老书里的很多典故、成语，只有理解了，才能记住、用得上；不理解的话，就一滑而过，或者听懂了，原话却用不上。比如，描写一个人疑神疑鬼，自己吓自己，就用“杯弓蛇影”；一个人死板，没有变通的余地，就用“刻舟求剑”。不是说评弹演员都要出口成章、之乎者也，但至少表演传统书中的角色时不能用现代人的语言，如果读错字、读别字，岂非成了假斯文了？同样的，一些“下三路”角色，就需要有符合他们身份、适合他们生活习惯的语言，有了这样的语言，人物才能生动起来。比如《白蛇传》里，一元堂药店老板陆其峰是个刁钻狡猾的商人，与许仙的几句对话，人物形象就出来了。许仙奉了阿叔王永昌之命到一元堂药店收账，陆其峰想挖许仙这个“发财伙计”。他知道王永昌给许仙每年四十两薪水，就对许仙说：“我出你五十两。”许仙是个老实人，说要回去商量，陆其峰以为许仙嫌少：“那么‘六六顺’两头翘，怎么样？”许仙说：“要商量商量。”“巧郎头七十？”“眉毛数八十？”“弯郎头九十？”“还要商量？不要零零散散了，齐头数挺足一百怎么样？”这是生意人打的码子，就是说的数目，从四十两加到一百两，还有手势配合，手指头一扬，几句官白，陆其峰的形象就出来了。流传在群众中的一些乡谚土语以及一些缩脚韵、头油韵、顺口溜、俏皮话、双关语等等，运用得当，人物形象也会增色不少。

说表中声调语气的正确掌握也是很重要的技巧。语言技巧，特别是大段的表白，如果不能掌握好声调、节奏的轻重快慢、高低徐疾，不能抑扬顿挫，听起来难免乏味，不能吸引听客。

曹啸君认为，说表还需要配合眼神、面风、手势，这样才能传神。以前老先生说的五诀——“理、味、趣、细、技”，就是说表的技巧。弹词有弹、有唱，但是理、味、趣、细、技，同样也是弹词的表演技巧。虽然题材不同，弹词说表中一般不太用八大技，但曹啸君的体会是小书里可以用八技，实际演出中，何止八技。现代书已经在运用不少新八技（还有许多需要创造）才能出效果，总比一表而过生动形象，比如“小书大说”，曹啸君的艺术实践已经得到了证明。

曹啸君认为，评弹的说表还要打破旧框框，敢于大胆革新，才能适应时代的要求和听客的需要。他跟先生在码头上说书是二十世纪三十年代，那时的听客和现在的听客不一样，老先生的说表和今天的说表也不一样。总的来说，老先生的说表技艺炉火纯青，引经据典，娓娓而谈，节奏比较慢，听客颇有耐心，吸口烟，喝口茶，悠然自得，台上台下，非常合拍。到了四十年代，曹啸君他们四个初出茅庐的年轻演员到上海，上海的听客和码头上的不一样，用码头上的老腔调进上海肯定不行。在码头上的名艺人，被称为“码头老虎”，他们在码头上很红，进上海就不行了，有的根本就进不了上海。相反，在上海很红的响档，到码头上，不一定做得过“码头老虎”，或者一开始风头很劲，时间稍长，就被漂在“码头老虎”手中。这就是没有根据不同的对象灵活运用，没有常说常新，所以当时四个年轻人在进上海之前，就做了充分的准备。不仅服饰整齐让人感到耳目一新，更重要的是在书上下功夫。两档小书，不仅要在弹唱上下功夫，还要在语言上、说表技巧上下功夫。角色的语言、说表，烦琐的要删掉，不必要的情节要删掉。比如《玉蜻蜓》，金大娘娘夺埠头一节，就被删掉很多。朱元璋攻打张士诚，兵马驻扎在苏州乡下金家村，粮草供应不上，金员外开仓借粮，为朱元璋打胜仗提供了保障，助力朱元璋平了十八路藩王，一统天下。论功行赏时，想到了金员外，就召他进京，要啥给啥。金员外要一样“水氽不脱，火烧不脱”的宝贝，明太祖和六部大员商量，只有把苏州六城船埠赐给他，但是没有凭证，吏、户、礼、兵、刑、工六部各出证明文件一册，盖上玉玺大印。金员外得此六本金记御簿，打了九只楠木盒子，用杏黄缎子套上，上面绣着“二龙戏珠”，还有“圣旨”两字，奉为至宝，世世代代吃用不完，详尽描绘，着意刻画，引经据典，可以说一个小时三刻钟。而到了曹啸君这里，他几句话就交代了。他不认为自己是“败家子”，也不怕人说他“书空”，他是根据听客的要求来说的，来删减的。当时是胆子大的，后来看来是对的。《陈云同志关于评弹的谈话和通信》中就明确了：“不必要的枝节和繁琐的说表，应大刀阔斧地删去。”

新中国成立以后，时代不同了，听客对象也不同了，评弹说表中的陈词应该去掉。二类书、现代书、短篇、中篇等新内容、新形式，倘若再用那些陈腐的语句，老腔老调，就不能适应了。

二十世纪八十年代，陈云同志提出“评弹要就青年”，“就青年，不停顿于迁就，要逐步提高他们”。曹啸君认为，这就对评弹说表提出了更高的要求。除了题材、情节外，就说表而言，要有新的语言、新的技巧。如何在精神文明建设中发挥评弹的作用，关键还在提高说表技巧。

曹啸君会放噱头，在评弹界也是有名气的。但是他认为，评弹艺人都是有噱头的，评弹艺术的特点，就包括了说、噱、弹、唱、演几个方面。没有听说哪个说书的只会说、弹、唱、演，应该承认，差别是存在的。以书来说，有的书笑料多，有的书笑料少，不同的内容产生的喜剧效果不一样。比如《三笑》和《珍珠塔》相比，《三笑》的笑料就多；从演员来说，同样一部书，有人说来妙趣横生，有人注重文雅书卷气，历史上谢王两派的《三笑》，谢派就是以噱取胜。现实生活中也有这样的情况，有的道众能在师传的笑料基础上不断充实提高，增加新的噱头，有的道众则可能将师传的噱头丢掉，当然不包括去芜存菁的删减，有的噱头甚至失传了。

噱头的继承也有一个规律，往往是砌在书里的“肉里噱”容易传下来，一些比较活泼的穿插，点缀在书里的俏皮话、笑话等逗人发笑的“外插花”部分，丢掉的就会多一点。就曹啸君而言，他的风格属于噱头多的。他的先生朱琴香就善于放噱头，有的长脚噱头要二三十分钟，以至于书说到哪里都忘记了，问了听客才接上去。曹啸君在师传的基础上总结经验，归纳为三句话：思想上逐步认识噱头的作用，生活中经常注意噱头的收集，演出中不断提高噱头的质量。恰当地运用噱头，使说表更细腻、人物更形象、情节更轻松，使软档书变成闹猛书。

老先生常说“噱乃书中之宝”，这是经验之谈。曹啸君在艺术实践中，也尝试过“一笑遮百丑”的甜头，但是在过去，他把噱头看作加在书外面的东西。后来，他慢慢琢磨并逐步认识到，噱比说表、弹词要次一点，但是它们之间，绝不是简单的第一、第二之分，说、噱、弹、唱、演几个部分是相辅相成的，这是由评弹的艺术特色决定的。评弹发展到代言体后，演员除了叙述，还要跳进去以角色的身份说话，前者称为“表白”，后者称为“官白”。评弹的演唱形式是一个演员（双档则两人）饰演书中的全部大小角色，因此除了书中规定的行当分生、旦、净、丑外，在同一个行当里，有两个以上的角色时，就要用嗓音高低、性格特征甚至生理缺陷来加以区分，如果还不够，特别是群众场面，就要借用方言，内行谓之“乡谈”来说，所有这些都是“温噱”。《三笑》中“大踱”“二刁”、祝枝山等角色，大多数由于性格特征、生理缺陷产生笑料。就以“乡谈”来说，往往含有很多噱头，特别是因为语言不通而引起误会时，常常会令人捧腹。尽管如此，评弹运用方言等，绝不是单纯的卖弄噱头，更主要的是分清角色、布置群众场面的需要。

评弹发展到代言体以后，从中脱胎而来的表白、咕白、衬白等统统称为“私白”，它包括分析、评论、解释、衬托、形容、描写等内容。夹叙夹议所有的“私白”，使演员对社会正常生活的对立面、消极面，如胆怯、贪婪、吝啬、惰性、虚伪、吹牛等，以及由此反映出来的矛盾心理、尴尬状态、错误认识、愚蠢举动等，可以随时穿插，加以揭露，而且做更大的夸张、更强烈的对比、更深刻的描摹，甚至直接挑穿，加以讽刺，有时能把五花八门、形形色色的脸谱——那些可笑、可怜、可耻、可恨的社会形象一下子撕开，现场的反应是哄堂大笑，留下来的则是无穷的回味。所谓“辞托开心悦耳，意在警顽醒昧”，演员通过笑来帮听众分辨是非、判断美丑；通过噱体现评弹这个“评”字的作用，寓教于乐。此外，噱还有助于深化主题、刻画人物性格，并非可有可无的外加的东西。

曹啸君在生活中非常注意对噱头的收集，艺术来源于生活，噱头也来源于生活，一个评弹演员，要像创作人员一样，到生活中去收集素材，进行整理加工，将其充实到书里。就以语言来说，有时候演员感到干巴巴、不丰富，实际上，吴语本身词语非常丰富、生动。拿颜色来说，一般就是红颜色、白颜色，但拿苏州话来说，红就有喧喧红，绿就有碧碧绿，黄就有蜡蜡黄，白就有雪雪白，黑就有墨墨黑，等等。还有谐音，故意读别字，各地方言也可以做噱头素材。《白蛇传》里《游西湖》一段是群众场面，就要讲方言，既然游西湖，就要讲杭州方言，西湖藕粉出名，就要出藕粉摊，外地人走到藕粉摊前要一碗，杭州人叫“食一碗”，外地人听不懂，以为“十一碗”，于是问能不能少一点，由此产生误会笑料。苏州、无锡相近，但是方言不一样，苏州人叫“转弯”，无锡人叫“弯转”，苏州人“伲”指“我们”，无锡人“伲”指“你们”，苏州人说“看看”，无锡人说“瞟瞟”，等等。这些“小卖”在生活中很多，就看评弹演员有没有深入下去，发现提炼，为己所用。

曹啸君有个习惯，在码头上，他喜欢用当地方言和当地人攀谈。一方面检验自己方言说得对不对，一方面通过实践让自己在台上说得流利点。和当地人说方言交流，还可以拉近关系，引出当地方言中的精粹。有一次曹啸君在剃头店里剃头，一个剃头师傅在和顾客讲话，剃头师傅说：“近来不错嘛，生意蛮好。”“有啥介，老鼠尾巴熬汤——油水不大。”“生活总过得去吧？”“唉，茅坑上吃瓜子——出的多，进的少。”“管俚哉，守守再说吧。”“是啊，也只好近视眼过独木桥——只顾眼前了。”这些话，在闲散的角色嘴里说说，蛮生动的。只要在生活中做有心人，词语量就会越来越丰富，书台上的噱头“小卖”可以信手拈来。

角色身上产生的噱头叫“肉里噱”，也是从生活中来的。《玉蜻蜓》里有个角色叫关亡婆，曹啸君的关亡婆一出场，可以说是噱翻，因为他熟悉关亡婆的一举一动，也熟悉每一个被愚弄的信徒。那种可怜可笑的虔诚神态被曹啸君演绎得惟妙惟肖。如果没有生活，只是胡闹，有水平的听客就会不屑一顾，感到厌烦，说好了，台下笑翻。客观上，这也揭穿了巫婆神汉的封建迷信的骗人把戏，社会效果好，起到了教育作用。只要在生活中注意收集，长期下来，演员会有意想不到的收获，有时还能急中生智，即兴创作，提高艺术水平。

1966年，江苏省曲艺团在上海仙乐书场演出中篇《球拍扬威》，郁树春突然因病不能上台了，任务就落到了曹啸君身上。曹啸君吃书不快，尤其是现代书，加上时间紧，思想负担重，所以在台上就忘了台词，只能"一只球去、一只球来"，听客以为曹啸君又在放噱头了。曹啸君暗喜，正好，一只钩子想起来，接上榫才脱险。乒乓球，曹啸君是熟悉的，什么球来什么球去，有这方面的术语，要不然，哪里找得到这些垫词，应付这样的窘境呢？因为有生活积累，所以不仅挽救了僵局，还收到了很好的艺术效果，这就是熟能生巧。

曹啸君认为，噱头的质量必须在演出中不断提高。随着认识水平的提高，一些思想性、艺术性不高的噱头，就慢慢地将它淘汰。他回顾自己的演艺生涯，新中国成立前，他从来没有因为噱头来损害别人，包括道众和下手，也不损害自己的人格。有些"外插花"噱头，仅仅是博听客一笑，但没有什么价值，因为现场有效果，就一直当作宝贝，不舍得丢掉。由于噱头用得多了，一位听客当面恭维曹啸君是"滑稽人"，这个称呼刺激了曹啸君。自己是评弹演员，怎么变成滑稽人了呢？于是他在噱头的运用上开始注意有所选择。说到"提高"两个字，那是在新中国成立后了。在党的文艺方针指导下，他的思想水平有所提高，在提高演出质量的同时，不断提高噱头的质量。

曹啸君觉得，对噱头没有把握的话，就直接放弃。在改编演出二类书的时候，噱头尽量少用，但是听书毕竟不是听政治报告，太干巴巴了，吸引不了听客。曹啸君就动脑筋，区别对待，该淘汰的淘汰，该保留的保留，该修改的修改。比如在说书说到清明扫墓时，即兴来段沪剧邵滨荪或者王盘声的唱腔，说书先生唱沪剧，学得还蛮像，台下掌声响起来："再来一个！"再来一段越剧《龙凤锁》填词："骂你油头小光棍，半夜三更来敲门。我不是油头小光棍，我是十三太保龙梦锦。"台下又一阵掌声，《龙凤锁》里十三太保叫林逢春，怎么变成评弹《双金锭》里的龙梦锦了？听客笑翻了，噱头效果出来了。

有些噱头可以改造。在《白蛇传》中，沿用清中俗、俗中清的老噱头，过去是这样说的：有种人，粗看很漂亮，细看不好看，这叫"清中俗"；有种人，初看不怎么样，但越看越标致，这叫"俗中清"。我只面孔，粗看细看都好看，叫"清中清"。曹啸君把它改造一下，用在许仙的开相时：许仙长方面孔，八字眉毛，一双视目，鼻正口方，两耳福福，跟我差不多，我嘛就是许仙，许仙嘛就是我，省得转个弯哉，你们就当我许仙，开出口来就是许仙在讲话，阿是贴肉哉？

有些噱头有助于书情的发展，看起来是"外插花"，实际上是"肉里噱"。比如：秦香莲在离京城十里外告状，一帮看热闹的人，老远望过去不知道是怎么回事，不知道秦香莲是什么人，对韩琪做证更是不了解，偏偏那个自作聪明的"老百晓"，在那里煞有介事地说什么夫妻吵架，编得头头是道，蛮噱格。看起来是个"外插花"，实际上由于"万宝全书"瞎说一遍，群众信以为真，以讹传讹，使陈世美没有得到真相，有助于后面书情的发展，这就是"肉里噱"了。

还有些噱头有助于人物性格的刻画。《玉蜻蜓》里的《骂庵邻》，无头榜贴出来以后，当家师太知道三师太的事情要爆发了，吓得六神无主，手脚冰凉，与老佛婆商量，老佛婆认为只要骂就可以了。当家师太从来没有骂过人，不会骂，只见她双手合十，口念阿弥陀佛，高声骂道："各位高邻听了，伲庵堂的佛门子弟，规规矩矩格，你们说坏我伲是罪过的啊！阿弥陀佛！”老佛婆一听，这叫什么骂，说：“好哉好哉，骂倒覅骂几声，阿弥陀佛念脱哉，勿是勒浪骂山门，倒是勒浪做道场哉！”当家师太一共“骂”了六句，倒念了两句阿弥陀佛。这样的骂法当然噱，但通过这个噱，体现了当家师太这位佛门子弟的善良的性格。

曹啸君艺术生涯几十年，说噱弹唱样样精，但是他自己认为要数“唱”提高得最快。年轻时，被称为“唱不煞的曹啸君”“喊不煞的曹啸君”。曹啸君喜欢研究唱腔，他当年拜朱琴香，学的第一只开篇，就是用老俞调弹唱的《西湖十景》。学老俞调《西湖十景》时，老师要求像小学生描红一样，一笔一画地学。学好老俞调开篇，可以锻炼丹田之气，学会运气换气。在过去的评弹界，拜师学艺就跟先生学，是不能唱其他流派的。有一次曹啸君唱了几句夏荷生的夏调，被朱琴香骂了一顿，从此以后，不敢在先生面前唱别的流派了。曹啸君先后曾拜过朱琴香和曹筱英两位先生，朱琴香说功好，唱功一般；曹筱英唱功好，本身嗓子又好，不仅能唱俞调，真假嗓并用，还能唱爽利清脆的小阳调。凡是没有形成自己流派的老先生，他们唱的都是书调，他们传授给学生的也就是自己所唱的书调。曹啸君的两位老师，虽然唱的都是书调，但显然曹筱英的书调更动听，朱琴香的更老一点。曹啸君师从曹筱英以后，在唱功方面进步比较快，但是曹筱英过世得早，曹啸君只能自己摸索前进。他在唱腔方面的探索，大致分三个阶段。

第一阶段：兼收并蓄，长期积累。

曹啸君在先生在世的时候，作为学生，不能随便乱唱，先生去世后，他就像脱缰的野马，爱什么就学什么，爱唱什么就唱什么，苏滩、申曲、绍兴戏、滑稽戏，无拘无束，在农村的场子里，也能用各种曲调出噱头。曹啸君的哥哥曹汉昌和张鉴庭在昆山越做，曹啸君去“挑扁担”，既听哥哥的评话，也听张鉴庭的唱腔，模仿张鉴庭，他自我感觉很好，觉得既发挥了自己的长处，又回避了自己的不足之处。那时候还没有“张调”这个称呼，但是曹啸君学张鉴庭学得惟妙惟肖。有一次曹啸君到上海电台上唱开篇，唱只张调开篇，张鉴庭的太太在家听收音机，还以为是张鉴庭在唱。曹啸君对张鉴庭的张调是花了功夫的，因为他的喉咙跟张鉴庭的不一样。他以适合自己的嗓音条件来唱张调，后来就逐渐转变为自己的东西了。

曹啸君和蒋月泉同岁，蒋月泉十七岁跟张云庭学《玉蜻蜓》，二十四岁那年跟周玉泉学《文武香球》，所以他们俩是隔房师兄弟。蒋月泉跟周玉泉的时候，曹啸君还正在走官塘。曹啸君也很喜欢蒋调的那种流畅自然的行腔，不自觉地就运用到自己的唱段中去，但是由于天赋条件的限制，往往唱不出那么醇厚的韵味，有时顾了小腔，就顾不了咬字。从客观上讲，曹啸君和蒋月泉书路不一样。曹啸君在说表中，噱头“小卖”多一点，喜欢塑造“小人物”以及大花脸、二花脸等开幅比较大的角色，再运用一些大书的手面，所以唱起来不那么纤细，没有蒋调那么婉转。但是曹啸君的主观要求就是不论周调、蒋调、张调，只要有机会，任何流派唱腔都是可以兼收并蓄的。

第二阶段：标新立异，适应形势。

抗战前后到全国解放这段时间里，苏浙一带的绅商大多集中在上海。十里洋场市面繁荣，书场林立，电台众多，艺术上的竞争也非常激烈，争听客、争地盘、争生存，要在上海站稳脚跟，各人就要有自己的本事，尤其是在电台上播唱，听客看不见、听得到，唱就显得非常重要了。在竞争如此激烈的环境下，曹啸君也不得不考虑自己怎么生存下来，势必努力闯出自己的路子。后来“斩尾巴”，演唱“三类书”“二类书”，一个显著的特点就是说表粗糙些，唱的比重增加了，出现了不少新的唱腔，曹啸君在《梅花梦》《秦香莲》等“二类书”中也创造了一些新的唱腔。

苏州评弹团每次进上海，都带新的中篇、短篇，如《刘莲英》《在悬崖上》《拉郎配》等，一个中篇集中三四档人上去，谁都想把自己的一档、两档篇子唱好，每档演员为此都要付出心血。曹啸君是个好强的人，当然也不例外。比如《在悬崖上》，潘伯英为曹啸君的角色写了一档一百多句唱词的篇子，经过一番功夫的唱腔设计，曹啸君把这一百多句唱词的篇子唱得有徐有疾，一气呵成，常常得到满堂彩。当时，上海唱片公司来联系灌唱片，因为容纳不下这么多唱词，要修改缩短。但是作者潘伯英认为，与其削足适履，还不如不改。因此，这段长段唱篇最后就没有灌唱片，实在遗憾，不然被保存到现在，人们说不定就会称它这是“曹调”了呢！

弹唱是弹词有别于评话的一个重要标志，为了创造“小书大说”的风格，塑造好包公的形象，包公的唱腔必须有气势，曹啸君就用了《点绛唇》曲牌来进行演唱，并充分发挥自己嗓音洪亮的特色，使之气势磅礴，一鸣惊人。这一唱腔的运用，现场效果很好，但是真正运用“小书大说”的方法要说好《秦香莲》中的包公这个人物，光烘托气氛是不够的，就唱腔而言，还得在形象上下功夫，这样，就进入了第三阶段。

第三阶段：结合书情，唱好书调。

评弹的唱腔，其特点是一曲百唱，老先生这样传下来，前辈响档、当代名家，他们创造的流派唱腔，凡是能够体现这一点的，就能得到流传。但是老先生百唱的书调，音乐性不太强，听听都差不多，大同小异；当代唱功好的艺人，同唱书调，在大同的前提下，小异就更加丰富了。

曹啸君唱的唱腔，由于先生早逝，“奶水”不足，师传的成分比别人少，吸收外来的比重大一些，所以听上去有些像“张调”，有些像“蒋调”，或者“张夹蒋”。谁都没有说曹啸君的唱腔像曹筱英，因为曹筱英自己没有形成自己的唱腔特色，听客也不知道曹筱英原来是怎么唱的。但是曹啸君自己懂得先生传授的是基础，吸收张调，但比张调柔和一些，吸收蒋调，但比蒋调质朴一些，某些地方，也许还粗犷一些。同时，曹啸君吸收苏滩及其他曲调，做过融合处理，听来就没有太明显的痕迹，这既标新立异，又符合了自己的嗓音条件。随着时代的进步，后来他又逐渐懂得了唱腔是要为内容服务的道理。曹啸君的唱腔在曹筱英传授的书调的基础上，有了很大的发展。

1980年，江苏省评弹团赴香港演出，香港朋友问曹啸君："老曹，侬为啥勿唱自家格调头？"曹啸君说："我没有自家格调头。"香港雅韵集评弹票友会长张宗儒说："侬这么大年纪了，还这么谦虚，侬瞒得过别人，瞒勿过我们老听客。"说罢，他随手拿出一盒磁带，放进录音机播放。曹啸君一听，是开篇《林黛玉》，就问是哪里来的，张宗儒说是从上海电台复制过来的。这真是功夫不负有心人，天涯万里有知音。

以开篇《林黛玉》为例，曹啸君的标新立异主要是三个方面：第一，为了让听客听得更加清楚，除了咬字准、吐字清，还要注意字正腔圆，腔随字转，字领腔行。要明确谁为谁服务的问题，特别是一些关键性的字或者词，一句唱词的主语，更加要注意，防止被腔淹没，被腔带别了。"俏佳人生长在扬州"，介绍林黛玉的籍贯，"俏佳人"三个字不用腔，"生长在"三个字起调高一些，幅度可大一些，"在"字上面落下来，"扬州"两个字低一些，也平一些，使"扬州"两个字完整而又清楚一些。第二句"她是不爱欢娱只爱愁"介绍林黛玉多愁善感的性格，落句三字，用传统的书调吟诵，目的使"只爱愁"三个字既朴实又保证"愁"字咬得准、吐字清。再比如"怪无端来了那蘅芜主，赛杨妃体态最风流"一句，"怪无端来了那"六个字为"蘅芜主"三个字铺垫，为主角亮相做准备。本来宝黛天生一对，无端冒出来个薛宝钗，风波由此而起，矛盾展开，所以"蘅芜主"三个字要用重音交代清楚。然后"赛杨妃"三个字，"杨"字上用了上滑音，"妃"字上唱足，突出主语，但是"体态"两个字，从词义上讲，也很重要，因为薛宝钗有"赛杨妃"的体态，所以连老祖宗都认为薛宝钗和贾宝玉很配。但是"体态"两个字是仄声，不容易唱出重音来，所以曹啸君吸收了张调的旋律加以强调，这样既把词意表达清楚了，也不因运腔而淹没了字句。

第二，注意平仄、垫字、字义和唱腔。好的唱词，不仅结构严谨，而且平仄调和，四三、二五分清，要把它唱出来。不注意平仄，容易唱破句，也就不能保证字正腔圆。比如“做出那举止大方身俭朴，语言吞吐性温柔”以下十二句，作为一个段落，从词义上讲，前两句讲薛宝钗矫揉造作，后面六句连问六个“为什么？”“为什么是鸳鸯坐在床前绣？因甚的麝串笼时却害羞？为什么冷香丸小婢风骚语？因甚的牙牌令将人破绽搜？为什么近来行动多偏执？因甚的姨母跟前礼数周？”这六个为什么也就是薛宝钗矫揉造作的表现，再下面两句“小莺儿巧结梅花络，要笼络得郎心把别个儿丢”是找出了根源，唱词的结构非常严谨，唱腔组织得好，就有发挥的余地。根据这一理解，把“做出那举止大方身俭朴”作为一段的首句处理，“做出那”三个垫字，下面是四三句子，“举止”两字是动词，“大方”是形容词，照例重音应该放在动词上，但“举止大方”不能读破，因此曹啸君在“举止”两字上用张调咬字吐字的方法咬死，把重音体现出来，在“大方”两字上，运用张调虚声浮音的技法，然后一字一字地徐徐吐出后面“身俭朴”三个字，听起来带一点贬义，使这句唱腔，照顾到了垫字、平仄、词义，成为一句完整的句子，防止后面七个字因行腔而为正面歌颂，造成前后不呼应而不能把“做出那”三字的意思表达出来。六个“为什么”，从词义上讲，步步进逼，下面一句“小莺儿巧结梅花络”，前面速度放慢，后面一个“络”字上，利用仄声音短促的特点，用了半拍，急于吸一口气，紧接“要笼络得郎心把别个儿丢”，前后两句，一气呵成，犹如憋在心里的话，一口气倾吐出来。同时，运腔的扩大加长，缩小减短、停顿、吸气等节奏上的交错、顿挫、滑音、装饰音的辅助，使这句具有高度概括的结论性的唱腔，带有一定的讽刺、挖苦的味道，以揭示薛宝钗矫揉造作的目的并予以有力的抨击。

第三，注意在唱腔中出形象。还是以《林黛玉》为例，“我为你，泪暗流，我为你是别时牵挂见时羞，指望终身咏好逑。纵有那香闺姐妹联吟社，哪怕海棠吞吟到菊花秋，怎解我胸中无限愁！”以上一组六句，是以林黛玉的第一人称而写的，唱词本身，不仅有人物，而且有性格，为唱腔的形象化奠定了基础。“我为你，泪暗流……”体现了林黛玉对贾宝玉的真心实意，注意第一句把“暗”字表达出来。“我为你是别时牵挂见时羞”，既体现了林黛玉坦率的胸怀，又反映了少女羞涩的心情，所以前半句可以舒展一点，后半句利用唱词规定的两个上呼中的第二个上呼的特点，在“羞”字上煞住，欲言又止，体现少女的羞涩。“指望终身咏好逑”，“指望”两个字用低音，“好”字低而拖腔，“好逑”两个字后面，连续停顿两次，反映出林黛玉多愁善感的心情，听众感到的是鼻子酸溜溜的。最后的“焚稿临终”一段，即“把新诗旧帕都焚去，断送如花命不留；女儿身幻梦醒红楼”。这三句的首句，曹啸君在“旧帕”的“帕”字上，从张调中汲取喷口音技巧，体现林黛玉病入膏肓，竭尽全力把这块旧帕掷向火盆中，达到静中有动的效果，也包含林黛玉悔恨交加、悲痛欲绝的心情，直至“断送如花命不留”，落调加重一点苏剧旋律，目的是加重“幻梦”两字的语气，达到感叹幻梦一场的效果。

这些都是曹啸君在马如飞所作开篇《林黛玉》唱词的基础上设计的唱腔，也是在师传书调的基础上发展起来的唱腔，在几个地方吸收了张调的演唱技巧，三个落句：“痴心还泪下凡游”“一见倾心两意投”“赛杨妃体态最风流”末的三个字，似蒋调的落句，所以就有了“张夹蒋”的说法。

陈调，在弹词流派唱腔中可塑性比较大。它既能在长篇《三笑》“笃穷”中唱得似泣似诉，悲哀凄切，催人落泪，又能在《林冲踏雪》中唱得高亢激越，在激昂的旋律中塑造出一位豪气凛然的豹子头林冲的英雄形象。这可能就是弹词流派“一曲百唱”的特点所在。曹啸君深谙此理。因此，在他弹唱的书目中，他将陈调运用自如，得心应手。

曹啸君的“注意在唱腔中出形象”的艺术主张，也就是平时所说的“音乐形象”，还体现在他的长篇弹词《秦香莲》书中，他尝试用同一陈调塑造不同的人物形象。

比如《跌雪》中的老太，即陈世美的老母亲的一段陈调唱腔，比较苍凉，起调较高，节奏中速，起伏度比较平，但随着老太情绪的起伏，唱腔的起伏度就加大了。第一句“千里迢迢把儿寻……”，前四个字比较平，腔趋下行，后半句到最后，一个“儿”字连续用两个下滑音，最后唱出“寻”字时低了七度，一个白发苍苍、脚步踉跄、贫病交加的老妪形象似乎出现在人们的眼前。

再比如《拦轿呼冤》中王延龄的一段陈调演唱，有苍劲厚重的味道，体现出三朝元老的身份，但是因为秦香莲状告当朝驸马停妻再娶、杀妻灭子之罪，使得老丞相感到事情严重，有些棘手，因而反映出他思虑重重、仔细推敲的心理活动。曹啸君认为这档唱篇不能像原来的陈调那样舒缓，就提高音调，加快节奏，加大起伏度，第一句“闻言语顿然呆……”的后面，只一个休止符，紧接下一句“原来状告陈世美……”，再后面，拖腔一般只用两拍，而且过门一般都用短过门，有的甚至没有过门，这些主要是刻画人物心理活动的需要。

还有《审美》中包公的一段陈调，气氛庄严肃穆，节奏和上一档篇子差不多，但是音调高、力度强，用花脸的声腔共鸣反映黑脸包公铁面无私、大义凛然的精神。

曹啸君善于融别人的调，还有传统的曲牌、小调，但是到了某些警句，感到用一般唱腔不能表达时，他也创作新的唱腔。比如《秦香莲·跌雪》中，老太唱的一段书调的最后四句：“倘然我儿身亡故，两个孙儿要你来担承，陈家一脉全在此，你莫把亲人当外人。”这个时候，老太的悲痛难以用语言表达，要用音乐语言反映出来，所以曹啸君做了一点创新，前面三句做了铺排，重点在最后一句上，“倘然我儿”还属于假设，“身亡故”三个字出自老太之口，悲痛欲绝，曹啸君在“故”字上，下滑拖腔下行，有噎住了的感觉，交代到两个孙子时，更加心痛如割，所以在“一脉全在此”这里，声调进一步放低，然后在“你莫把”的“把”字上提高，用散板，然后下滑，到“外”字上，低八度，就要脱下去的感觉，然后在“人”字上结束。曹啸君说，他每次演唱到这里，常常不由自主地悲从中来，自然而然地进入角色，台下寂静无声，不少女听客都抹起了眼泪。

曹啸君认为，他创作了这个新腔，本来就不是自己的私有财产，谁愿意用，谁都可以用。然而他也会思考：在"跌雪"这个特定环境里，在老太这个特定人物嘴里，其效果是好的，出形象、出感情，但是用到别的场合，不一定效果好。因此，曹啸君当时并不希望别人经常用这个唱腔，或无针对性地什么场合都用。作为一位善于思考的艺术家，曹啸君做了进一步的思考：一句新腔，若只能用在悲不可遏的情况下，只能作为悲调处理，符合不符合评弹一曲百唱的特色？一曲百唱，应该可以适应千变万化的感情。那么，能不能按照传统唱腔的处理方式，使之既能作为悲调又能用在喜剧性强的场合和人物呢？曹啸君经过自己的摸索，发现是可行的，他在喜剧性比较强的中篇《拉郎配》里试用，现场效果突出，不再是"悲从中来"，而是"喜形于色"，哄堂大笑了。还有其他演员也吸收了这个唱腔，用得比较多的是苏州评弹团的葛文倩。

这是曹啸君通过对弹词唱腔所做的探索和尝试，为推动评弹唱腔的发展作出的贡献。

一部《白蛇传》存书台

《白蛇传》是我国古老的民间传说。研究《白蛇传》的专家、学者认为，《白蛇传》的故事在南宋时期已经形成，当时的民间曲艺"陶真"——也许是苏州弹词的前身，就有《雷峰塔》。据1959年的统计，在全国三百六十多个戏曲剧种和四百多个曲种中，大多会有《白蛇传》这一传统保留剧（曲）目。

曹啸君的先生曹筱英的《白蛇传》，传自太先生王子和，是从王石泉这一系传下来的，王石泉就是"马、姚、赵、王"四大名家之一的"王"。曹啸君跟先生听了一年书，曹筱英的《白蛇传》从"游西湖"到"出塔"，说了七十天。先生认为曹啸君没有小嗓，不适合说《白蛇传》，就没有传脚本。后来曹啸君与钟月樵拼档，做上手，两个人书路相同，要吃饭，就想办法拼拼凑凑搞了十回书，他自己也觉得本子“空”。新中国成立以后，苏州市文联派来了干部，帮助整旧，曹啸君觉得自己有责任说好《白蛇传》，几十年来，在演出的过程中，他根据自己的先天条件，扬长避短、去芜存菁，有了一些体会。

《白蛇传》是部“破书”，靠人说书，书不够，神来凑，不像《珍珠塔》《玉蜻蜓》那样具有文学性。1952年，曹啸君在苏州市文联派到评弹团工作的干部的指导下，整理出了新的《白蛇传》，从白娘娘“峨眉千载修，化作女儿身，荒山嫌寂寞，尘世去游春”拜访七星、七星赠五徒开始，一直到许仙夫妻、母子梦里团圆为止，情节是完整的，文学性也比旧的《白蛇传》要好，但是内容删节较多，线条比较粗，尤其是关于神的部分删掉得多，神话色彩淡了。1952年，正值全国大规模“三反”“五反”运动，《白蛇传》里有好几个药店老板，不同程度被贴上了“不法资本家”的标签，加上新书、老书总是“碰线”，所以有些老先生不习惯也不愿意说新的《白蛇传》，曹啸君和曹织云坚定地遵守团里的规定，说整理过后的新的《白蛇传》。

曹啸君说《白蛇传》有几个过程。第一阶段，与钟月樵拼档，唱词、说表、角色，有回忆师传的，其中有遗漏，也有“簧书”簧出来的。第二阶段，参加整旧小组，说新的《白蛇传》。第三阶段，以新的《白蛇传》为基础，适当充实一些旧的《白蛇传》的精华部分。第四阶段，以旧的《白蛇传》为基础，参照新的《白蛇传》，删得好的就删去，增得好的就增加进去。删的部分，如《游西湖》。老书里的《游西湖》，描绘出了西湖的繁荣，属于布景，虽然布景在评弹里不可缺少，但是多了以后，难免喧宾夺主，所以曹啸君突出了两个苏州游客，布一点景，带一点噱头。还有就是藕粉摊，“食一碗”和“十一碗”的噱头。《迷顾》一段就删掉了。八月中秋，苏州有个风俗，较大的行号都要献宝供神，许仙不熟悉苏州风俗，不善于竞争。八月十四日，街上热闹非凡，许仙买了两件假古玩，上了当，受到同业耻笑，白娘娘知道后，要小青到昆山顾家公子家借宝。小青到昆山，老书里有一段《迷顾》，小青有毒，害了顾家公子，不健康，曹啸君就把这段删除了。

增加的部分也不少，其中新的《白蛇传》中也是有创作的。关于《七星赠五徒》一折，曹啸君认为是需要的，这五个老弟兄贯穿全书，放进去有利于情节连贯，前后呼应。《红楼说亲》是在潘伯英的帮助下加工整理出来的一个段子，老书里是没有的。从许仙到清波门外找红楼一角到作伐为媒，增加了神话色彩，情节合理，情趣盎然，成了完整的一回"肉段"书。1959年，曹啸君和高雪芳、杨乃珍三个搭档在上海给周总理说过。1980年他到香港，和杨乃珍说了这回书，受到香港听客的欢迎和好评。《姐弟分别》也是新增的。老书里对许仙发配到苏州一句话就表过，而在新的《白蛇传》书里却做了《姐弟分别》一回书。大娘埋怨丈夫、夫妻相骂、陈文彪解释说服大娘这一过程，逻辑性强，符合"理"的要求，唱篇多，唱词好，不仅描写了许仙、陈文彪、大娘三个人物的性格特征，从对待许仙蒙冤的不同态度，体现了姐弟相依为命的手足之情。通过陈文彪的说理，解除夫妻间的误会，过程也合情合理。不仅如此，曹啸君还认为这一回书，对整理《白蛇传》来说，也是一个重要的环节。因为将白素贞、小青这两个人物，是作为神话人物来处理的，所以可以表演得浪漫主义多一些，而许仙和姐姐、姐夫一边，因为他们是人间真实的人，不能没有个说法。说书不比别的艺术形式，俗话说："交代不到，'洋伴'（听客）直跳。"必须处理得合情合理，这才符合"理"的要求。整回书从演出现场效果来看，确实是一回精彩的"肉段"书。

新的《白蛇传》的文学性比旧的《白蛇传》要强，凡是好的唱篇赋赞，曹啸君都保留了下来。比如《盗仙草》一段，白娘娘定睛一看，见前面白茫茫一片，波涛汹涌，骇浪奔腾，回首一看，见身旁有一块石碑，上面写道：奔腾流水涧，浩荡弱水深，鹅毛氽不起，芦花水底沉。白娘娘一想，知道这便是弱水河，所以自己才会被旋风卷下。曾闻人说，若过此河，非千丈之光不可，否则就要被卷入河中，有生命之忧，巍峨昆仑就在弱水河边。但只见：（仙山赋）黑抑抑高山一座，险凛凛峭壁高峰，黄沙乱石山前路，登山已觉险重重，三千弱水甚开阔，河边阵阵起罡风，仰望灵山攀不上，崎岖绕道雾蒙蒙，欲上山去路难通。

在新的《白蛇传》中，对人物的塑造也是曹啸君的一大贡献。阿喜这个人物在旧的《白蛇传》中被描写为令人讨厌的对象，所以在整旧时，他觉得是个难题。这个人物形象创作不好，就有丑化劳动人民的嫌疑，所以有关阿喜的情节被删掉了很多，其实这是因噎废食的做法。曹啸君在新的《白蛇传》里，按照书情的要求重新设计。老先生起阿喜脚色时，都是从鼻子里发音，曹啸君不用这个办法，说话跟一般人一样，老先生说阿喜小时候吃药吃多了，笨头笨脑的。曹啸君觉得阿喜比较天真，用贼皮塌脸来对付老板，阿喜对待许仙、白娘娘是有正义感的，这个人物在曹啸君的书里是褒的，因为有正义感，所以这个小人物就站得住了。

《白蛇传》里做生意的老板不少，最突出的就是三个药店老板：王永林、王永昌、陆其峰。新的《白蛇传》受“三反”“五反”运动的影响，在老板身上，有不同程度上的不法资本家的痕迹，要改，曹啸君进行了重新塑造。王永林，书里描写不多。许仙在杭州大利堂药店做伙计，从西湖发配到苏州，王永林写了一封信，要许仙交给其弟王永昌，说明自己与许仙父亲是结拜兄弟，希望王永昌给予照顾。他的任务就这些，交代清楚就结束了。

王永昌，这个人物比较重要，在书里占的篇幅也较多，因此对他的描述要有一定的层次。一出场四句挂口，外方里圆，胸中自有道理，调度得法，勿做蚀本生意。给他开个相，下面自报家门，进一步具体化，这是这个人的基调。许仙要自己开药店，白娘娘请王永昌来喝酒，提出要求，这一段书对王永昌的性格有较多的描写。王永昌怕许仙开店影响自己的生意，就转弯抹角地说开店的难处，不仅欲阻止许仙开店，更想拿白娘娘的资金来扩大自己的买卖。白娘娘没有同意，王永昌就进一步恐吓，批给许仙霉烂的药材，以此破坏保和堂的名声，若不是白娘娘散寒砂、卖腹痛药，保和堂就开不下去了。通过这些事例，勾勒出了王永昌唯利是图的形象。

陆其峰，在书里的笔墨不多，虚伪狡诈，很有个性。许仙奉王永昌之命到一元堂药店找老板陆其峰要账。陆其峰一心要挖许仙这个发财伙计，说了很多好话，许仙不答应，陆其峰见许仙不动心，怕许仙告诉王永昌，就施了一条离间计。许仙听完陆其峰的话，好像光滑的绳子上打了个结。这样一来，许仙便不会告诉王永昌，而且为许仙离开王永昌欲自己开店之事种下了根。在塑造三个药店老板的过程中，曹啸君觉得旧的《白蛇传》之所以被称为“破书”，人物形象塑造得粗糙是一个重要的因素。新的《白蛇传》就注意到了这一点，使每个人物都有个性，这样才具有典型的意义。

曹啸君在说新的《白蛇传》的过程中，还注意运用“小书大说”的方法来弥补自己嗓音条件的不足。曹筱英先生认为曹啸君嗓子没有阴面，说不好《白蛇传》的书，但是曹啸君自己不这么认为，他虽然没有阴面，但是嗓音很高，而且宽，比较洪亮。根据这一特点，曹啸君摸出了一条“小书大说”的路子。《白蛇传》里有法海、茅山道士等角色，作为白娘娘的对立面出现，把这些对立面的形象塑造好了，就能衬托白娘娘的形象。曹啸君起法海，用了京剧里大花脸行当，因为自身有嗓音本钱，这样的法海一出场，听客无不为白娘娘担心。这种表演手法在《水漫金山》《合钵》中得到了充分的体现，演出效果非常好。茅山道士，曹啸君用的是二花脸行当。比如《斗法》这回书比较难说，在新的《白蛇传》里把这回书删掉了，曹啸君觉得可惜。白娘娘为什么要去茅山斗法？因为茅山道士给了许仙三道符，要许仙回家捉妖，还骗了许仙二两人参。白娘娘虽受了些痛苦，但她没有现原形变回蛇妖，所以白娘娘要许仙去讨还人参，许仙不肯前往，因此白娘娘就亲自前去。道士非但不肯归还人参，而且还摆了两道法宝，要白娘娘现原形，这样，白娘娘与道士就斗起法来了。怎样才能使听客紧张起来呢？面风、手势、眼神要配合起来，靠演员的“精气神”来抓住听众。

道士从桌上把灵牌拿起来，走到台口，下面看的人乱了，一阵啰唣，叫道士不要甩。灵牌是用硬树木做的，甩上去掉下来敲在人头上要死人的。道士捧着灵牌，念了咒语。灵牌上到一百四十丈高，停在高空。道士又念咒语，灵牌变成小山头大。道士一吓，不要掉下来连自己一起砸死！闲人吓得分开两旁。白娘娘觉得心闷气短，头上如千斤，想屏住一口气，屏不住，觉得自己头上的白光短得很快，不知道是什么东西。白娘娘后悔：“我当道士没啥大本领，哪知他要我命了。”白娘娘面色慢慢变白……斗到这里，台下一些听客，特别是女听客，怀着对白娘娘的同情心理，心里焦急，怕白娘娘斗不过道士，现出原形。此时此刻，台下往往寂静无声，台上说的人神态逼真。那时，曹啸君一人在书台上忘我地在两个角色间跳进跳出。表的时候，一气呵成，不允许丝毫分心，抓住听客。演员绘声绘色，台下的听客听得全神贯注，目不转睛，这就是“精气神”的威力了。再往下，说到白娘娘吐出胆底里的舍利珠，“啪”一声，像闪电一样，吐三吐，亮三亮，把上面的灵牌威势全打掉了。再下面的书，就是茅山道士出洋相的书了，噱了，台下听众的心情也就放松了。所以演员的“精气神”，总的来讲，上得书台，都应该调动的，但也不是平均使用的，有些地方要与听众拉近距离，如谈家常一般，显得亲切，而在某些地方就要集中使用，如《斗法》这段书就是一例。曹啸君认为“精气神”和“小书大说”在评弹艺术上，都是属于“技”，是比较难掌握的。有人认为这是他的一种风格，但是作为曹啸君本人来讲，从来没有自成一格的想法，只是扬长避短，是为弥补自己的不足而寻找的一条出路而已。日积月累，在长期的实践中逐渐形成了自己的风格。

为了吸引听众，曹啸君在《白蛇传》里设计了不少噱头，“捉白娘娘”“拷打官太太”“卖肚皮痛药”等等，本来就很噱，穿插一些“小卖”是比较容易的。在讽刺反面人物的时候，穿插一些噱头，效果很好，用噱头把“软档书”“弄堂书”改造为“肉段书”，比如《白蛇做亲》一段。《白蛇做亲》是一回软档书，一般先生做到这里往往就要掉座，曹啸君想，生活中的老法结婚非常好玩，吸引那么多的人去看热闹，怎么在书里就不好听了呢？后来，他就想到把生活里好玩的东西集中起来，再提炼一下，然后放进书里去，这样就肯定好听。于是，曹啸君把握住《白蛇传》的神话色彩、喜剧风格、动画形象和跳跃的节奏，把传统的结婚仪式搬上书台，风趣的噱头处处穿插，五个老弟兄帮忙，节奏轻松活泼，台上演员忙得要命，台下听众哄堂大笑。台下笑翻随他去，台上搭档杨乃珍笑场，接不上书了，曹啸君一声咋呼："小赤佬，台下笑么你笑什么！"一下子镇住了杨乃珍，台下笑得更欢了，以后每次说到这里，杨乃珍总是咬紧嘴唇不让自己笑出来。其实，曹啸君说得认真严肃，全力以赴。也许正因为演员看上去手忙脚乱，实际上说、噱、弹、唱的角色效果都各就各位，快而不乱，因此使人感到"口俏"。正是演员的严肃认真、全力以赴，给听客带来了诙谐有趣之感。真所谓"我本无心放噱头，谁知噱头逼人来"。听客担心曹啸君要乱套了，希望出个洋相，索性大笑一场，谁知偏偏没乱套，听客们不得不佩服他的演技。把一回软档书改造成为一回闹猛书，反成了曹啸君的一回保留书。

总的来说，曹啸君按照说书五要诀"理、味、趣、细、技"的要求对《白蛇传》做了一些加工，去芜存菁，增加了几段"肉段书"，在原有的基础上使书更加有骨架，在人物塑造上做了努力，博得了听众的好评，香港报纸也说曹啸君"表演的小人物栩栩如生"。

1982年年底，曹啸君在苏州向老听众做告别演出，演了《白蛇传》，承师叔俞筱云之情，天天亲临书场听书，俞筱云说"很好白相"。

一部去芜存菁、凝聚了曹啸君心血的《白蛇传》，永存书台。

悉心传艺下一代

曹啸君在新中国成立前收过三名艺徒。朱延龄、顾幼君，这两人"文革”前后都转业了，再一个就是侄女曹织云。曹织云从小跟曹啸君学艺，新中国成立前就一起拼档演出了，新中国成立后又一起参加苏州市人民评弹团。自从参加集体以后，艺术活动都由团里统一安排了。在评弹团，曹织云和曹啸君一起参加《白蛇传》的整旧，一起创作中篇、短篇，一起编写二类书《梅花梦》等。后来，曹织云和郁树春拼档演出新长篇《苦菜花》。

曹织云口齿清楚，说表老练，能够放单档，她重视对小人物的塑造，比如在《白蛇传》《玉蜻蜓》两部长篇书目中，她不仅能够塑造好白素贞和志贞等角色，而且也能刻画好像阿喜、沈方这类小人物，且表演得活灵活现，生动有趣。“文革”中，曹织云被下放到农村，后来当上了太仓评弹团副团长。她的女儿曹莉茵继承了她的专业，还有张碧华、潘祖强、陆月娥三个学生，也向她学说长篇弹词《梅花梦》。

曹啸君在苏州市人民评弹团十年左右的时间里，没有接收过新的学员。当时，苏州市有评弹艺人几百人，社会上的非艺人多得不得了，文化主管部门不得不长时期关门，直到1956年苏昆剧团招生时，才吸收了一名评弹演员，就是杨乃珍，由俞筱云、俞筱霞培养，学说《玉蜻蜓》《白蛇传》长篇书目，一年以后，和曹啸君拼档。

按照辈分来讲，曹啸君是杨乃珍的隔房师兄，但杨乃珍比曹织云年轻，客气地称曹啸君为“阿叔”，还常常在人前说曹啸君是她的“第二老师”，曹啸君是上手，负责排书，给她抄篇子，艺术上毫无保留。

蒋月泉的学生秦建国、蒋文夫妻档，说《玉蜻蜓》《白蛇传》，是上海团的后起之秀，去香港演出后红得不得了，他们想听曹啸君的《白蛇传》。1982年5月，曹啸君在上海大华书场演出，秦建国、蒋文天天到书场听书。曹啸君在常熟演出，秦建国有任务去了北京，蒋文就一个人来听书，还把十四回《白蛇传》录了音，带回上海。当时，张鸿声跟曹啸君说，是不是“过个堂”吧？张鸿声是上海评弹团的著名评话演员，是站在上海团的立场上说的客气话。曹啸君觉得自己不是当年的老先生了，不怕年轻人夺自己的饭碗，所以他无所谓“过堂”。虽然自己在《白蛇传》上花了很多心血，但艺术不能看作自己的私有财产，既然年轻人要学那就学吧。

朱良欣、周剑英夫妻档是浙江评弹团的主要演员，早在二十世纪六十年代，在朱良欣十六七岁时，他的先生蔡筱舫就来和曹啸君打招呼，想学《梅花梦》，只是后来传统书、二类书都停演了。

粉碎“四人帮”后，曹啸君把丢了十五年的《秦香莲》挖出来，也只剩七个小时的书了，在常熟人民剧场演出，生意好得不得了。上海团的唐耿良、朱雪琴、张鉴国等到常熟听书，吴宗锡也去了，当时大家的积极性都很高。曹啸君在常熟春来书场演出，也乐于接待。隔了一个月，在城外的人民剧场复档演出时，浙江评弹团也在常熟城里做《秦香莲》，朱良欣夫妇请曹啸君吃饭，浙江评弹团的李书记也到场了，朱良欣正式改口称曹啸君“先生”。后来，曹啸君在杭州的新艺书场日夜场演出《梅花梦》，朱良欣来听书，还录了音。1981年11月，曹啸君在上海演出，他的学生——江苏省曲艺团的两档青年演员徐祖林、董梅和徐宾、刘天真，他们没有进过上海，而朱良欣夫妇进过上海，曹啸君趁自己在上海演出，解决了他们的住宿问题，三档学生一起到上海学习。

在上海，朱良欣的学生沈文军请先生、师母吃饭，把曹啸君老两口也请了去，让他们坐了上座，称“太先生”“太师母”。曹啸君想想当年四个年轻人进上海，好像就在眼前，转眼竟是第三代了。

曹啸君参加集体三十多年，不论在苏州还是在南京，学员都是在戏校、评校招的，然后分配给老演员跟师为艺，进一步学书。他遵守集体规定，没有私自收过学生。在苏州时，苏州二团的葛文倩喜欢曹啸君的说表、唱腔，很想拜曹啸君为师，但是当时提倡革命化，反对“拜师仪式”，所以就没有收，后来虽然思想上的禁锢解除了，但是曹啸君也不演出了。

江苏省曲艺团成立后的第一批学员是省戏校分配来的。1960年寒假，学员转到团里，省文化厅厅长周邨、副厅长郑山尊很重视，亲自参加团

曹啸君和学生王培君、侄孙女曹莉茵合影

曹啸君和学生王培君合影

里的拜师仪式，组织上分配给曹啸君的学员是徐祖林、张文宜、黄慧娟三个人，后来又分配了徐宾、刘天真。他们在戏校学过两年基础课，跟先生主要是学习长篇，所以，曹啸君主要是教他们说表。

1982年，苏州评弹学校又分配了一档学员跟曹啸君。为了方便学员听书，曹啸君和高雪芳临时拼档，9月到无锡演出，学员王培君（本名王培良）、李梅芳（本名李梅梅）跟到无锡，听《秦香莲》；又跟到常熟，听《白蛇传》；12月，到苏州，又听《白蛇传》，曹啸君重点教《红楼说亲》，王培君和李梅芳听完书，回到评弹学校考试，这对小双档口碑好、书路正，被认为是跟师跟得好，学得正宗，1983年被正式分配到江苏省曲艺团。曹啸君一星期教一回书，包括在台上怎么坐、怎么站，上下手怎么呼应，布景怎么布，一段段、手把手地教，然后回课，通过以后再往下教，花了十四个星期，教了十四回书，又在码头上实践过后，让他们去评校汇报演出。老听客和评校老师听了王培君的书，说像曹啸君的。

省戏校和苏州评弹学校的这两批学员，前后相距二十多年，后一批刚刚过来，前一批已经是团里的业务骨干了。像徐祖林，他不仅有正常的演出指标任务，有些重要的活动，都要他参加。比如江苏省评弹团去香港演出，也要他参加，《秦香莲》里出个“包公”，气质不错，四句挂口也出来了，听客一听就知道这是曹啸君的学生。

徐宾、刘天真一档，当年跟曹啸君去嘉兴学说《梅花梦》，天天晚上听书，第二天上午来回课，曹啸君对他们要求严格，书里的小人物也被他们塑造得不错，他们也成了业务骨干。

在说表方面，突出的算张文宜。她口齿清楚，语言组织能力和表达能力都比较强，能做上手，能放单档。她说《玉娇龙》也是运用“小书大说”的手法，当时在青浦演出时，听客反映，张文宜的表演像曹啸君，有他的艺术特色。

曹啸君看到自己在古稀之年，能够把几十年艺术实践中积累起来的点滴经验和艺术特色分别传授给学生，并得到很好的反馈，感到非常欣慰：评弹的接力棒，交到年轻人手里了。

2003年底，江苏省委宣传部给曹啸君颁发了对于评弹艺术作出重要贡献的终身成就奖。

2007年4月10日，曹啸君病逝于南京，享年91岁。

曹啸君的唱腔虽然没成为曹啸君调，但在书台上，他的说噱弹唱却独树一帜，形成了曹派的艺术风格。曹啸君先生虽谢世而离开了书台，但他的艺术青春常驻，永远留在听客心中，成为评弹艺术宝库里不可或缺的珍宝。

本文根据张韵平记录曹啸君的口述本重新整理编写。

（作者：苏州广电总台原高级编辑）

完稿于 2021 年 6 月

弹词名家尤惠秋和他的“尤调”

殷德泉

尤惠秋(1930—2000)，著名苏州弹词表演艺术家、苏州弹词流派尤调唱腔创始人。浙江省嘉善县枫泾镇(现属上海市金山区)人，祖籍上海市青浦县章练塘。先师从吴筱舫，后跟随吴剑秋学艺，再从蒋月泉、沈俭安。先后所在艺术团体：苏州评弹实验工作团、中央广播说唱团、苏州市评弹团、江苏省曲艺团、无锡市曲艺团。他所创始的弹词流派“尤调”擅用装饰音，唱来平伏低回，委婉动听，明快流畅，情动于中。尤其是发挥了男声中低音区域的气声唱法，达到了低沉浑厚的美感，这种唱法在苏州弹词流派唱腔中实属少见。弹词选曲《梁祝·送兄》是尤惠秋先生的成名作。他的主要代表作有弹词选曲《王十朋·撕报单》、男女声对唱弹词开篇《宝玉夜探》及弹词开篇《诸葛亮》《六月雪》等作品。评弹界虽然喜欢弹唱尤调的演员很多，但真正成为尤调传人的只有袁小良，也就是尤惠秋先生平生收下的唯一的学生。

引子

二十世纪三十年代是评弹发展的上升时期，评弹从它的发源地苏州辐射到太湖流域和大都市上海等广泛的吴语地区。这种具有浓郁江南文化色彩的表演，以吴侬软语、弦索叮咚的说唱艺术形式盛行于江南城镇以及乡间的茶楼书场。那些手执三弦，怀抱琵琶和巧妙运用一块醒木、一把折扇的评弹表演艺人被称为说书先生。口吐莲花的说书先生仅凭其三寸不烂之舌，就道出了下至人间平民百姓间的恩恩怨怨、世俗生活，上至皇宫深苑、朝代更替的君国大事，这些动听的故事吸引着那些茶楼书场中的广大书迷听众。说书先生擅用的是吴语方言，主要讲的是江南的生活习俗，反映的是江南人文秉性，体现的是江南的文化，难怪说书艺术是那么接地气。据资料查证，在评弹的兴盛时期，在上海这样的大都市和评弹的发源地苏州各拥有大大小小一百多家书场，就是在一般的乡镇也少则几家，多则十几家，更多的有数十家书场。评弹已成为江南地区一道亮丽的文化艺术风景线。

浙江嘉善是评弹重镇，是浙江的书码头，当时有聚兴园、寺弄内、韩厅、刘厅、夏厅等二十多家书场。其中夏厅书场较有名望，是后来成为评弹界“四大名家”之一的夏荷生的父亲夏雪梅开的，因为是夏家所办故称“夏厅”。

夏家在嘉善既非望族，也称不上书香门第，然而夏雪梅的两个儿子，从小就听戤壁书长大，耳濡目染，喜欢上了评弹。夏荷生是老大，而弟弟不声不响地跟说书先生去说书了，夏荷生也想去学艺，父亲不同意。十四岁时，父亲就托人介绍他到上海商务印刷厂去当学徒。其时，夏荷生学艺的决心已下，在上海做学徒时正好有机会可常去书场听书。后来，夏荷生由于患病，停职回家，父亲曾多次劝他：“在评弹界生存，一定要有背景，不是苏州人很难红起来的，你伯父夏吟道说了这些年书也是平淡过日子，你弟弟也是如此，所以还是外出去做别的事好。”可是夏荷生决心已定，他已拜钱幼卿为师，父亲没法，也只好同意了。钱幼卿是评弹老艺人钱玉卿之子，在评弹界有些声望，人称“三笑大王”。他的《描金凤》《三笑》是看家书，在苏浙沪一带艺人圈里很有影响。钱幼卿很看好夏荷生，认为他嗓子不错，且聪明伶俐，有悟性，有意要培养他，也就悉心指导他。夏荷生跟师两年后，就去放单档闯荡了，经刻苦磨炼，实践演出终获成功。从此，夏荷生在钱幼卿的几名弟子中崭露头角，他的“出科书”《描金凤》也成了他的看家书。

夏荷生秉性聪明，又有一副好嗓子，内行人都称他的声腔为“海底翻”。他初到上海老城隍庙东方书场说书时虽然还很年轻，却深知在上海说书的重要性，事先做了充分的准备。因为上海老城隍庙一带书场林立，资深听客较多，他们很有鉴赏力，而且这里也是最能见证艺人功夫的考场。他一开书就进入书情。他擅长起脚色，站在那书台旁，左手背贴腰，右手三个指头搭在桌子角上，俏声软语，轻颦浅笑，顷刻间将一位美丽的玉翠姑娘活灵活现地呈现在观众面前。他嗓子得天独厚，真、假嗓子运用自如，唱到高亢处真有穿云裂帛之妙，细微处又如泣如诉，细如游丝，荡气回肠，声容并茂，新、老听客赞不绝口，他的表演惊倒了现场所有的听众。

夏荷生说功火爆，精气神足，边说边演，惟妙惟肖，转换灵活，入木三分。夏调的唱腔抑扬顿挫，挺拔清亮，富有表现力。当时报纸记载，一次他在邑庙得意楼书场演出，那天听众蜂拥而入，场内人山人海，夏荷生一声高腔响彻云霄，震动天地。

从此，夏荷生风靡书坛，经久不衰，一切美誉如“描王”“江南铁嗓”“三大单档”纷纷加冕，到了二十世纪三十年代末，他被上海听众评为评弹界的“四大名家”之一，夏荷生成为苏浙沪评弹界名艺人，也成了浙江嘉善人的骄傲。

自嘉善在二十世纪三十年代出了一位评弹名家夏荷生后，又诞生了一位在评弹史上被称为弹词流派“尤调”创始人的尤惠秋先生。

一

尤惠秋于1930年出生在浙江嘉善枫泾镇（1966年10月被划归上海市，现属上海市金山区）。枫泾古镇水网遍布，镇内河道纵横，石桥横跨河上，桥梁众多，素有“三步两座桥，一望十条港”之称。镇区多小圩，形似荷叶；境内林木荫翳，庐舍鳞次，清流急湍极多且遍植荷花，清雅秀美，故又称“清风泾”“枫溪”，别号“芙蓉镇”。江南乡镇处处小桥流水，茶楼酒肆遍布，其间不时传来吴侬软语，弦索叮咚，评弹声声。

1937年，抗日战争全面爆发，尤惠秋还未满十岁，为避战乱，其父母拖儿带女（两个儿子，一个女儿，尤惠秋是老二），全家迁居水乡西塘。正因为一个小小的嘉善县出了一位名气大大的说书先生夏荷生，他的名声震动了江南水乡。学说书、开书场，一时成了风尚，夏荷生的艺术营生成了嘉善人的标杆。1941年的《弹词画报》的一项统计表明，当时上海商店营业员的平均月收入只有三十多元，而在上海演出的一般水平的评弹艺人，月收入大约有八十多元，水平高一点的两三百元，或四五百元，最高的几位名家都超过了五百元，如薛筱卿七百多元，夏荷生则一千二百多元。

尤家老二尤惠秋生长在评弹的水乡码头，他经常听戤壁书。那动听的唱腔、诱人的故事在尤惠秋心中埋下了种子。尤其见了穿长衫、弹琵琶的说书先生，他更是喜欢。尤惠秋十一岁那一年，也就是1941年正月初一，尤惠秋的父亲托朋友引荐自己的儿子投拜弹词老艺人吴筱舫为师。从此，尤惠秋踏上了他自己选择的评弹艺术生涯之路，并一路不负韶华，勇于探索，勇往直前。

吴筱舫老先生是从吴陞泉前辈那里学的《玉蜻蜓》《白蛇传》，他的徒弟有其子吴剑秋、媳朱慧珍及葛佩芳、何学秋，尤惠秋是其关门弟子，待吴老先生收尤惠秋之时，他已力不从心了。浙江人学说书首先要攻吴语关，学唱全是工尺谱，从“工工四尺上”“老六板”开始练。旧时学艺不重教，全靠听与记，老师在演出时，学生听后全都要印在脑子里，要有悟性。小惠秋性格内向，胆小又不敢多问多讲，学艺进展不快，惹得老先生没有耐心来教，就让小惠秋去跟大他十余岁的师兄吴剑秋去学习。

尤惠秋转而向师兄学习书艺。师兄弟在一起学习，环境变了，心态上也轻松了，学习上也自由灵活些了，这样反而提升了尤惠秋的学习效果，促进了学艺进度。其师嫂朱慧珍私淑于蒋如庭、朱介生先生的俞调，她的琵琶得益于周云瑞的指点。他们吴家又和蒋月泉、潘闻荫、陆耀良等常有交往，朱慧珍身处这样一个艺术圈，对自身学艺是很有益的。她原来也学过苏剧，天赋极佳。那时，她无论在沪或在苏，都会去电台唱开篇，她弹唱的俞调、蒋调、薛调均很出色，被电台誉为“金嗓子”，很有影响力。尤惠秋在跟师期间有机会跟朱慧珍一起练习、合作，受益匪浅，她给尤惠秋很大的帮助，使尤惠秋在弹唱方面有了明显的提高。

尤惠秋在沪跟师兄、师嫂学习时，了解到评弹在上海是何等的繁荣。除了夏荷生外，他还听了很多新名家、大响档的书，如严雪亭、蒋月泉、杨振雄、杨振言、周云瑞、郭彬卿等。尤惠秋很喜欢周云瑞自然、流畅、婉转、软糯的唱腔，也十分佩服他说表老练、生动，脚色官正恰当，以及周云瑞温文尔雅的风格。尤惠秋将周云瑞示为自己心中的偶像，他多么渴望能有机会得到其指点与教诲。

机会来了，在尤惠秋十四岁那年，也就是1944年，尤惠秋父亲在西塘开办了一家小书场，并荣幸地请来周云瑞、郭彬卿两位先生弹唱长篇《珍珠塔》。尤惠秋正好空闲在家中，他兴奋无比，一次天赐的学习好机会来了。小镇上请来上海的年轻响档真是难得，非但有本镇的听客，就连四镇八乡的书迷也都远道赶来听书了。场内加座加得连针都插勿进，人头攒动，所以听客喝茶只能免了。即使这样，外面还是有人拥进来，真是喜煞、急煞了尤老板。喜的是这档演出的签子超番番，急的是再拥进来听客，那怎么办？此刻小惠秋和最后两排听众商量干脆把座位抽掉，大家都站着听，这样可以多进来一些听众。大家都很通情达理，居然都同意了，为尤老板解决了难题。小惠秋和大家一起站立在后面等着周云瑞、郭彬卿两位先生上台。

尤老板手摇铜铃，开场了，全场顿时安静下来。只见两位上海先生走上台来，边走边微笑，频频点头向听众示意问好。那晚书场内的电灯格外明亮，原来尤老板换上了大的电灯泡，把台上两位先生照得清清楚楚。小镇上的听众见惯了地方上的艺人，今见上海先生果然与众不同，长衫笔挺，气度非凡。只听见上手周云瑞亮亮嗓子开了口："这次借古镇上一方宝地来献丑了，听道众介绍此地的老听众都是'老耳朵'，有文化、有见识，这次我和隔房师弟郭彬卿一起说一段《珍珠塔》，从'婆媳相会'开始，欢迎大家捧场……"下面听客暗暗叫好，两位先生原来分别是"塔王"沈俭安、薛筱卿的学生，水平肯定不一般。小惠秋一眼不眨，恨不得把台上的一举一动，一唱一弹全部录在自己的脑海之中。周云瑞所起的方老太太慈祥、大度，通过其语气轻重和唱腔高低成功地塑造了一位饱经风霜、思儿悲痛的老太太。旁边则是下手郭彬卿，男性演员起小姐、丫鬟脚色，竟然入木三分，十分出奇，难得一见，惊住了现场所有听众。小惠秋从未见过艺术水平如此高超的说书先生，实在太喜欢了。

一小时后，中场休息，两位先生弹奏了一曲《三六》。周、郭两位的乐器演奏水平在评弹界闻名出众，都是高手，这一曲《三六》似大珠小珠落玉盘，急切处似闻雨声，低缓时像私语，悦耳动听，挑松气氛。这一曲《三六》在小惠秋心里埋下了根，在他以后的艺术生涯中，他和朱雪吟合奏的《三六》富有周、郭的神韵，成为"尤派"风格的代表曲。

尤惠秋

不知不觉间，演出已结

束。“明日请早！”小惠秋还沉浸在演出情景之中不能自拔。他暗暗立下誓言：我将来也要像他们一样，成为一名响档。周、郭档成了尤惠秋的示范演出，老师也很乐意指点小惠秋，使正在学习中的尤惠秋额外得到了一次进修提高的机会。尤惠秋的父亲见儿子如此渴求说书艺术，欲把小惠秋寄名给周云瑞，而周云瑞也十分喜欢这个小孩的钻劲，在郭彬卿的撮合之下，尤惠秋有幸成为当红响档周云瑞的寄儿子，这使尤惠秋在今后的艺术道路上多了一位教授级的老师。凡熟悉尤惠秋的懂行者，不难看出尤惠秋表演成分中的柔软、委婉、儒雅等特色风格，都是吸收了周云瑞的艺术养料。

二十世纪四十年代，上海电台中的评弹播音发展到一个新的高峰。特别是由著名电台主持人万仰祖主持的“大百万金空中书场”，由当时最红的“七煞档”和其他名家，如刘天韵、姚荫梅、严雪亭、范雪君等轮流演唱。当时，上海滩有数十家电台，各家电台每天从早唱到晚。其中蒋月泉一天要赶多家电台去演唱，被誉为“电台状元”。在电台上演唱评弹成为当时的一股浪潮。在1948年，尤惠秋应师兄吴剑秋之邀再来沪上时，他也加入了电台演唱评弹的行列。在电台上，他经常会与蒋月泉、周云瑞、杨振言、朱慧珍、冯筱庆等见面，无疑又成为尤惠秋广采博纳的好机会。

在上海，尤惠秋上的第一家电台是在福州路上的文化电台，演唱弹词选曲《琵琶记·赏荷》。听众似乎发现新大陆一般，他唱得软糯，不像沈调，有别蒋调，很“拉耳朵”，一下子引起了不少听众的新奇与好感。一曲终了，电话铃声不断，纷纷来询问演唱者是谁。电台的影响力真大，随着时间的推移，这位初上电台的尤惠秋渐为人知。因为只闻其声，未见其人，不少听众来信点播，称尤惠秋小姐，差点弄出笑话来。更为可贵的是，有一次尤惠秋与蒋月泉、杨振言合作弹唱经典开篇《莺莺操琴》，引起行家和广大听众的惊喜，同时也赞叹一个出道未久的青年竟有如此的胆魄，敢同两位名家同台对唱，真是胸有抱负，后生可畏，一时传为美谈。

当时点播率最高的是惠秋先生唱的开篇《六月雪》，为何听众这样青睐这首《六月雪》开篇呢？因为它与众不同、颇有新意。他以蒋调为基础，结合自身的嗓音条件，进行了重点唱句唱腔的设计。他结合蒋调的醇厚抒情、沈调的委婉软糯，抓住了这两种流派唱腔的特点与弹唱技巧，运用到《六月雪》开篇的弹唱之中，如“一记锣，一记鼓，伤心悲切泪如梭”这句唱腔，行腔低回，旋律舒缓，幽咽动听，把听者带入窦娥含冤受屈、极度悲怨的意境中，感人肺腑，令人心碎，极具感染力。这一句唱腔发挥了尤惠秋中低音区的优势，甚至有人褒称之为“尤调”，可见尤惠秋在弹唱上已有突破，颇具个性特色，这也可说是尤调的雏形吧。各家电台都要点尤惠秋唱的《六月雪》，《六月雪》成了尤惠秋的成名作，也反映了上海听众对创新艺术的关注和支持。在当时名家辈出、响档济济的时代，作为一个青年演员能以鲜明的个人艺术风格一鸣惊人，实属难能可贵。

尤惠秋自从来到上海之后，便进入了一个相当浓厚的艺术氛围之中。尤其蒋月泉先生弹唱的蒋调，旋律优美，韵味醇厚，这深深地折服了尤惠秋，也为尤惠秋标明了一个学习与发展的方向。

新中国建立不久，评弹艺人自觉投入创新说新的评弹演出，使评弹界出现了一股新书目、新形式、新艺术的演出热潮。在上海滩，评弹界的那些当红艺人脑子很灵，各自树起了能被新社会、新思想接受的新书目。蒋月泉和王柏荫、朱慧珍说起了新编书目《林冲》，蒋月泉一改以往卿卿我我的艺术风貌，展现敢于反抗、铁骨铮铮的水浒英雄林冲的刚强性格。这对于听众来讲是换口味，而对于内行的尤惠秋来说，他发现了蒋老师的书路在拓宽，融入了新的唱腔、新的表演手法，塑造了新的人物形象，赋予了新的思想，富有强烈的时代感。由此，尤惠秋更加佩服蒋月泉，可以说佩服得五体投地。他想方设法请道众从中牵线，最终得以拜蒋月泉先生为师，学说《林冲》一书。尤惠秋下定决心，要抓住这千载难遇的良机，刻苦地向蒋先生学习。于是，每当先生在台上说书，他总是坐在书场最后一排专心致志地听。每当先生演毕，他步行返回住处，一路上把听到的内容和唱词默诵低吟，到住所后即用笔记录，先把本子弄好。功夫不负有心人，他跟师学艺有了模板，学习上少走弯路，艺术上得到提高和升华。蒋月泉见他如此刻苦好学，就嘱咐他坐到台前去，方便观摩。尤惠秋倍感珍惜，更加努力学习。这在尤惠秋艺术道路上是关键性的一步棋，在大师的培养下，尤惠秋有了悟性，有了灵性，吸收到丰富的养分，为自己下一步的发展奠下了基石。后来，他分别和杨德麟、朱雪吟照此脚本排练演出《林冲》，可惜没有留下相关影像资料。

从1941年1月至1952年7月，即从他拜师学艺到加入苏州新评弹实验工作团之间，纵观尤惠秋这一时期的艺术生涯，这个阶段是评弹艺术繁荣发展的时期，尤惠秋有幸结识了许多评弹艺术界优秀的艺术家，如周云瑞、郭彬卿、朱慧珍、蒋月泉、杨振言等。他既承业师的教导，又受众多老师间接的帮助与熏陶，这无疑是一片肥沃的艺术土壤，让尤惠秋从中耕耘，吸取养料。这份幸运并非人人都拥有，却让尤惠秋遇上了，用评弹界的行话说，他“奶水”吃足了，而且吃的是多种维生素。这种特殊的机遇激励着尤惠秋更加自觉勤奋地学习，他的《六月雪》就是在这样的背景下诞生的，可以说是尤调的雏形。

二

浙江嘉兴地区是人文荟萃之地。自嘉善出了名弹词名家夏荷生后，嘉兴濮院又出了一位杰出的弹词女上手朱雪琴。嘉兴人无不引以为傲。而尤惠秋先生评弹事业上的好搭档、生活中的好伴侣朱雪吟女士，不仅是弹词名家朱雪琴的开山门女弟子，而且她也出生在嘉善市，与尤惠秋是同乡。

花开两朵，各表一枝。且说二十世纪四十年代，嘉兴市里有一档父女档，父亲茅雨庵，女儿茅云霞，是嘉兴市里一档普通的说书先生。茅云霞随父外出说书常带女儿茅学德转辗于书场、码头。六岁的小女孩，小小心灵之中就此埋下了说书的种子，这么小的女孩就能上台插边花、唱开篇，获得听众们的喜爱。长辈是评弹界圈内人，自知学艺要学穿，就要像从嘉兴走出去的响档朱雪琴那样的风光无限，才能名利双收。茅云霞在女儿茅学德十三岁那年，把她送到上海拜正红极一时的朱雪琴为师。1947年10月10日，朱雪琴正式收茅学德为开山弟子，取艺名朱雪吟。

自从朱雪吟拜师学艺后，经常奔赴书场、码头，她也会出入电台演唱，常去的几家电台是上海的大众、东方、华美。那时，正巧尤惠秋也常去这几家电台，一来二去，他俩便成了熟人，两人还是同乡，这便促使他俩更为接近了。在接触中，朱雪吟发现尤惠秋在艺术上很有特色，很有潜力，特别是他的琵琶弹得很不一般。对于一个刚刚学艺的女演员来说，她对尤惠秋十分佩服，于是常常向尤惠秋请教。尤惠秋的小名叫坤荣，他在生活上十分简朴，个性内向少语，甚至看上去有些木讷，但谈起艺术来却兴致勃勃，滔滔不绝。朱雪吟的小名叫阿弟，客地见乡人，感到分外亲切。坤荣与阿弟两人说得投机，阿弟从喜欢坤荣的琵琶，渐渐地喜欢坤荣本人，两人近于热恋之中，这是二十世纪四十年代真正的自由恋爱。其间，朱雪琴曾为徒儿介绍过大户人家的公子哥儿，但朱雪吟在自己的终身大事上没有听先生的话，却爱上了其貌不扬、没有财富的尤惠秋。评弹姻缘一线牵，他俩于1952年结为伉俪，婚后居住在嘉兴市南门河东街5号。由评弹联姻，再结为弹词尤、朱双档，红遍书坛数十春秋。

尤惠秋和朱雪吟是由于有共同的爱好与追求走到一起的，尤惠秋非但遇到了一位贤德之妻，更是找到了一位默契十足的好搭档，评弹界常说“伴侣好找，搭档难觅”。更可喜的是，朱雪吟为了成全“尤调”唱腔的不断提升，全心全力地配合，甚至为此做出自我牺牲。尤、朱二人你中有我，我中有你，珠联璧合，成为黄金搭档，他俩是创始尤调弹词流派唱腔的艺术共同体。

1952年8月1日，尤惠秋和朱雪吟加入苏州新评弹实验工作团，合作弹唱新编爱情题材的二类书——长篇弹词《梁祝》。

二十世纪五十年代是评弹艺术发展的鼎盛时期，强手林立，“敌档”对垒。由此，尤惠秋下手翻做上手，与朱雪吟双档合作亮相书坛，夫唱妇弹，悉心钻研，刻苦磨炼。他俩所唱的长篇弹词《梁祝》，在当时的书坛上表演的还有朱雪琴与郭彬卿，华士亭与华佩亭，徐碧英与王月香等，这么多响档都在说。竞争如此激烈，如何使自己能处于不败之地，说好、唱好长篇弹词《梁祝》，这是尤、朱档在艺术道路上遇到的第一次大挑战。于是，他俩闷头苦练，一丝不苟。这是尤惠秋对待艺术一贯的态度。他俩时常会关起门来反复练功，为塑造书中人物设计新的唱腔、过门，不计辛苦，练上数十遍乃至上百遍，甚至忘记吃饭和休息，这种为艺术而奋斗的忘我精神，凡熟悉尤、朱档的同仁都知道，也都十分敬佩。《梁祝·送兄》后来之所以能成功，并成为“尤调”经典之作，就是在这个时期打下的基础。真是“不经一番寒彻骨，怎得梅花扑鼻香”。

1953年7月，中央广播说唱团向全国曲艺界招贤纳士，云集各路著名曲艺演员，如单弦艺人荣剑尘、马增慧，京韵大鼓的白凤鸣、孙书筠，相声的刘宝瑞、郭全保，西河大鼓的马增芬，四川琴书的李德才，苏州弹词的尤惠秋、朱雪吟等。这里好比一座曲艺的殿堂，是南北曲艺交流的中心。尤惠秋向来虚心好学，常常请教白凤鸣、马增慧等老师，博采众长，从中吸收到西河大鼓的叠句连唱以及京韵大鼓颤音的运用，这都反映在他以后的尤调作品中。

尤惠秋、朱雪吟在京期间，为自己在艺术上的发展与开拓，精心设计了别树一帜的尤调唱腔，推出了新作《梁祝·送兄》，在原尤调的风格上，有了深层次的突破。他们精炼了说表，一瞬间就进入了人物的感情，通过慢板而唱，把感情演绎得深沉悲哀。“贤妹……梁兄”这段依依惜别的演唱，锁定在英台“送兄”的特定情境中，如泣似诉地唱出了“我有兴而来败兴回，来时欢喜去时哀……”。继而感情升级，转向快板“前番我送你转家中，一路之上乐融融”，悲愤之情喷口而出，似有一泻千里之感。两段唱词先后运用慢、快两种不同节奏，同一种感情色彩的尤调唱腔，唱出了书中人物悲哀的心情，唱来悲肠痛断，情景交融，感人至深。这样的演唱技巧，在苏州弹词演唱中并不常见。正如弹词流派唱腔“小飞调”创始人薛小飞的赞许：“评弹流派唱腔很多，然而像尤惠秋先生那样善于把快、慢两种唱法集于一身，这在评弹界是很少见的。”

这也是尤惠秋来到中央广播说唱团通过学习交流，并通过自己的努力后结出的丰盈的成果。与此同时，他俩也向同仁和来自北京、天津的观众做了汇报演出，得到了相声艺术家侯宝林先生以及其他曲艺同仁的好评，获得了广大观众的热烈掌声。

1954年，由中国唱片公司为尤惠秋灌制的第一张唱片《梁祝·送兄》影响甚广。后来，他离京南返演出，更是风靡苏浙沪书坛，业内外纷纷学唱效仿，日后在电台、书场、票房掀起了一股“尤调热”。尤调唱红了《梁祝·送兄》，而《梁祝·送兄》唱出了尤调的独特风格，使之成为代表作，是尤调唱腔艺术上的一次飞跃。

在此后的数十年中，尤惠秋、朱雪吟两位不断赋予《梁祝·送兄》时代气息和新的艺术内涵。经过反复修改，《梁祝·送兄》有了多个版本，得到了许多专家的好评和广大评弹听众的盛赞。

上海音乐学院教授连波先生曾说：“尤调，旋律优美，音色好听，唱腔和唱法细致流畅，别具一格，字音清晰，运腔自然，轻重对比，徐疾顿挫，好听难学。尤调的欣赏价值很高，要学好、学精，不容易。如能精心学习、深刻领会，还是能得其精髓的，定能唱出它的独特风韵。”弹词流派“丽调”的创始人徐丽仙也说：“尤调的唱腔朴素，平中出奇。”苏州评弹学校高级讲师陶谋炯讲：“尤调的开山和扛鼎之作是尤惠秋的《梁祝·送兄》，他的快慢两段唱借鉴京韵大鼓和越剧《梁祝·立坟碑》中的演唱技巧，自觉地扩大自己的艺术表现方法，发展新的艺术手段，充分发挥了民俗唱法

尤惠秋唱片

‘情动于中形于声’，其放慢吞吐之唱，就是要体现脚色感情，跌宕的旋律表现了情景交织的审美意象。通过演唱时音色上的变化和喷口、叠句的唱法处理，达到了‘情先于声’的艺术效果。这些都体现了创作者新的审美追求，在符合说唱艺术规律的前提下坚持进行声腔艺术的改革和创造，这是评弹界较早运用板腔体变化的因素来发展唱腔。这是尤惠秋先生去北京中央广播说唱团后，因开阔眼界所获得的最大收获。”当然，尤惠秋的尤调之所以能成功，是离不开朱雪吟的琵琶伴奏的。无锡市文联干部沈源在讲到尤惠秋的尤调时说：“演唱尤调，离不开伴奏者的紧密合作，两者相辅相成、相得益彰。”朱雪吟的琵琶点子十分清脱，节奏感十分明显，她往往能随着尤惠秋的唱腔心领神会地把握快慢高低，轻重缓急，变化多端，烘托有致。哪怕在换气的一瞬间，也能弹奏出一个极短的过门，加以装饰、美化。而当情绪需要突然停顿时，伴奏也会戛然而止，产生现场情绪的特殊效果，真如“大弦嘈嘈如急雨，小弦切切如私语”。“尤调《梁祝·送兄》的演唱成功，尤惠秋没有在赞扬声中飘飘然而沾沾自喜，而是进一步通过实践探索总结‘唱的真谛’，就是牢牢掌握“以情重唱、腔以情变”，在抓住人物思想感情、心态意境的同时做到抒情唱腔，运腔圆润，咬字清晰，巧藏气口，声音要纯、叠句要紧。这是尤惠秋在实践中获得的一条唱腔艺术的基本规律。”以上是无锡市曲艺团原团长朱一鸣先生对尤惠秋的艺术评价。

1954年，尤惠秋、朱雪吟夫妇被调回苏州新评弹实验工作团，当时苏州正处于一个新文化、新思想非常活跃的时代。党加强对旧艺人的思想改造与学习，加强对青年文艺工作工作者的教育与培养。尤惠秋、朱雪吟回到苏州和同仁们一起投入热火朝天的新评弹工作。通过学习与思想交流，尤惠秋的思想与艺术水平都得到了提高。书目中的语言得到了净化、精炼，鲜明的时代气息得到了增强。

新时代、新评弹，评弹界创造了一个新的评弹演出形式——中篇评弹。这时，苏州市评弹团也创作了一批现代题材的新中篇评弹，如《营业员孙芳芝》《春风吹到诺敏河》等。

那时，尤惠秋才二十四岁，他带回来了北京的新思想、新见识。他热情高涨地投入《秦香莲》《红楼梦》《借画箱》等新中篇弹词的排演之中，成了当时苏州团年轻有为的"当家小生"。1955年，他随苏州市评弹团赴沪演出现代中篇评弹曲目《刘莲英》，这是他参加艺术团体后重返学艺之地——上海的一次崭新演出。当年在上海因演唱《六月雪》而一炮成名的尤惠秋又回来了。这次，他在现代中篇评弹曲目《刘莲英》演出中塑造的书中男主角张德玉，不再是窦娥，也不是林冲，更不是梁山伯，而是一位来自现实生活中的当代人，颇有新意，很接地气，特有时代感。其中，他结合书中人张德玉的人物性格成功弹唱的一档唱篇，发挥了男声弹词中低音声腔的优势，引起上海听众的关注，有人称这是评弹界的"平·克劳斯贝"（二十世纪的美国超级歌星），特别是中低音区的气声唱法浑厚圆润。加之新唱片《梁祝·送兄》问世，上海听众更企盼他带来新的作品。由此，尤惠秋再度在上海引起了一股浪潮，可见他与上海书坛和书迷听众有着特殊的感情。这次演出受到业内外的广泛好评，上海市戏曲改进协会特为此召开了座谈会，这在当年对苏州评弹团来讲，尚属首次。

尤惠秋和朱雪吟合作演出

二十世纪五十年代，尤惠秋在苏州评弹团成绩斐然，令人瞩目，后来当上了苏州评弹团三团的团长。六十年代初，正当尤惠秋在苏州将进一步发展时，因江苏省筹建江苏省曲艺团，他们夫妇俩和曹啸君、杨乃珍、金声伯、徐琴芳、侯莉君、汪梅韵、高雪芳、郁树春、曹织云等原苏州评弹团的部分名家被抽调到了南京，成为江苏省曲艺团的建团元老。

尤惠秋和朱雪吟自调进江苏省曲艺团之后，除了弹唱长篇弹词《林冲》《梁祝》《钗头凤》以外，还有一部是《王十朋》。尤、朱档在《王十朋》这部长篇弹词中倾注了大量的心血，成为其保留书目。

随着时间推移，尤惠秋意识到作品感人之处在于演员的感情投入，先要感动自己方能感染别人，最典型的书目即是长篇弹词《王十朋》中的《撕报单》那一段。他在《王十朋·撕报单》的说唱中充分运用叠句快唱，其声激越，节奏快促，声腔铿锵，顿挫有力，充分抒发了王十朋之母对儿子抛弃糟糠之妻的愤恨之情。

他在《王十朋·撕报单》快唱的同时，突然将板式变换，将唱腔节奏拉慢或散唱，加大声音的起伏，加强三腔共鸣，充分发挥自己中低音区的美声艺术效果，犹如涓涓溪流忽起波澜，将人物的感情推向高潮。又例如当唱到“这样不孝的孩儿我不要”时，在“儿”字上顿一顿，加了过门后，吸气、提气，再强有力地唱出。这句唱腔将京剧老生的唱腔融入弹词老旦的唱腔之中，舒展、流畅、奔放，与愤怒、激动的感情十分和谐地统一起来，完美地将声腔与感情结合一起，以情动人是艺术美的追求，让现场听众获得声情并茂的艺术享受。

如果说尤惠秋在早期的艺术生涯中，注重演唱形式，追求声腔的动听、唱法的圆润、伴奏的丰富等技巧，那么自尤惠秋加入艺术团体后，他的演唱更注重书情内容，讲究分析和表现人物的情绪情感，即带着感情唱。尤惠秋自觉并提前进入这种艺术状态之中，通过对书中人物的分析、把握、体验，成功地塑造书中角色。他把弹词音乐在叙事性和说唱性的基础上逐渐兼具抒情性和戏剧性的因素。其《王十朋·撕报单》就是这个时期最为成功的典范，也是尤调发展中期杰出的代表作品之一。这首作品于1961年参加江苏省弹词流派会演，达到了尤、朱档前所未有的艺术效果，从此为世人所注目，为后人所传唱。

尤调在长篇弹词《梁祝》的演出实践中诞生并一举成名，而尤调的成熟和完美则是在长篇弹词《王十朋》的提炼之中。

在尤惠秋的艺术生涯中，有两部长篇书目是他一生中的主打作品，其一是二类书《王十朋》，其二是传统书《珍珠塔》。

在苏州评弹团时，团里考虑到尤、朱两人的特长，一个唱功好，一个琵琶好，所以安排他俩表演《珍珠塔》，并相信一定会产生新的火花。传统经典书目《珍珠塔》文学性较强，全书有一万多句唱词，曾有“唱煞珍珠塔”之说。这个安排正合尤惠秋的特长，况且朱雪吟又是学唱《珍珠塔》的演员。当时书坛上传唱《珍珠塔》的名家响档很多，先后曾有沈俭安、薛筱卿，魏含英，周云瑞、陈希安，朱雪琴、郭彬卿等等，要在其间争得一席之地谈何容易。团里领导对此十分重视，请了说《珍珠塔》的前辈朱霞飞老先生为他俩排书。后来为了进一步提高艺术水平，尤惠秋于1957年夏在苏州拜沈俭安为师。不仅如此，进江苏省曲艺团之后，团里还专门安排尤、朱档去苏州聆听《珍珠塔》前辈魏含英的演出，在这两位老先生的指点下，尤惠秋有了长足的长进。

尤惠秋明白，《珍珠塔》的唱词叠句较多，演唱时需要有足够的丹田气息来完成，所以气息的控制是至关重要的，要像蓄水库蓄水一样，用多少放多少，如果蓄水库水蓄得很多，一下子放完，那就要泛滥成灾了。因此尤惠秋有个习惯，走长路或上楼梯时，口中不住地唱，这样既忘记了劳累，又锻炼了气息。所以，凡熟悉尤惠秋的人都说，别看他人瘦小、单薄，可是他胸中之气很足，洪亮的声音好似从低音箱中发出来似的，真是功夫不负有心人。

当年曾经与尤惠秋一起在江苏省曲艺团工作过的郁小庭、徐祖林、孙世鉴、徐宾都有一个共识：尤惠秋为人平和低调，谨慎小心，生活俭朴，给人一种两耳不闻窗外事，全身心扑在艺术上的感觉。尤、朱两人在生活上是知心人，在艺术上是知音。一旦尤惠秋研究出新腔后，朱雪吟就会拿起琵琶为丈夫合奏，两人边唱边弹边研究，一直到配合得天衣无缝才罢休。哪怕去剧院看演出，只要听到一段好的曲子或唱段，尤惠秋就会不断地默默吟唱，生怕曲子会跑掉，赶紧跑回家用琵琶弹奏出来，为己所吸收。有时，尤惠秋从白天想到深夜，突然有新腔脱口而出，他生怕会记不住，便马上叫醒已睡熟的夫人拿起乐器拍板，有人说这叫“半夜生曲”。人们总能在他们房门前，或者在公园角，甚至在铁路旁，听到他们的三弦琵琶声、吊嗓声，真可谓夫唱妇随。在他俩的音符旋律中，你能分辨出这是激越的情绪，这是喜悦的心情，这是哀怨的情感……他们用弹词的音乐语言传递喜怒哀乐。特别是在他俩的《珍珠塔》中的唱段最能体现，如选曲“采萍上楼”一段，尤、朱档的三弦、琵琶弹奏的音符跳跃性很强，舒展多变，表达了丫鬟采萍登楼之时的那份喜悦满溢、迫不及待的心情，要把姑爷做官并在厅堂的喜讯飞送上楼。这段唱腔中的过门、伴奏都是高难度的，整段旋律华丽多彩，让演唱者与听众的心情都会跟着旋律走，通过弹词音乐来表现愉悦的内心世界。可见他俩在《珍珠塔》中的弹奏水平和演唱水准已超越原先的《珍珠塔》，有新意，在继承中又有所突破。

从1952年起，尤惠秋与朱雪吟自拼档以后，遇上了新中国进入社会主义新的历史时期，这一时期对艺术提出了“百花齐放、推陈出新”的要求。历史的新要求为他们的艺术创造提供了新机遇，对于他所说的“二类书”《梁祝》《王十朋》，他根据唱词的需要发展出新腔；书中新的人物借鉴传统表演艺术手段进行重新设计。他的《梁祝·送兄》诞生了尤调，一举成名；他的《王十朋·撕报单》在尤调诞生的基础上，赋予了浓厚的感情色彩，并进一步完善了尤调。从此，奠定了尤调在众多弹词流派唱腔中的地位。1952年至1965年是尤惠秋艺术生涯的中期，是尤调发展的全盛时期，也是尤惠秋一生中两部最为优秀的长篇弹词——《王十朋》（二类书）和《珍珠塔》（传统书）不断完善的时期。

三

无锡被誉为江南第二书码头，苏州评弹在无锡拥有众多的听众，而且听众都是“老耳朵”，有较高的欣赏水平，对说唱要求颇高。1965年秋，无锡市曲艺团为了加强团体的艺术力量，向江苏省曲艺团求援。当年，尤惠秋和朱雪吟不计个人得失，服从领导分配，毅然加盟无锡市曲艺团。那时上海、苏州评弹团都在大张旗鼓地为毛泽东诗词谱曲，举办多种形式的演唱会，无锡市曲艺团也正在紧张地排练毛泽东诗词演唱会，尤惠秋和朱雪吟立马投入工作，要为无锡市曲艺团这台大型演唱会做贡献。尤惠秋担任《西江月·井冈山》的领唱，并独唱《念奴娇·昆仑》，三十五岁的他正处于大好年华，思想进步，观念新颖，嗓音浑厚，气势不凡。他既能唱得委婉悠扬，也可以唱得铿锵有力，激情奔放，既有尤调唱腔的韵味，又揉进了富有时代气息的旋律，唱出了磅礴的气势，唱出了毛泽东诗词的内涵和意韵。

演唱会上，尤惠秋在广大听众的掌声之中演唱了新编开篇《告别苏区人民》。他运用婉转流畅的“快尤调”、一气呵成的叠句连唱，唱出了老大娘对红军战士质朴的情感，表达了浓浓的军民鱼水情，赢得了无锡老听众雷鸣般的掌声。这是尤惠秋初到锡城带给广大听众的一份厚重的见面礼。这台节目在江苏省评弹会演的开幕式上演出，得到省领导和同行们的肯定。1966年5月，他随团转辗上海、苏州，连演一月，好评如潮，盛况空前。

二十世纪七十年代初期，人民群众的文化生活极其贫乏。苏浙沪地区除了上海评弹团外，其他城市连评弹团都没有了，哪来书场可供听书。后来，在锡城，经过大家的努力，终于在1971年4月组建了评弹队。无锡市曲艺团原团长朱一鸣深情地回顾了当年尤惠秋和大家在这个非常时期演出的往事。

那时，尤惠秋对于能从锡剧团重返新组建的评弹队感到很高兴，脱离了五年的书台终于回来了，他可以重操旧业，再登书台了。尤惠秋他们集体去无锡缫丝厂、国棉一厂深入生活，集体创作了中篇弹词《黎明之前》，并投入排演。这么多年没有听到评弹的老听众，犹如“干煞酒鬼”。演出牌子在无锡吟春书场门口挂出后没多久，书场就高挂“客满”红牌。只见多年未见的尤惠秋登上书台，场内顿时安静下来，台下听众眼睛突然一亮，几百双眼睛聚焦在尤惠秋身上，有的听众还忍不住自言自语，暗暗地在说“尤惠秋……尤惠秋……”。在这极短的几秒钟内，真是此时无声胜有声。台上演员与台下听众目光的交流，这其实是一种相互间深情的问候，也是深切情感的交流。尤惠秋在听众的瞩目之下，亮起了嗓子，弹响了三弦，朱雪吟的琵琶和谐地跟上。尤惠秋在新编中篇弹词《黎明之前》中所起的官僚资本家钱世鹰不是脸谱化的，而是斯文地以慈善家的面目出现。“鹰钱牌子响，生丝销路畅……”这一段短短八句唱词，他不用传统的《乱鸡啼》，也未曾用费家调等曲牌吟唱，避开了惯常起反面人物脸谱化的套路，更没有运用尤调的唱腔旋律。而是设计了既能表现这一反面人物的身份地位，又考虑到了有戏曲效果的唱腔，故对于起句的五字句唱词没有要腔，而是以吟诵式的演唱技巧一直哼吟到第三句“只要我大烟囱里”稍顿吸气，接着渐慢渐低，轻轻地唱出“能冒烟”。在唱出“烟”字后，尤惠秋没有通过弹奏过门来换气，然后再接唱下句，而是继续运用丹田之气所产生的“脑后音”，以低八度和散板拖腔的演唱技巧，把这“烟”字唱得似断非断、有起有伏，犹如一缕炊烟袅袅升起，给人一种缥缈之感。更奇妙的是，他在“烟”字的长拖腔之后没有换气，紧接着又以低八度的音区，慢慢地唱出“定有你们家家户户饭菜香”。当他唱出“饭菜香”三字后，声腔才由低渐高，速度由慢渐快，并加强了力度，待“饭菜香”这三字唱完，尤惠秋这才弹过门、吸气，接唱下句。这上下两句共有二十一字，除在“里”字上吸气半拍外，一气呵成唱完全句共拖十八拍。尤其是这“烟，定有你们家家户户”这九个字，都是低八度，听来声如游丝，徐徐送入现场每个角落。可见其功力无比，巧唱妙吟，声声入耳。可惜该资料无有保留，只能存于回忆中。

1977年6月，尤惠秋所在的无锡市曲艺团小分队正好在杭州市吴山书场演出。某天上午，尤惠秋去杭城访友，信步登山，兴趣正浓时，谁知在半路上遇见无锡市曲艺团的同仁刘雪华急匆匆地来找他。她气喘吁吁地说：“总算找到你了，告诉你一个好消息和紧急任务，陈云老首长来我们这里了，老首长指名要见你，领导让你赶快回去，准备节目向首长汇报。”突然传来的喜讯，令大家震惊，也有些措手不及，尤惠秋感到喜出望外。这时的尤惠秋，好似短跑运动员一般飞奔赶到演出场所，换上演出服装，来到陈云老首长跟前：“首长好！”尤惠秋脱口而出。陈云老首长握住尤惠秋的手，热情地问：“朱雪吟呢？”他们就像老朋友一样亲密。怎么回事呢？原来他们在十七年前就相识。那是在1960年，尤惠秋、朱雪吟调往江苏省曲艺团不久，正好陈云老首长到南京，希望能听到传统书《珍珠塔》，领导安排尤、朱档给首长演出。时间相当紧，而且要求赶排五回《珍珠塔》，从“方卿见娘”到“打三不孝”，这对尤、朱档来说任务相当重。因为他们已有好几年没说《珍珠塔》了，平时一首开篇都要反复推敲排练数十遍，何况是向首长汇报演出。所以这五天的时间，对尤、朱档来说是一次严峻的考验，也是对经典书目《珍珠塔》的挑战。他俩将数十年来积累的经验都倾注在这五天的汇报演出中。这五天的演出，陈云同志听得很满意，首长看到了苏州弹词流派纷呈、人才辈出。陈云老首长听评弹不单是消遣休闲，他是关心评弹，也是来做调查研究的。“出人、出书、走正路”，这一哲理性的经典指示就是他在长时期地接触评弹并通过实际的调查后，所得出的保存和发展评弹艺术的方针，至今还指导着文化艺术前进的方向。陈云同志还和尤惠秋、朱雪吟进行了交流。陈云同志关心演员群众和调查研究的优良作风，让无锡市曲艺团所有演员深受感动，这不同寻常的演出也让尤惠秋、朱雪吟他俩难以忘怀。相隔了十七个春秋，尤惠秋再度为陈云老首长演出，演唱了为毛泽东诗词谱曲的评弹节目和中篇弹词《黎明之前》。

就在1977年6月15日，征得文化部同意，陈云同志在杭州召开评弹座谈会，由文化部代表和苏浙沪评弹界的领导参加，会议提出恢复评弹特色，评弹要像评弹的要求。这次座谈会为评弹的拨乱反正指明了方向，起到了解放思想的作用，推动了评弹的发展，促进了评弹队伍的团结，是迎接评弹复苏的第一次重要会议。这次杭州会议也邀请了尤惠秋参加，他感慨地说："作为一名普通演员，能参加这样重要的会议，深感无比幸福、无上光荣，心情久久不能平静。"遵照陈云同志的讲话精神，尤惠秋、朱雪吟从1979年起重演长篇弹词《王十朋》，基本上在集镇和乡村基层演出，一直演到1984年退休。

1980年3月，尤惠秋应丽调创始人、弹词名家徐丽仙的邀请，赴沪录制一首男、女声对唱的弹词开篇《宝玉夜探》。听众们最熟悉的是蒋月泉与杨振言用蒋调对唱的《宝玉夜探》，这次能和徐丽仙合作对唱，无疑对尤惠秋来说是一次极大的挑战。徐丽仙在弹词音乐方面有极大的天赋和很深的造诣，也很喜欢并曾经唱过这首开篇。徐丽仙的丽调音色低沉、委婉多变，特具感染力，而尤惠秋的中低音区域的美声唱腔，细腻动听、共鸣感人，若两者交流对唱定会摩擦出新的火花。可以说徐丽仙早已胸有成竹，而尤惠秋临时仓促上阵，这给他带来了严峻的考验。

搞创作需要一个人少、无干扰的安静环境。没有这个条件怎么办？创造条件也要上。尤惠秋客居在上海简陋的招待所里，人杂，干扰多，只能在耳朵里塞上棉花，先静静地读本子，去理解、分析，来制造夜探的特定环境，再来研究行腔遣词、过门衔接，用乐符语言描绘这首开篇的情境来渲染意境……通过揣摩推敲、精心构思，来唱出宝黛两人的感情世界。从清晨到深夜，一遍又一遍，尤惠秋顾不上一日三餐，忘记了腹中饥饿。他伏案谱曲，马路试唱。宝玉三弦，黛玉琵琶，丽仙、惠秋，上弦对唱，丽调与尤调有机融合，人们在音乐声中享受到这种极致的艺术之美。尤惠秋以细腻的唱腔、丰富的情感，用音乐的语言塑造出一位活生生的宝玉。徐丽仙赞誉尤调“平中出奇”的艺术效果就缘于此。尤惠秋在传统曲调的基础上做了改革，运用旋律上的各种特点达到平中出奇的效果。徐、尤两位老师共同努力，解决了男、女声同是低腔对唱过门转换衔接的难题，完美达到了引人入胜的艺术效果。弹词开篇《宝玉夜探》历经四十多年，被无数演员用多种流派唱腔传唱至今，欣赏者百听不厌。如今又有一支丽调与尤调对唱的别有韵味的《宝玉夜探》问世，令传唱者爱不释“口”，流传至今，成为经典。

自改革开放以来，评弹复苏，出现一派欣欣向荣的繁荣景象。1980年夏，江苏省评弹界组成超豪华的演出阵容，首次赴香港访问演出。其中有曹啸君、杨乃珍、金声伯、尤惠秋、朱雪吟、龚华声、蔡小娟、邢晏春、邢晏芝、徐祖林、董梅、魏含玉、侯小莉等。香港市民中，特别是江南一带移居香港的乡亲，早已盼望苏州评弹到港演出，久违了的乡音乡情让人期待，演出票早已预售一空，一些超级书迷还要场场报到。这次尤、朱档随江苏省评弹团赴港演出，他俩准备了《王十朋》《珍珠塔》中好多精品选回、选段。他们到达香港后，香港的繁华并没有吸引他们，他俩却早已投入到紧张的排练中，夜深人静时常常还能听到他们房间里传出阵阵轻微的弹唱之声。同行的金声伯先生说：“当年香港演出，他俩一上台还未开口，三弦、琵琶叮咚一响，就博得一个满堂彩，我知道这满堂掌声是必然稳得的，这必然是从刻苦中得来的。”首场演出，他俩为香港观众送上的是尤调的成名作《梁祝·送兄》，全场观众为之倾倒，几乎一句一彩，如雷的掌声在香港新光戏院掀起了一个个高潮。另外一场《王十朋·撕报单》的演唱，特别是大段叠句快唱，酣畅淋漓，激情奔放，如江河奔泻，一气呵成。尤其是朱雪吟的伴奏风格，紧贴唱腔，丝丝入扣，夫唱妇奏，浑然一体。她能根据演唱内容，或狂扫，或轻拨，抑扬疾徐，烘托气氛，为唱腔增色。他俩是心领神会，心到眼到，珠联璧合，倾倒全场，韵味浓厚的尤调给香港观众留下了深刻的印象。当时，港报追踪报道并用“琴瑟之合”来比喻这对夫妇的默契配合。

1984年6月8日起，无锡市曲艺团在上海大华书场短期演出，其中12日的一场中篇弹词《强项令》，团部早已安排尤惠秋参加演出，宣传广告一出，书票立刻售罄。可是这几天尤惠秋在接受声带治疗。按病情，尤惠秋是难以上台演唱的，为了对听众负责，尤惠秋如期来到大华书场倾情演出。这一令上海听众兴奋的消息，让本已满座的有八百个座位的书场，又来了一百多人，场方为满足他们的愿望又将外面的咖啡厅临时装上喇叭，改成“广播书场”，让他们边喝咖啡边听书。听众为什么如此热情呢？有些热情的听众说：“尤惠秋是从上海走出去的优秀评弹演员，我们已经二十多年未在上海书台见到他了，哪怕在这里听听他的声音也‘焐心’。”这反映了听众与演员之间的知音情深。那天，尤惠秋一登台，就迎来了热情的掌声，一阵又一阵，暖了尤惠秋的心，热了大华书场的场。应听众的强烈要求，尤惠秋很高兴地为大家唱了一曲《送兄》，哪知第一句就出了“洋相”，声带闭合不全，声音既碎又哑，这对一个演员来讲是多么痛苦，但是全场的听众还是鸦雀无声。中篇结束时，在听众热烈的掌声中，尤惠秋带着负疚的心情，含着热泪向听众谢了幕！尤惠秋在心中说：“多么好的听众啊！我感谢他们对我的理解，对我的支持，对我的关心，对我的爱护。”听众需要评弹，演员更是离不开听众。

1984年6月下旬，在上海大华书场举办为期三天的“蒋月泉先生书坛生涯五十周年”专场演出，蒋先生的弟子、传人都应邀参加祝贺演出，如王柏荫、潘闻荫、李荫、苏似荫、苏毓荫、江文兰、秦建国等。盛况空前，一票难求。从先生到徒孙都是唱蒋调的，各显神通，这对演员来讲是大比武、大挑战、大展演。为了庆贺这一盛大的纪念蒋先生演唱专场，尤惠秋再度赴沪参加演出，准备了一首蒋派陈调的代表作《拷打文宣》。细细分析一下，他选择这首蒋派陈调代表作《拷打文宣》的原因有二：其一，这首曲目展示了蒋调唱调的多面性；其二，这首曲目的前奏难度较高，正好体现了尤惠秋在继承三弦弹奏方面的技巧。尤惠秋唱蒋派陈调，既可以说唱陈调，但也属于蒋调韵味的范畴，听众的审美口味得到调剂，这也是尤惠秋在艺术处理上手段高人一筹之处。一曲唱罢赢得掌声阵阵，听众兴犹未尽，尤惠秋为上海老听众加唱了开篇《诸葛亮》。他选择演唱开篇《诸葛亮》，是因为这首开篇是他早期的成功之作。开篇基本上是蒋调的风格，含有尤调的旋律，他考虑大局与专场主题保持一致。他加唱半首，但台下听众欲罢不能。他为了弥补不久前曾在大华书场演出中的未尽完美，一鼓作气全部唱完，感谢听众对他的厚爱。

二十世纪八十年代，尤惠秋在艺术活动中，除了参与了上述几项主要大型活动外，他还应苏州人民广播电台的邀请参与了《苏州园林》系列开篇之一的《拙政览胜》的录制。其唱腔清新，不落俗套，旋律在平稳中时有突起，令人有耳目一新之感。听其弹唱，仿佛置身于“九溪十八涧”悠游，曲径通幽，佳景迭现，兴味盎然。1986年，苏州人民广播电台再度邀请尤惠秋参加《金陵十二钗》系列开篇之一的《史湘云》的录制，他十分成功地发挥其中低音区的特长，讲究曲调旋律的音乐性、抒情性，以及与内容的吻合性。听来柔和婉转，运腔自然，感情真挚，旋律优美，韵味隽永，具有出色的画面感。这两首作品是尤惠秋艺术生涯后期的主要代表作，被人们广为流传。

1984年，由于健康等原因，尤惠秋、朱雪吟双双提前退休。人虽退休了，但一颗心还拴在评弹事业上，他们对于自己数十年积累的艺术还是那么的一往情深，评弹事业始终是尤惠秋、朱雪吟两人的精神寄托。门前冷落客来稀，斗室蜗居两相依，闲来无事调弦索，偶得新腔竟若痴。这是尤惠秋当年刚退休时的写照。常言道：艺无止境。夫妇俩退休后，虽很少在公众面前露面，但他俩却默默无闻地在家中把长篇中的主要唱段和一些开篇进行梳理并将作品、唱段再度修整。主要成果是长篇弹词《珍珠塔》中的选曲，有“双手搓揉、七十二他、二次哭塔、下扶梯、十八因何、哭诉、一回呼唤、一半垂怜、一面之词、抢功劳、采苹上楼、采苹送印、内堂报喜、老年人、见娘”，以及长篇弹词《王十朋》中的选曲，有“夫妻分别、慈母叮咛、婆媳夫妻、婆媳分别、误责十朋、奸臣有女、怒撕报单、深夜修书、十朋见娘、痛说真情、婆媳相会”等。这两部长篇弹词凝结着尤惠秋、朱雪吟俩人毕生的精力。这些资料是他俩退休之后花了好多年的功夫反复揣摩之后留下的录音，电台中也无此资料保存，显得尤为珍贵。尤惠秋在有生之年未对外公开流传过，到尤惠秋故世之后，朱雪吟将这份录音资料交给笔者，托言将这份尤惠秋的珍贵资料转交给中国唱片公司上海分公司的胡国梁代为公开出版，分享给所有喜欢尤调的评弹爱好者。后来胡国梁遵从尤惠秋的遗愿，正式将该资料出版发行，现已上柜，就是目前市面上大家所见到的这盒《尤调绝版》，此乃是后事。

从1987年起，尤惠秋患上了手疾，弹三弦有些困难，参加艺术活动相应很少了，他多么希望自己可以多一点作为，多一分欣慰。而今只能把更多的精力用在整理分析以前的艺术成果上。

1991年，那时常熟电台有档星期日特别节目《琴川书会》，这是专门介绍评弹的栏目，属于集知识性、艺术性、历史性、趣味性于一体的电台杂志型节目，办得相当红火，深受常熟电台听众的钟爱，收听率特别高，在江南地带拥有广泛的影响力。常熟被誉为评弹的第二故乡、江南第一书码头，那里的评弹老听众特别多，而且有相当的欣赏水平。笔者于当年应常熟电台《琴川书会》栏目之邀，策划并编辑评弹专题《广泛师承独特创造》暨祝贺尤惠秋书坛从艺五十周年。专辑集中介绍了尤惠秋的《三六》《送兄》《诸葛亮》《撕报单》《抢功劳》《拙政览胜》这六首作品，通过作品赏析和尤惠秋生平简介，庆贺尤惠秋先生从艺五十周年，使听众朋友越发地喜欢尤调的演唱艺术。之后，电台还收到了许多听众对尤调唱腔盛赞的来信，甚至有听众提出筹办尤惠秋见面会的建议，一股“尤惠秋热”在常熟悄然掀起。

进入二十世纪九十年代后有几次尤调艺术活动令尤惠秋十分快慰。特别是1991年、1992年、1993年三次到上海演出，令他回味无穷。上海是尤惠秋从年轻时学艺唱红的响地，上海听众很喜欢尤惠秋始创的“尤调”。尤惠秋在研究唱腔的创新路上不停步、大踏步、小跑步，求变升华，令上海听众着迷。后来因尤惠秋再去上海演出的机会少了，所以每当尤惠秋到上海演出，上海的书迷就会显得格外疯狂，可见尤惠秋与沪上书迷有着不一般的感情。

1991年4月5日，上海长江剧场举办纪念陈云同志“出人、出书、走正路”指示发表十周年盛大演出，剧院云集了苏浙沪老中青名家新秀登台倾情演唱，其中有陈希安、郑缨、余红仙、赵开生、沈世华、金声伯、杨乃珍、尤惠秋、朱雪吟、邢晏春、邢晏芝、秦建国、黄嘉明、盛小云等，如此强大的演出阵容乐煞了上海听众。演出从晚上七点开始，上海听众十分热情，对于从外地来的演员格外热情。那场演出，尤、朱档被安排到倒数第二个节目，那时已到晚上十点多了，尤、朱档精心准备了《珍珠塔》一折“采苹二请陈采娥”，时间虽晚，但减退不了听众对尤惠秋的痴迷与热情。节目唱完，在热烈的掌声中，尤惠秋再加唱了一段《珍珠塔》的经典唱段《七十二他》，这时已近晚上十一点了。这难忘的盛况、精彩的一刻，至今留在大家的记忆中。

1992年，上海长江剧场举办纪念毛主席《在延安文艺座谈会上的讲话》发表五十周年的评弹专场演出，尤惠秋应邀参加演出。现场，他为大家演唱了尤调的初期开篇《六月雪》，想和上海的老听众及“尤迷”们一起来回忆当年的情景。1948年，尤惠秋以尤调流派演唱的弹词开篇《六月雪》首唱于上海，这次再唱《六月雪》已相隔四十四年，尤惠秋带着深厚的怀旧情感重现当年的情景，也来向上海的老听众进行一次“汇报”，并感谢他们的厚爱。其中有一位老听众于1948年经常在电台聆听尤惠秋的《六月雪》，几乎连唱词都能背下，这次重听《六月雪》，发现尤惠秋删去原来不妥的唱词，保留了原来开篇的特色，重现了尤调开篇《六月雪》的风采，并且在弹唱上有了质的飞跃，可见老听众对尤调的关切及倾心之爱。

1993年7月的某日上午，在上海中国大戏院举办弹词名家朱雪琴书坛生涯六十年纪念演出，尤惠秋、朱雪吟应邀参加祝贺演出。他俩的加盟为专场演出增光添彩，尤调在上海还是很有影响力且具有魅力的。由于尤惠秋很少来沪演出，此番难得与上海听众见面，所以更有吸引力。借此盛会，"尤迷"们纷纷前来捧场。除了上海听众之外，还有特地从苏州、无锡、常州、常熟等地赶来的尤调书迷们。那次的演出，尤、朱档演唱了《珍珠塔》选段《秋珠报信》，尽管那天现场的演出环境不是很好，影响了观看效果，但是现场的评弹观众还是群情振奋，掌声不绝。

1994年底，苏州电视书场举办荧屏奇葩绽新蕾评弹迎新晚会，笔者策划了弹词经典《珍珠塔》的系列展示活动，其中就有尤惠秋、朱雪吟、赵开生、孙淑英、郑缨等名家的演唱，让苏州地区的广大电视观众重见尤惠秋的身影，聆听他的声腔。因为尤惠秋也是从苏州走出去的优秀人才，苏州听众已经很长时间没有在苏州书台与他相见了，苏州评弹听众和这位新苏州人尤惠秋有着深厚的情谊。这次现场录播，尤、朱档依然将《秋珠报信》展演给电视机前的数千万评弹观众，这是电视媒体的影响力。节目播出之后，收到许多电视观众的来信，来信除了来自苏州地区的观众外，还有上海青浦、嘉定，浙江嘉善、嘉兴、湖州及江苏无锡、江阴等地的观众。除了赞誉之外，他们还委托苏州电视书场捎去他们对尤、朱档的亲切问候。这次的节目播出之后，如果细心的观众会发现尤惠秋的声腔尚可，但他的手疾严重，影响了他的弹奏，偶尔脱拍，这也是他艺术生命比较短暂的原因之一。

1996年6月，在江苏省曲艺家协会的重视与关心下，由无锡市文化局、无锡市文联、无锡市曲协联合策划主办，为尤惠秋先生举办了尤惠秋唱腔艺术的研讨会和《尤调艺术论》首发式，邀请了江苏、浙江、上海部分文化、教育、评弹界的专家、领导等代表，其中有金声伯、郁小庭、龚华声、蒋希均、沈祖安、朱一鸣、沈源、钱惠荣、俞崇道、连波、陶谋炯、陈勇等数十人，他们和尤惠秋一起重温了尤惠秋先生五十五年以来的艺术生涯，寻踪并总结了尤调的诞生、发展、成熟到全盛的科学发展轨迹，赞扬并提倡向尤惠秋先生学习其为人低调、勤奋刻苦钻研艺术的献身精神。首发式上，邢晏春、邢晏芝、袁小良等著名演员还做了祝贺演唱。

由江苏文艺出版社出版的《尤调艺术论》，周良先生为其撰写了序言。在序言中，许多同志都说尤惠秋、朱雪吟“谦逊、知足、淡泊”，并指出“艺术的追求和创造不是一朝一夕可以得到的，而是无止境的……甘于淡泊、甘于寂寞是很必要的”。是年，无锡市领导陈璧显、庄申为《尤调艺术论》做了题词。研讨会的召开和《尤调艺术论》的出版，体现了各级有关部门和领导的重视与关心，尤惠秋感激党和领导，感谢同志们的关心，感谢评弹听众的厚爱。

1996年12月，苏州电视台《苏州电视书场》栏目为尤惠秋、朱雪吟制作并播放了名为《珠联璧合　空书坛人生》的人物专题片。在那个年代，评弹演员上电视还是少数，如果像这么一位弹词艺术家的电视资料几乎没有留存，那终将成为遗憾。笔者当时正在《苏州电视书场》栏目做执导，深知有责任去抢救一份尤惠秋的艺术档案。摄制组奔赴苏、锡两地，记录了尤惠秋在苏、锡两地演出的评弹身影，还将他的音频资料进行了对口音的拍摄，题名为《珠联璧合　书坛人生》，并留存了弹词《秋珠报信》的表演影像，这成为尤惠秋、朱雪吟两人唯一的弹词视频资料。

尤惠秋谈朱雪吟

“朱雪吟家学渊源，自幼学艺，深得其师朱雪琴之真传。说表传神，擅长表演，说唱时总是那么投入，富有激情，又善于和听众交流，有时能帮助我进入书情。例如唱《送兄》时，她一声‘梁兄’悲切哀怨，催人泪下，为我后面的演唱在感情上做了很大的铺垫，如没有她的助力，会失去很大的感情色彩。由此可见，上、下手之间在感情上的交流是何等的重要。”以上是尤惠秋对朱雪吟真诚的评价。

尤惠秋接着说：“1978年，在排练短篇现代弹词《一张门票》时，她对如何拿乐器、放乐器的问题做了反复的推敲。该短篇主要讲老工人亲眼见到周总理平易近人，讲给他妻子听时，唱到‘清清的开水饮一杯’，其妻听不下去了，并责怪丈夫忘本。下面应该由妻子接着唱一段，而这段女声唱需要调换乐器。如果在表演中间调换乐器，这一放一拿，可能会影响书情的连贯性。如何解决这个问题，朱雪吟经过反复思考，终于想出了一个妥善的解决办法。当我唱到‘清清的开水饮一杯’的最后一个‘杯’字时，她就大声斥责，把手中的乐器重重地放在桌上，一面拿起旁边的琵琶接着唱，弥补了原来的不足。同样一放一拿，前者使感情中断，而后者因结合书情和书中人物当时的感情，动作就显得自然合理。同时，为我后面的一大段唱制造了较为活跃的气氛。

“再以《王十朋·撕报单》为例，”尤惠秋继续说，“王母劝慰亲家翁钱流行时，有一段较长的唱段，中间有一句‘我不让他逍遥快乐在皇城’，我把它唱成‘我是决不让他……’，这样就加重了语气。在这里我用了一个较为朴素的唱腔，在‘他’字上用力喷出，紧接着唱完下面一句。朱雪吟伴奏时全神贯注，完全进入了书情。在‘他’字出口后我稍做停顿，她琵琶声停，我接着起唱，她也琵琶声起，没有丝毫空隙。由于伴奏配合恰当，才使我能把下面的一大段唱推向高潮。再是，王老太太在回家路上所唱的一段陈调唱腔，例如最后两句是‘切切凛遵四个字，满纸儿都是泪痕血迹湿斑斑’，我把‘切切凛遵’四个字下面如同加上了着重号，用足力，一字一顿，几乎与念差不多。遵字出口，朱雪吟的琵琶用力一扫，戛然而止，确有‘四弦一声如裂帛’之势，为演唱增强了气氛。”

“我俩台下是伴侣，台上是拍档。长期以来生活、工作在一起，朱雪吟对我演唱上的风格、特点和规律了如指掌。用朱雪吟的话说：‘你在唱，我也在背。’哦，原来如此，无怪乎伴奏时能如此得心应手。难怪乎有人说，若没有朱雪吟的伴奏，我的唱就会逊色。”

“朱雪吟确是我艺术上的好帮手，如果我在演唱上有些建树的话，这功劳有我的一半，也有她的一半。”尤惠秋与朱雪吟共同创造了尤调。

尤惠秋的尤迷、传人、学生

弹词流派的唱腔从诞生、成熟、发展到完美，这是随着艺人不断地磨炼，并在不断地在肯定——否定——再肯定中日趋完善的，给听众带来美的享受，凝结着耕耘者终生的追求与奋斗。

尤惠秋创造的尤调，其特色在苏州弹词流派唱腔中尚属少见。这是尤惠秋在长期的演唱中始终把握了“唱中有我”这个艺术发展的核心，是艺术家根据自己的生活阅历、思想性格、审美趣味、艺术才能和文化修养，在长期艺术实践中所形成的艺术特色。艺术的生命力在于不断创新。尤调的标新立异所产生的魅力，赢得了广泛的受众群体，并得以广泛流传。

笔者就是尤惠秋唱腔艺术的痴迷者、崇拜者，被这位苏州弹词流派唱腔中杰出的男中音艺术家深深地吸引住了。二十世纪八十年代后期始，我和我们知音小组的同好多次赴无锡造访尤惠秋、朱雪吟先生。记得那时尤、朱两位先生已退休在家，居住在无锡市中山路旁的一条小街上。我们依照地址寻找到他们的住处，那是很普通的公寓房，一间是餐厅，一间是卧室，虽则简陋，却把三弦、琵琶放在主要位置，足见主人把艺术置于重要的地位。先生见我们到来，很是高兴，来者是听客，也是尤迷，赶紧招呼我们入座。初次近距离相见，却似熟人，两位先生没有名家之傲气，顿时拉近名家与书迷间距离，寒暄一番便切入主题。谈起艺术，尤先生不厌其烦，对我们的问题一一作答。告诉我们他的从艺经历大体经历了学、熟、化、独四个阶段。学，学习老师们的书艺和弹唱；熟，熟悉、研究他们的唱腔规律和方法；化，经过消化吸收，化为自己的东西；独，最后形成自己独特的演唱风格。也就是大家所说的“师承百家，独特创造”。尤先生详细举例说明，细致地论证了他所说的四个阶段的艺术进化论。在我们的交流交谈中，近距离地感受到尤先生的为人风貌与高尚品德，他那种谦虚礼让、坦率真诚的品质和对艺术执着追求、锲而不舍、辛勤耕耘、始终不渝的精神，更是令人肃然起敬。

之后，我一次又一次地拜访他们，对他们的艺术人生和性格品德有了更深层次的了解与认识，知音相交，我与尤惠秋先生结为忘年交。在这基础上，我又为常熟电台的《琴川书会》和《苏州电视书场》策划撰稿，编辑《尤惠秋》专辑专题，使弹词流派尤调得以进一步地流传。

尤调的群众基础相当广泛，据说在1992年，上海举办过一次业余评弹演唱大奖赛，竟然有百分之五十的爱好者报名演唱尤调，可见其影响力之大。

1999年7月8日，尤惠秋从无锡市人民医院转至浙江嘉兴第一人民医院治疗多发性骨髓瘤。这个消息传到了嘉兴的一位老听众徐祖康耳中，他连忙赶到医院看望尤先生，他告诉尤先生，自己是怎样的一位尤迷。五十年前，他就是尤惠秋的超级粉丝。那时，他正在上海工作，喜欢听书，最喜欢的说书先生就是尤惠秋。有时候尤惠秋赶场子说书，他也会雇了三轮车跟在后面追，追到东、跟到西。1962年，他回到嘉兴老家后就很少有机会再在书场听到尤、朱档的说书了。一个难得的机会，那是1980年3月，嘉兴新睦书场请到了尤、朱档来说长篇弹词《王十朋》，不巧的是徐祖康正在医院挂水，这千载难逢的机会，徐祖康激动万分，他连忙拔掉了针头赶到书场，一口气买了十五天的连票。在这些天里，他抱病进书场去听尤、朱档说《王十朋》长篇，每天听好书后，他就回到医院，继续挂水，实属不易。可惜只听了七天，因团里另有任务，尤、朱档剪书了，让听众感到万分遗憾。徐祖康所讲的这些事，使躺在病床上的尤惠秋再也忍不住了，打起精神提高嗓音表示十分抱歉和衷心感谢！怎么会不动情呢？人家听了五十年的书，如此痴迷，今天总算相见。还想继续讲下去解释一下，旁边的朱雪吟替尤惠秋深谢，并解释了当初突然剪书的情由。这位书迷没想在五十年后能和自己喜欢的艺术家能在病床前相见。与其说它是奇闻，不如说这是知音有缘。其实这种故事，这样的书迷，在评弹轶事中还是有所耳闻的，足见评弹艺术的魅力。

1960年下半年，江苏省曲艺团安排本团青年演员薛幼飞、谈泉鑫跟师尤惠秋。可惜后来薛幼飞早早去世，谈泉鑫也离开评弹书台，所以在随团学艺的这条线上，没有将尤派艺术加以传承。

江苏省曲艺团的徐宾虽然不是尤惠秋的学生，但他很喜欢尤调流派的唱腔。在省团时，徐宾正巧和尤惠秋是邻居，每当尤惠秋练声练唱时，徐宾是尤惠秋最近的听众。“我喜欢尤调”，这是徐宾的心声，于是他暗暗地自学起来。近水楼台先得月，徐宾经常把自己所学的成果请尤惠秋指点，日积月累，自学成才。徐宾从1979年起，也开始说长篇弹词《王十朋》，将学到的尤调唱腔运用在长篇弹词《王十朋》的演出中，并演出至今。阴差阳错，徐宾虽是一位未拜尤惠秋为师的自学学生，但目前书坛上坚持说长篇弹词《王十朋》、唱尤调的传人却是徐宾。

1962年下半年至1963年上半年，尤惠秋、朱雪吟蹲点评弹学校教唱《梁祝·送兄》，较早地涉及评弹的教育工作。尤调使当时在校的学生感到新鲜好奇。这个唱腔他们接触不多，不如俞调、蒋调、薛调这些流派唱腔那么熟悉，但尤调很好听。不过，一旦开始学习尤调唱腔了，他们又感到头痛，最后学生们总结了四个字：“好听难学”。

正如上海音乐学院连波教授所言：“尤调的欣赏价值很高，但要学好、学精，则不容易……”根据当年的学生潘益麟（苏州评弹学校原副校长）

回忆，尤调唱腔很柔软、委婉，跟沈调、周云瑞唱腔有些类同，跟蒋调一样讲究唱法，唱来韵味醇厚，特别细腻。他和许多同学一样很喜欢。但学习难度不一般，不过只要去向尤惠秋去请教，他都会耐心地启发、引导你，希望同学们多听，多领悟，去掌握方法。

1980年至1982年间，应苏州评弹学校的再度邀请，尤惠秋、朱雪吟再次赴校任教，这次主要教学说表课程。最后，学校还安排在校生魏建安（后来是苏州评弹团演员）跟尤惠秋、朱雪吟学习长篇弹词《王十朋》十回书。根据魏建安回忆，那时尤、朱两位老师先后录了十回书给他们听，每录一回书，就让学生背熟记下，再回课，然后就把录音删去，这样使得学生必须记在脑中、落在纸上，加深记忆。这恐怕是一种传统的教学方法，现在看来是相当严格的，甚至有点苛求。实际上这种压力对求学者是大有促进作用的，不吃苦功，哪能上进？当时，同学们都看到尤、朱两位老师每天清晨天刚亮就在操场上吊嗓、运气、练功；为了一句唱腔，一个过门常常在斗室内反复捉摸、练习，给学生们树立了勤学苦练的模范。魏建安学习了长篇弹词《王十朋》后，坚持在码头书场演出到1985年，虽然这部长篇后来他不说了，但他常常把学到的尤调在演出中演唱。同时，他还会想起尤老师那种刻苦研究艺术的坚韧精神，以此作为楷模，并融入自己的艺术生涯中。魏建安说自己虽然没有正式拜尤惠秋为师，但尤惠秋在他心目中永远是他的老师。

那时，苏州评弹团有好些演员都很喜欢唱尤调，自学钻研，也有成才的，其中袁小良就是突出的典型。如尤调的代表作《送兄》《诸葛亮》等唱段已被袁小良模仿学唱得十分相像，赢得了听众的喜欢，获得了上一辈艺术家的认可。袁小良的自学精神十分顽强，“录老师”是他的好帮手，他钻研艺术，学习流派唱腔时遵循齐白石大师的名言“学我者生，像我者死”。所以袁小良学习钻研唱腔做到了博采众长，结合自身，融会贯通，成功地创造了自己的唱腔风格。到了1999年，袁小良已学唱尤调唱腔很多年了，在评弹界、在听众中早已小有名气，可惜未有机会成为尤惠秋先生的学生，他确是深感遗憾，但他从未开口求拜，唯恐尤惠秋先生不收，故他委托笔者牵线投拜。我很乐意成全他俩结为师徒，当我代袁小良向尤老师提出这个愿望时，尤老师已经有病在身，他对我说：“袁小良已经学得不错了，很会唱，而且唱活了，不是照搬死学，这是袁小良的灵巧之处，我很欣赏。还有一点，袁小良、王瑾一档的三弦、琵琶很娴熟，这是学唱我这个唱腔必不可少的条件。在我有生之年，曾跟我学习的后生有几位，但我不轻易收学生，从未正式收过学生，因为正式收了学生就要对他们负责。现在我的时间不多了，我很乐意和袁小良结为师徒，把我自己仅有的一点经验积累毫无保留地告诉他，我相信他能唱活尤调，并能唱出自己的风格来。”

2000年5月31日上午，尤惠秋先生在嘉兴第一人民医院病床上收袁小良为徒，这也是他生平正式收下的唯一门生。苏、锡两地的文化部门领导和嘉兴市第一人民医院的医务人员都到场祝贺并主持收徒仪式，大家一起在场见证了尤惠秋与袁小良结为师徒。朱雪吟老师在旁感到十分欣慰，尤调流派唱腔能代代相传了。如今袁小良的学生、第三代传人已广泛地在传唱尤调书目了。其中，蒋春雷与黄庆妍的对唱开篇《钗头凤》，就是尤惠秋的同仁、江苏曲艺团的郁小庭老师根据尤调的旋律元素创作的。尤调被广泛传承着。

2000年10月16日，尤惠秋在嘉兴因病逝世，享年七十岁。

纵观尤惠秋的艺术生涯，从一开始的机遇到良好的艺术氛围，评弹如磁铁般的吸引力，终于把尤惠秋推向评弹的艺海，里面藏着无数的宝藏。掘宝的勇士没有惧怕，在艰难的登攀途中幸遇伴侣，携手共闯，看似茫无边际，却是目标明确的艺术奋斗之路。指路灯忽暗忽亮，需要静观默想，凝神屏气。艺术的追求和创新，不是一朝一夕便可唾手可得的，而是学无止境的。尤惠秋与朱雪吟好比是树和藤，树抱藤，藤绕树；他们是红花绿叶，相互扶持；他们珠联璧合，互为依存；他们对待名利甘于淡泊，甘于寂寞。在艺术道路上，他们迈得义无反顾，虚心好学、勇于探索、认真实践、坚持创新，把尤调的唱腔艺术推向一座又一座的高峰。

评弹艺术是一幅水墨画，点染了无尽的山水，沧海桑田，岁月变迁，只有它永恒不变。

生命有限，艺术永恒！

（作者：苏州广电总台原高级导演）

完稿于 2021 年 5 月

弹词名家、尤调创始人尤惠秋生平和其艺术生涯简介

（1930—2000）

1930年　出生于浙江省嘉善县枫泾镇（现属上海市金山区），其祖籍为青浦章练塘。

1941年　拜吴筱舫为师，跟吴剑秋学艺。

1944年　父亲在浙江西塘开书场，尤父将尤惠秋寄名给周云瑞。

1948年　在上海电台与朱慧珍、杨振言等唱开篇，第一次在福州路文化电台唱《琵琶记·赏荷》，以一曲《六月雪》唱红，有尤调初形新意。

1949年　10月15日，《上海书坛》第67期《空中报导》：尤惠秋、苏毓荫自东方、华美电台及大中国、大同电台开篇节目停播后，刻自本月11日起又开始在元昌、鹤鸣电台接妥一开篇节目，时间为上午十一时到十二时。

11月2日，《上海书坛》第72期《空中报导》：两年前电台上专唱开篇的五大名家是冯筱庆、吕逸安、钟月樵、徐天翔、杨德麟，而今年电台上专唱开篇的五小名家是尤惠秋、苏毓荫、陈剑青、钟士英、潘闻荫。尤惠秋唱起自己的尤调来，头摇眼闭，真是另有一功。

12月3日，《上海书坛》第81期《空中报导》：尤惠秋、苏毓荫、钟士英、潘闻荫等四人，近应本市某唱片公司之请，故于本周一前往该公司内灌唱片四张，计每人灌了一张。据笔者所知有尤惠秋之《六月雪》开篇及苏毓荫之《战长沙》开篇。

1950年 3月25日，《上海书坛》111期《听书偶拾》：今春年档，串起一档金月庵、尤惠秋的《蜻蜓》，这对小双档的艺事，金月庵乡土气甚重，久站在上海，乡下说派可以改善，则或许可与薛钟档一争短长。尤惠秋的嗓子，在无线电中听来，颇为甜糯，台风则不过如此，亦似蒋如庭般之为“隔墙西施”。

6月7日，《上海书坛》第132期《金月庵误场　谢毓菁帮忙》：星期日与林梅二君同赴西园，是日适逢金月庵、尤惠秋登台之首夕，未及七时二十分，听客均已入座，一直至七时三十五分，才见尤惠秋上台，坐定后说：“上手还未到来，特先唱一开篇。”即抱琵琶弹唱《方卿写家信》，唱完后，还未见金月庵到来，惠秋僵于台上，后经各听客提议，续唱开篇《莺莺操琴》，并调座位至上手处，自嘲说：“解放了，翻身了，我亦由下手翻身至上手。”言毕，哄堂大笑，又因为弦马未带，故而用纸折成长条塞上，弹来其声略哑，但特别卯上，一曲尤调，娓娓动听，唱完《莺莺操琴》，距落回时间还有七八分钟，第二档谢毓菁已到，见台上只有惠秋一人，马上跑上台来帮忙，连所戴之眼镜都来不及卸却，场内即报以热烈之掌声，以示欢迎，再唱《哭诉陈翠娥》，三四弦纷呈精彩，卖力异常，落回下台，掌声如雷，皆大欢喜，待刘天韵上台，毓菁说：“小油条去了老油条来。”妙语如珠，赢得满场掌声。

11月11日，《上海书坛》第177期《金月庵、尤惠秋研习三上轿》：平厅书场自王畹香、张文艳剪书后，即由自沪来平之金月庵、尤惠秋开书，日夜以《玉蜻蜓》《白娘子》飨客，售座颇佳，四百余客。月庵于数年前曾单档来过平湖，此次偕尤惠秋双档来平，故在开书日月庵登台首先替下手介绍，并嘱惠秋向听众叫声“伯伯”。惠秋竟然毫不踌躇，启口便叫，引得台下哄堂大笑。月庵书艺较前大有进步，口齿清晰，说表细腻，惠秋亦起角逼真，接口紧凑，尤其是金的三弦配合着尤的琵琶，悦耳动听，闻金尤每于书余，埋头研习新弹词《三上轿》，准备明春年档开说，预祝早日成功。

1951年 从蒋月泉为师学说长篇弹词《林冲》。

9月22日，《上海书坛》第266期《电台评弹秋档阵容表》：大中国亚洲电台开篇：冯筱庆、吕逸安、尤惠秋；开篇：杨振言、朱慧珍、尤惠秋。

11月7日，《上海书坛》第279期：杨德麟、尤惠秋日前在沧洲书场试说新书《鸳鸯剑》，博得全场掌声。

1952年 与朱雪吟（原名：茅学德，其外公茅雨庵、母亲茅云霞为评弹父女双档）结为伉俪，婚后居住在嘉兴市南门河东街5号。

2月2日，《上海书坛》第303期《苏州各书场春节新评弹竞赛阵容》：杨德麟、尤惠秋《林冲》。

3月1日，《上海书坛》第311期《杨尤档林冲》：龙园日场送客杨德麟、尤惠秋《林冲》，二人搭配紧凑，甚得听众欢迎，逢周日尤惠秋加唱开篇一阕，杨尤档在苏是比较能卖座的一档。书路尚称纯熟，亦新书中成功的一档。

4月30日，《上海书坛》第328期：杨德麟、尤惠秋合档后，现与汪双档，朱雪吟同场，对于说唱《林冲夜奔》已很成熟，现将第二部新书《活人塘》开始说唱。因政治与艺术水平，皆能提高认识，故说唱时，极少错误，在苏州新书艺人中，可称进步之积极分子。

8月1日，与朱雪吟双双加入苏州新评弹实验工作团，拼档弹唱新编长篇弹词《梁祝》。

1953年 7月，加入中央（北京）广播说唱团，其间学到了西河大鼓叠句连唱和京韵大鼓颤音的运用。

1954年 出版《梁祝·送兄》唱片，成为尤调最为经典的作品，同年被调回苏州新评弹实验工作团。

1月，长女尤培丽出生。

1955年　在苏州团多次参加中篇评弹《秦香莲》和《红楼梦》《借画箱》的演出。在上海仙乐书场参加中篇评弹《刘莲英》演出。

1月，次女尤培娜出生。

1957年　夏，在苏从师沈俭安学说长篇弹词《珍珠塔》，此前由朱霞飞为他俩排演《珍珠塔》。

1958年　在上海演出长篇弹词《珍珠塔》。年底苏州市评弹团三团成立，任团长。

4月，儿子尤培明出生。

1959年　年底尤朱双档加入江苏省曲艺团，是创建该团的元老之一。

1960年　跟魏含英聆听其长篇弹词《珍珠塔》，陈云在宁听尤惠秋、朱雪吟双档《珍珠塔》。下半年，江苏省曲艺团安排本团青年演员薛幼飞、谈泉鑫跟师尤惠秋。

1961年　参加江苏省举办的“弹词流派会演”，推出《王十朋·撕报单》。

1962年　下半年至1963年上半年，尤惠秋、朱雪吟蹲点苏州评弹学校教唱《梁祝·送兄》。

1965年　9月，尤惠秋、朱雪吟双双调入无锡市曲艺团，并参加毛泽东诗词演唱会。

1966年　5月，尤惠秋随无锡市曲艺团在上海西藏书场连演一个月《毛泽东诗词演唱会》，后到苏州公演。

1966年6月—1971年3月　“文革”期间，评弹团活动停止，并入无锡市锡剧团。

1971年　4月，组建无锡市评弹队，排演中篇弹词《黎明之前》。

1977年　6月，在杭州吴山书场演出，陈云首长在杭州听无锡评弹团演出中篇弹词《黎明之前》。

1977年　6月15日，参加苏浙沪评弹界重要的杭州会议，陈云同志出席并发表重要讲话。

1978年　排演中篇弹词《十五贯》和短篇弹词《一张门票》，参加江苏省评弹创作会演并获奖。

1979年　重演长篇弹词《王十朋》，至1984年主要在农村与集镇演出。

1980年　3月，赴沪跟徐丽仙合作录制丽尤调对唱弹词开篇《宝玉夜探》，并解决了弹词男女声低腔对唱时存在的乐器伴奏上的难题。

1980年　8月，参加江苏评弹团首次赴香港演出，尤惠秋、朱雪吟双档带去了《梁祝·送兄》《王十朋·撕报单》等精彩节目。

1980年—1982年　在苏州评弹学校任教蹲点评校教说表《珍珠塔·秋珠报信》，学校安排学生魏建安跟师尤惠秋、朱雪吟学习长篇弹词《王十朋》十回书。

1983年　应邀参加苏州人民广播电台录制《姑苏园林名胜系列开篇》之一《拙政览胜》。

1984年　由于身体等因素，夫妻双双提前退休。

6月12日，在上海大华书场演出中篇评弹《强项令》。

6月下旬，参加蒋月泉先生书坛生涯五十周年演出，表演《拷打文宣》，加唱《诸葛亮》。

1986年　参加苏州人民广播电台录制《金陵十二钗》系列开篇之一《史湘云》。

1987年　患上了手疾，但没有休息，着手整理夫妻俩书目中的唱段和开篇，进行梳理，重新认识。（于2000年由中国唱片公司出版《尤调绝版》纪念特辑）

1988年　担任江苏省中青年评弹演员大奖赛评委。

1991年　4月5日，在上海长江剧场举办纪念陈云同志发表“出人、出书、走正路”指示十周年盛大评弹演出，尤惠秋、朱雪吟双档演唱《珍珠塔·采苹二请陈采娥》，加唱《七十二他》。

1991年　5月，常熟电台《琴川书会》为尤惠秋制作播出《广泛师承独特创造》暨庆贺尤惠秋书坛生涯从艺五十周年。

1992年　赴沪参加纪念毛主席《在延安文艺座谈会上的讲话》发表五十周年评弹演出，演唱《六月雪》，加唱《珍珠塔·抢功劳》和《梁祝·送兄》。

1993年　7月，赴沪参加庆贺朱雪琴从艺六十周年专场祝贺演出，演唱《珍珠塔·秋珠报信》。

1994年　年底，参加苏州电视书场举办的《荧屏奇葩绽新蕾》评弹迎新晚会，演唱《珍珠塔·秋珠报信》。

1996年　6月，无锡市文化局、无锡市文联、无锡市曲协联合举办由江苏文艺出版社出版的《尤调艺术论》研讨会暨首发式及演唱会。

12月，苏州电视台《苏州电视书场》为尤惠秋、朱雪吟制作并播放了《珠联璧合　书坛人生》人物专题片。

1998年　无锡市文化局关心尤、朱档，分配给他们一套面积较大的新公寓。

1999年　7月8日，从无锡市人民医院转移至浙江嘉兴第一人民医院住院治疗，后诊断为多发性骨髓瘤。

2000年　5月31日上午，在嘉兴第一人民医院病床上收袁小良为徒，苏、锡两地文化部门领导和医务人员到场祝贺。

10月16日，在嘉兴因病去世，享年七十岁。

开篇大王邢瑞庭

启　勋

邢瑞庭（1916—2006），江苏苏州人，十五岁拜徐云志为师，学习长篇弹词《三笑》。自出道后，在上海多家电台播唱弹词开篇、长篇弹词《三笑》以及自行改编的《钗头凤》等弹词唱段。二十世纪五十年代起，曾先后与赵兰芳、李娟珍及长女邢雯芝合作拼档，演出长篇弹词《梁祝》《贩马记》《十三妹》等书目。1959年与长女邢雯芝一起加入浙江曲艺队，即后来的浙江省曲艺团。二十世纪六十年代初，又增补长篇弹词《杨乃武与小白菜》，同时，又编演了现代题材的新长篇弹词《三个母亲》。其弹词艺术特点：素以唱功出色而著称，模仿力强，擅唱“集锦开篇”，广受听众欢迎，曾被听众誉为“开篇大王”。邢瑞庭专注于评弹事业的传承，他的几个子女中，有三个随他学艺，并都有所建树，尤其是邢晏春、邢晏芝兄妹更是成为当代新一代的弹词表演艺术家和国家级非物质文化遗产项目苏州评弹（苏州评话、苏州弹词）代表性传承人，为评弹事业的发展做出了卓越的贡献。邢瑞庭先生桃李满天下，随他学艺的除了他的儿女邢雯芝、邢晏春和邢晏芝外，还有学生毛学庭、王荫秋、张如庭、张佩芳、陈国祯、蒋锡麟、陈忠桦、蔡红虹等。

筚路蓝缕　励志学艺

邢瑞庭，1916年3月31日（农历二月廿八日）出生于苏州市葑门内严衙前一个十分贫寒的家庭里。上面有个年长两岁的姐姐，他是邢家第二个孩子。他家居住在用乱砖围砌起来的荒园中，里面仅有一间简陋的小屋。家庭生活的经济来源，仅靠父亲邢礼卿出卖苦力赚取微薄的收入来支撑。

“只怕弗养，勿怕弗长。”他十四岁那年，刚读完小学课程，准备接受初中阶段的学习时，因一家人生活已经落入苦不堪言的地步，再也没有余力供他上学。

邢瑞庭先生曾在自传中写道：“由于家境贫困，在苏州草桥小学校高小毕业后，虽则考取了苏州县立中学及黄埭乡村师范，可自选一处。最后决定，因无力量栽培入学，只能失学。”

因为贫穷的原因无法实现自己求学的愿望，使他幼小的心灵里充满着酸楚。然而从中生发的倔强日渐积聚，以待将来在获得学习机会时能蓄势而发。

第二年秋，在他十五岁时，命运有了转机。

“十五岁秋天（九月初十）经人介绍，学习评弹，拜徐云志为师，日夜两场随师听书学艺（日场在太监弄吴苑，夜场在葑门的椿沁园）。”

十六岁时的中秋时节，徐老师去上海演出，他与师弟兄同去上海听书。除补贴饭金要六元外，另房租每人一月两元。除开支外尚要衣着，洗澡、理发均自理，费用颇大。他只能努力学习，求得早日出山，登台演出。

家庭经济收入只够勉强支撑日常开支，之前拜师的费用及出码头学艺的各项开支，都是父母临时借贷得来的。俗语说：“有借有还，再借不难。”而今如何还？父母把希望都寄托在正在学艺的他这个长子身上。按说十六岁的孩子，肩膀还很稚嫩，然而懂事的他，明白只有努力学习，早日学成登台赚钱，才可偿清债务。他义不容辞地担起养家糊口的责任来，不负家人期望。十五六岁本当是青少年青涩时期，穷则思变，境况起了催熟作用，迫使他在学习上已经有了成人般的思维和定力。在一开始学艺时，他就这样规定自己：非学不可，非会不可，非好不可！在朴素的“三非”自我约束下，他坚持学、练、唱、演，一心归一，不断研究，不断实践，持之以恒，心无旁骛，为日后登台一鸣惊人打下了坚实的基础。

玉汝于成　忠厚处世

机会总是为有准备的人准备的。就在他十六岁这年秋天，他跟随老师到上海听书学艺，当经济十分窘困之时，好运突然降临，应了天无绝人之路那句古话。

他在上海城隍庙得意楼书场听书时，被聘于周协记电台播音。周协记电台由牙医周献文所办，当时上海的广播电台都是商业化运营的，由私人创办的电台正处于新兴时期。

上海私营电台开办评弹节目之初，还没有《广播书场》或《空中书场》一说，大家都只是讲，它是电台里播放的一档弹词节目。真正称它为《空中书场》，要到1948年秋，《大百万金》正式开播的评弹节目。

当时，人们把电台里播唱的弹词节目称之为是听得见而看不到的书场。1924年，上海开洛公司所开设的电台就开播了一档评弹节目。之后，在上海的友联、恒森、亚美、永生、东方、华兴等二十余家电台也先后开办了评弹节目。电台先期播放的弹词节目只是播放唱片的录音。如魏钰卿的《后哭塔》、周玉泉的《云房产子》、赵稼秋的《白话开篇》、沈俭安与薛筱卿的《小夫妻相会》等十多位弹词名家的录音唱片。逢年过节，评弹界举办会书，电台就举办特别节目。所谓特别节目，就是邀请名家上电台直接播音说书。二十多家电台一起举办特别节目，总共要播一百二十多档弹词节目，听众反响强烈，十分欢迎。听众从这家电台听到那家电台，听完这家，再听那家。听众欢迎，电台的广告收入自然也十分丰厚。之后，开洛电台直接邀请弹词艺人上电台演播长篇弹词，所以开洛是第一家开设长

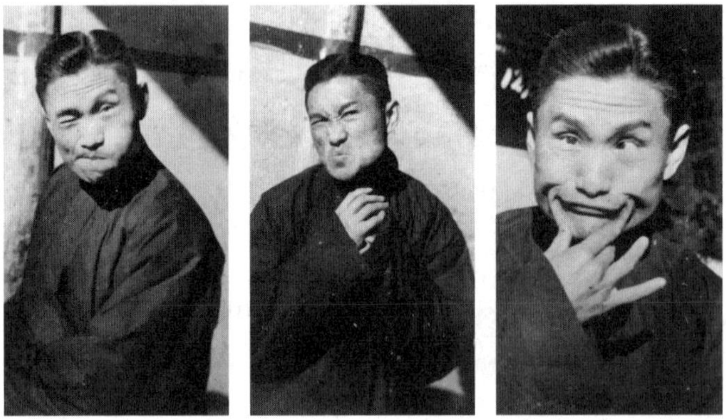

邢瑞庭扮相华大、华二、祝枝山

篇弹词播送的电台，而弹唱《三笑》的蒋宾初就成了上无线电台说书的第一人。

自从评弹艺人蒋宾初上无线电台播音之后，对评弹界的其他艺人有相当的号召力和吸引力，很多艺人也纷纷想方设法要上电台播音。之后，沈俭安、薛筱卿的《珍珠塔》，朱耀祥、赵稼秋的《啼笑因缘》，王畹香、陈瑞麟的《倭袍》《九丝绦》等也都在电台播放，上海二十多家商业电台都开播了弹词节目。一时间，上海变成了说书的世界了。当时上海的电台娱乐节目中，评弹是位居第一的重头戏，尤其自邢瑞庭从电台直播，或由听众点唱的《集锦开篇》播出后，电台播送的弹词节目更受听众的青睐。

由于邢瑞庭先生年轻时嗓音条件好，在年轻一代的艺人中，他的弹唱水平是属于名列前茅的，所以他一到上海即被聘为周协记电台播音员，相继又受聘于城里三牌楼惠灵电台及南市鹤鸣电台，收入很高，解决了他的生活问题。他把余下的积蓄全部寄到父母手里，解决了家中的困难。当时，弟兄姐妹中，除大姐出嫁外，尚有弟妹五人。由于他天生敏慧又谦逊好学，除刻苦学习徐派艺术之外，他还广采百家之长，兼收并蓄，充实自己，故而从师不满十个月，竟学会了一部长篇，已能独当一面在书台和电台献艺了。又由于他得天独厚的好嗓子，音色甜美圆润，运腔婉转动听，每每声惊四座，终至在上海赢得十余家电台争聘，一天到晚忙不迭地赶场子。更可贵的是他艺兼各家，学啥像啥，惟妙惟肖。尤其所唱徐调，尽得真传，几可乱真。有一次上海一家电台正在播放徐调代表作开篇《寇宫人》，滑稽艺人张冶儿和几个听众在收音机旁收听，大家都说是徐云志在弹唱。而张冶儿和邢瑞庭很熟，一听就予以否定。双方争执不休，提出以一桌酒水打赌，并立即打电话到电台询问弹唱开篇《寇宫人》的弹词艺人是徐云志还是邢瑞庭。电台回答是邢瑞庭。结果张冶儿得胜，赢了一桌酒水。

在苏州弹词演唱中，有真假嗓的分别。是时，邢瑞庭先生非但假嗓出众，真嗓音更是高妙，不可多得。在苏州弹词各种流派曲调中，他最喜欢演唱的薛调就是用真嗓子来演唱的。

薛调，是苏州评弹前辈艺术家薛筱卿以马调为基础，发展开创的唱腔流派。以咬字清晰、运腔苍劲、发音铿锵为特点，讲究字正腔圆，听来爽脆悦耳。其用嗓、速度、润腔等演唱技巧与运腔委婉柔软的徐调是截然不同的。邢瑞庭先生所工的薛调，有极深的造诣。

《吴韵评弹》对邢瑞庭弹唱的薛调给予了高度的评价："邢瑞庭先生的薛调，一贯是唱得四平八稳的，不急不躁，既不刻意模仿薛调的喷口，又极富薛调的口劲特色、薛调的风味，比任何一位薛门男性艺人更佳……唱功的精湛和体会的独到，无人可及。"

《吴韵评弹》对邢瑞庭弹唱的薛调给予的高度评价绝非虚言，他年轻时演唱薛调就已经达到了乱真的程度。一天，薛筱卿先生在赴电台演唱的途中，意外有事，又生怕家中夫人收听不到他的演唱而着急担心，于是就委托少年邢瑞庭去帮他代唱。不知就里的薛夫人，到时收听，真以为是薛筱卿本人在演唱呢。从这，也可窥见薛老夫子对他演唱的薛调的认可。

擅长弹唱各种弹词流派开篇的邢瑞庭，通过电台的演唱，被广大听众誉为"开篇大王邢瑞庭"。

邢瑞庭除了擅长弹唱徐调和薛调外，其他如周蒋调、陈祁调、蒋朱调、沈调、姚调、陈调、朱耀祥调等弹词流派唱腔名段，学啥像啥，无一不能，深得听众喜爱。在电台演唱持续好多年，听众打电话到电台的点唱电话铃声不断。他当时年少气盛，精力充沛，有求必应，点啥唱啥。有一次在上海国华电台唱开篇，从晚上一直唱到第二天凌晨两点过后，一共唱了三十多只开篇。邢瑞庭在上海电台掀起了一阵不小的“开篇热”，之后辗转常熟电台、苏州电台、无锡等电台，“开篇大王邢瑞庭”的美誉由此传遍苏浙沪地区，其影响之广，不可小觑。

邢瑞庭因天资聪颖，学啥像啥，凡名家的唱调，他听过后就能抓住其基本旋律和特点，并都能模仿其唱腔，且唱得有模有样。当时，便得到了上海票友界和书迷朋友的喜爱和极度推崇。票友界和书迷对于苏州评弹的发展起到了巨大的推动作用。有人说，戏曲兴不兴盛，看看票友界和痴迷者多寡就可以了解。票友界和书迷们时刻关注着苏州评弹的动态，经常发文评论、交流。1939年11月28日，上海报载横云阁主，有涉及瑞庭先生的评论：“小辈弹词家，当推邢瑞庭最有希望，前隶各电台播音，擅摹诸响档弹词家之声调，倍受听者欢迎，今春随乃师徐云志隶各书场献艺，以说唱老练，连博好誉……某晚忽隶国华电台，播送个人特别节目，仅由吕逸安、冯筱庆辈夹唱开篇数阕，自始至终，由彼一人独唱，堪谓别开生面，难能可贵。当其学唱夏荷生调门《描金凤·换监》的篇子时，声音逼真，几疑荷生本人亲口播唱，一时点唱电话纷纷不绝，号召魔力，至堪惊人，唯不知何日重隶书场说唱，是为可念耳。”

票友界、书迷的支持，还表现在热心撰写和提供评弹作品给自己心仪的艺人。当年邢瑞庭先生在电台唱《螳螂做亲》《乞丐歌》《大饼油条结婚》等通俗开篇，都是一些热心听众编写后寄给他的。汪伯英、姜映青所撰写的开篇，杜剑青据张恨水的小说《落霞孤鹜》撰写的十集套曲开篇，也专由他演唱。当时负有盛名的两个上海业余评弹组织——书迷社、知音集由邢瑞庭艺术的爱好者所组成，在艺术上均邀请邢瑞庭进行指导。他们帮助邢瑞庭将其所唱的开篇汇编成《书迷集》《知音集》付梓。

由于电台商业运作的需要，推出由听众点唱开篇、选曲，作为扩大自身影响力和推销商品的手段。为适应听众要求，他所掌握的苏州评弹各种唱调风格的唱段，在业中无出其右。听众频繁点唱不同的节目，在不断启发他，终于有一天，他萌发出一个计划：既然听众喜欢听我演唱各名家的唱调，何不把各名家的唱调集中在一个开篇里唱出来呢？而且从中还可以加些说明各种唱调的特点、书目和唱调的关系、创始人和继承者的渊源等知识，任由听众浏览和品评。经过酝酿、策划、制定文本、私下练习到成熟，厚积薄发，他开始在电台实践。结果一炮而红，当这个计划在电台开始实施之日，也就是他闻名于世的集各派唱腔大成的《集锦开篇》问世之时。

需要说明一下，二十世纪三十年代的中国，无线电、留声机都是相当珍贵和奢侈的物品，寻常家庭极少拥有，而当时的弹词艺人门户观念重，缺乏相互学习和交流，他们演唱的弹词曲调主要靠师承，业师如何唱，学生也如何唱，普遍的是一书只唱一调，一人只唱一调。学生悟性高的，会在继承业师唱的基本唱调的基础上，做些突破性的改变，改得好，听众认可了，就成了新的唱调；改得不好，听众不喜欢，就归于失败，一代而止，渐渐湮没。那时，评弹艺人一个演出档期往往长达三个月，大多是单档演唱。而一部长篇书目起码有几千句唱词，听众在书场里听书，几千句唱词通常只能听到一种唱腔，显得很单调。可以说一曲百唱是当时演唱的定势，这大概是苏州弹词从前的生存形态，使得长篇书目与某艺人的唱调、与某艺人的名字确立起对应关系。如说到长篇书目《珍珠塔》，不用猜，多半用马调系统唱调，有老魏调、魏调、沈调。薛调等，艺人则有魏钰卿、魏含英、沈俭安、薛筱卿等。说到艺人周玉泉，马上就知道他唱的是周调，说唱的是《玉蜻蜓》。说起《三笑》，马上知道是徐派系统或夏调系统的书目，演唱的是徐调或夏调，艺人则有徐云志、严雪亭、邢瑞庭、祝逸亭、夏荷生等。唱腔、书目、艺人往往都连在一起，各门各户，各树一帜。资格特别老的听众，由于书听多了，对于种种唱调对应的书目和艺人，都能说出些子丑寅卯来，但许多听众都不甚了解。《集锦开篇》正是在这种背景下应运而生的，它展示了百花盛开的局面，诠释了艺人、唱腔、书目三者之间的关系甚至奇闻轶事。自《集锦开篇》应运而生后，便拥有强大的生命力，受到听众，尤其是电台评弹节目听众热烈的欢迎，一时风靡沪上。

邢瑞庭开创的《集锦开篇》，对于苏州评弹唱腔的传承、繁荣和发展作出了重要贡献。

《集锦开篇》之所以风靡一时，是因为一方面当时各种新的弹词流派唱腔纷纷崭露头角，另一方面是当时听众求新、求异的审美要求使然。现在再谈起《集锦开篇》时，往往暗含贬抑，但在当时，它的风靡确有评弹历史和艺术发展到一定阶段的必然原因，而这些原因并不是"媚俗"，而是顺应听众欣赏的需求。邢先生刚出道就唱电台，甚至是同辈中商业电台演唱的"元老"级人物，在他的帮助和带领下，师兄严雪亭、同道蒋月泉后来亦成功"杀"入电台并在沪上电台演唱中一举成名。电台里有作风正、水平高的演唱，听众多样性的审美欣赏可以得到满足，这样的演唱怎能不受欢迎呢？况且他在电台演唱的同时，还经常接受听众的电话提问，耐心讲解各流派不同的唱腔特点，他做的广播节目融娱乐性、知识性、欣赏性于一体，自然更受欢迎。

苏州评弹学校原教研室主任陶谋炯认为："评弹的本身发展，又在这一时期摆脱了过去只唱俞调、马调、小阳调的单调处境，从三双档、三单档起名播沪上，一下派生出十多种形态各异的新唱调，整个弹词流派唱腔呈现缤纷多彩的局面。先生在这种情况下在电台唱《集锦开篇》，我认为对当时弹词流派唱腔音乐的推广普及和提高发展，功莫大焉。"

从《集锦开篇》业内获得启示，也应听众审美的需求，引导艺人们在演出中开创一部书，演唱多种唱调的局面，同时正式赋予各种唱调统一的名称，如周玉泉的唱调名周调、徐云志的唱调名徐调等。

在《评弹文化词典》中提及邢瑞庭先生的擅唱各种流派曲调及集锦开篇的评价是：“书艺素以唱功出色著称，模仿力强，演唱各种流派均见功力。擅唱《集锦开篇》，即以各派各调之典型唱句集于一曲，或根据唱段内容，选用不同流派唱腔唱出，受到欢迎。”

邢瑞庭先生为人忠厚，演唱各派各调时，毫无一丝哗众取宠或有意嘲弄等情况，都把最美好的一面呈现给大众。《评弹文化词典》上关于他的评价较为中肯，并无贬抑。

邢瑞庭先生性格内向，谦和平易，在行业内是出了名的。二十世纪三十年代的上海是一个花花世界，像一只充满各种诱惑的大染缸。那时他年轻、潇洒，又有丰厚的收入，从事的是讲究名利的职业。然而不要说沾染不良嗜好，就是江湖上的不良习气，他也一点没有沾染到。

“问君何能尔，心远地自偏。”他单纯善良，淡泊名利，不爱征逐，有坚毅的品格和强大的定力，研习自己的所爱。当然，他并没有把自己封闭起来，像所有的年轻人一样，他爱运动，曾是“健北”和“光裕”两支足球队的队员，也像所有的年轻人一样，爱交志趣相投的朋友，愿意为他们不遗余力地付出，在当时的环境里，实属难能可贵。他最亲近的人——夫人邱蕴玉女士曾著文这样来描述她的丈夫：“瑞庭一生从事评弹工作，在旧社会称作吃开口饭的，靠开口来谋生，而他偏偏个性内向，不善于交际，更不习惯阿谀逢迎他人。他的内心是滚烫善良的，对于失业的父母，至诚至孝。对于幼弟弱妹，竭尽长兄责任，将其一个个抚养至立业、成家。对于子女，循循善诱，尽力培育，使他们各有所成。对于同道朋友，十分忠诚，偶有所求，总能尽力出手相助。”

记得新中国成立前有一次在外演出，同码头有一位女艺人，吸毒成瘾，因无钱买毒品，毒瘾发作，引起腹泻（俗称烟漏）突然身亡。邢瑞庭得知后，立即赶去吊唁。因这位过世的艺人身无长物，身边又无亲属，在场的人正为如何料理丧事而发愁。邢瑞庭当即慷慨解囊，替她买棺成殓。这位过世的艺人与邢瑞庭并不是在一个行会组织里的，他本不必尽这义务，经办人既佩服又诧异，问邢瑞庭这是为什么。当时邢瑞庭是这样回答的：“我们虽不是一个社（行会组织）的，但是大家都是说书的，我们说书的不能困人家施棺材。”

旧社会的艺人没有固定的工资收入，生活没有保障。邢瑞庭那时正走红，收入颇丰。由于他生性慷慨，同道中人有困难都乐意找他。有个同道艺人，因长期没有业务收入，欠房东数月房租无力偿还，被拒之门外，只得向邢瑞庭求助。晚上，他等候邢瑞庭从电台演唱完毕出来，邢瑞庭得知后二话没说，当即帮他缴清房租，并为他赎回当去的寒衣。在码头上，凡遇上有过路的演员求助，他总是遵循行规，招待一宿两餐，临行资助路费。他乐意做，因为他也是苦出身的，他常说：“瓦爿也有翻身日，同道中人有困难互相帮助是应该的。”

还有一次，有位同道艺人将要结婚，婚期已近，而结婚费用却意外落空，他急着向邢瑞庭商借。当时邢瑞庭自己也刚结婚，经济上并不宽裕，却欣然应诺。事后，他急向包请其演出的单位，商量预支四个月的演出费用，加上其他演出收入，取出一半资助其成婚，以解燃眉之急。

他一生中曾收过许多入室弟子，却从未收受拜师金，也不要请客摆酒等排场。他教授学生总是尽心尽力，像对待自己的孩子一样。遇到家庭困难的学生，倒贴路费、生活费是常有的事，他只是希望学生能专心学艺，早早成材自立，所以学生们都十分敬重和爱戴他。

乐于助人是他一贯的风格。记得有一年他在常熟附近的一个小镇上说书，有个地方戏曲团体也正在这个小镇上的剧场里演出，因为业务清淡，缺乏下卸的路费。邢瑞庭得知后，立即尽自己所有帮助他们解决困难。剧团里的许多人，后来都成了他的朋友。

旧社会的艺人，任你曾红极一时，最终穷困潦倒者为数不少，又常常会受到恶势力的欺凌索诈，毫无地位可言。更有甚者，遇上“白相人”寻上门来，只能任人宰割，饮恨隐忍，息事宁人。遇上兵荒马乱时期，时闻艺人在外演出遭劫甚至遇难。邢瑞庭先生的胞弟瑞君，亦操弹词为业，敌伪时期，因子弹乱飞，受惊咯血身亡。1938年，邢瑞庭先生在外地演出，因形势日趋严峻，被迫回家乡。谁知，在回乡途中，不幸遇到盗劫，所有行李被洗劫一空。

越战越勇　光前裕后

一唱雄鸡天下白，苏州评弹艺人也从此站起来了，从任由恶势力欺凌的弱者，一跃而为新文艺工作者。

邢瑞庭先生于1936年加入上海市评话弹词研究会，于1949年冬转入改组而成的上海市评弹改进协会，任无锡评弹组组长，跨上了学习时政、追求进步，走集体化道路的新台阶。

1954年，邢瑞庭参加苏州市评弹改进协会的评弹实验组，全力从事中篇评弹的创作演出。

1956年6月，上海市戏曲学校开设评弹班，邢瑞庭应聘兼职任弹唱课主教老师，不顾下午和晚上还要演出四个小时，在课堂上往往一唱两个小时。凭着老师须有父母心的信念，凭着深厚的艺术功力，凭着重艺爱徒的作风，他尽心教学，深受学生们的尊敬和爱戴。多少年后，已各有所成的学生们相约聚在一起，专程从上海赶赴苏州探望这位已是耄耋之年的老师。在他逝世时，学生们联名致哀。

1959年，他服从组织安排，在浙江文化部门的盛邀下，率长女邢雯芝毅然落户杭州，成为浙江省第一个国营曲艺团体——浙江省曲艺队的开创者之一。当时，他未到不惑之年，正当风华正茂，艺术上正在努力进取之中，却心甘情愿地放弃了上海和苏南地区的工作和比较优厚的生活条件，支援浙江文化建设，并很快为浙江省曲艺队在评弹界获得了一席之地。他认真学习毛主席《在延安文艺座谈会上的讲话》，按照党的“双百”方针，坚持文艺为工农兵服务的方向，积极参加上山下乡，下海岛部队，以体验生活。他有生以来不食鱼腥，下海岛时自备咸菜、萝卜干解决吃菜问题，忍着鱼腥味，在渔船上与渔民们一起拉网捕鱼；不顾身体瘦弱，参加部队站岗放哨、实弹打靶等活动，不愧是一个忠于事业、勇于进取的老一辈优秀艺术家。

在浙江期间，他携带行囊，背起乐器，踏遍了各大城市和乡村；在领导的支持和他岳父邱行逊老先生的帮助下不断更新书目，所演书目除《三笑》外，还有《贩马记》《何文秀》《十三妹》《三个母亲》《杨乃武》《杨立贝》等长篇，皆能使同行刮目相看，书迷交誉，听众欢迎。

王柏荫先生是这样评价邢瑞庭的："邢先生对待工作始终是认真负责、任劳任怨的，他为人和蔼可亲，与同志们相处和谐，从未与人有过争执，在团里是有名的好人。我与邢先生前后共事达二十余年之久，他的勤勉与为人给我留下了深刻的印象。

"邢先生是一位对艺术很执着的老艺人，在几十年的辛勤耕耘中，他总能诲人不倦，乐于扶持新人。对团里的青年演员，他均能尽心地给予帮助和辅导，使他们在艺术上能迅速地成长起来，现在不少已经是响档。大家都还想念着他。"

由于邢瑞庭工作卓有成效，成绩斐然，被所在单位浙江省曲艺团评为1979年度先进工作者。

1980年春夏之交，苏州评弹学校在苏州城郊黄天荡一个过去的知青点里正式复校。应学校要求和浙江曲艺团领导指派，他携女邢雯芝与同事徐天翔先生欣然就位，开启了他生平第二段执教历程。那时先生已年过花甲，除了一丝不苟地上好每一堂课，他还常常利用午间休息，指导前来求教的学生。学校外地学生多，许多学生家乡口音重，他总能一字一句，一遍又一遍不厌其烦地纠正。有时下午散学后，他还在继续辅导学生，倘或错过了班车，就步行回家，无怨无悔。就这样，他与苏州评弹学校的同仁们勠力同心，为苏州评弹事业培养出了一大批优秀接班人。弹词界近三十年来盛称的“邢氏一门四杰”，就是邢瑞庭先生及先生言传身教的邢雯芝、邢晏春、邢晏芝三个子女，皆各自有相当的成就和造诣，都被评为高级职称，其中邢晏春、邢晏芝现都是国家级非物质文化遗产（苏州评话、苏州弹词）代表性传承人。那么邢老先生的“一门四杰”是如何做到的呢？

其自身是因为家贫自创“三非”，刻苦努力获得成功的。其三个子女，邢雯芝、邢晏春、邢晏芝的教育，用的是实事求是、因时教育、因材教育、相机行事的方法。这些方法是他从自己在窘境学习里体味出来的，是从他几十年电台、书台的实践中省悟得来的，是从他在上海戏曲学校和苏州评弹学校两度执教的经验里获取而来的。

他先让子女对苏州评弹有个正确的认识，只有认识正确，才能对这门艺术产生真正的热爱。苏州评弹，俗称说书，俗言是跑江湖吃开口饭的。过去风气未开，对这种职业多有微词甚至有些贬损。邢老先生一生对评弹热爱有加。他晚年时常说：“三百六十行，行行出状元。我孝养父母，领大众多弟妹，使他们各立门户；我又把五个子女培养成人，就靠听众这些衣食父母的捧场，就靠三根弦线。现在退休了，共产党养我，说书有什么不好的呢？”由于他对自身行业的尊重，带领整个家庭都以说书为荣。子女们在这说书家庭里耳濡目染，也都喜欢上了说书，都想成为像父亲那样的好演员。

喜欢是最好的老师，喜欢了才有可能学好，这是三个子女将来学成的基础。

有了这基础，学习还必须有压力。对于子女要求学艺，邢老先生始终持积极支持的态度，而且都乐意将他们放在自己身边传授和管教，也就是私人自带跟码头学习。私人自带子女跟码头学习，既要增加更多的跟码头的开支，又必须承担将来子女能否进评弹团体的风险。过去家学学成的子弟，要进入评弹团体是很难的，非要成绩让人觉得确是可造之才不可。如果没有进入团体，而擅自演出，被称为“非法”艺人，俗称“飞兄”，文化部门不仅要来干预，而且可能还会受到严肃处理。“非法”艺人的名声并不好听。邢老先生的态度是学了再说，学好了，自然有团体接收，关键还是在于本人的艺术水平。三个子女学艺伊始，也都知道父亲承受的这些压力，他们学习怎敢不努力，怎会不拼命？无形中，他们继承了老先生的“三非”精神。

老先生要求他们学艺先学德。有德，艺术才能光大，有利社会；无德，若是艺高却是如虎添翼，飞来飞去害人。他常对子女和弟子说：“学艺术，须先学做人之道，切忌争名夺利，人家说你好才是好。有了良好的心态，风大不开船，才能有时间去研究艺术，说好书。不会上无谓争论、枉费精神的当。待人不要用‘江湖诀’，要老老实实，否则会被人看不起。有些人，当你本事好了妒忌，本事不好看不起，本事差不多就会倾轧，一点不求上进，不要去理会他们，不值得争吵，吵坏了嗓子是自己倒霉，要保护好自己的嗓子，台上好才是真的好。来说是非者，即是是非人，他们背后讲人长短，自名‘大好佬’，那种人少接触。只想看别人戏的人，不要去理他们。”身教重于言教，邢老先生是这么说的，他也是这么做的。纵观其一身，谦谦君子。榜样的力量是无穷的，子女们和他的弟子均以他为楷模，都能专注学习和锻炼艺术。

他的教艺方法是视学习的对象而论的，不同的年龄段用不同的方法进行教授。老大邢雯芝十四岁还是个孩子，各方面还没有成熟，甚至有些贪玩。但老先生知道女儿喜欢评弹艺术，如何诱导她学习呢？邢雯芝在回忆父亲时说过这么一段话：“父亲是个温和而又内向的人，传授艺术极其细致耐心。手把手地教我弹琵琶，一遍又一遍地示范；教我运气、练声、咬字、演唱、说表、起脚色等各类基本功，循序渐进，像扶着幼儿学走路那样当心。当我有一点进步时，他会非常开心，从来没有发过火，说过一句重话。在父亲的呵护下，我的学艺道路充满了父爱的幸福和名师的春风。”

邢老先生平时不苟言笑，当他教授一个大孩子时却显得特别温柔。用他的话说：“见老师害怕，像沈凤喜逼唱大鼓，怎么学得好呢？”有一次，苏州文化馆组织业余评弹演员在静园书场演出，他尚在读中学的小儿子入选，要以单档去演一段《三笑》中的《扮女戏母》的折子书。折子书讲的是：周文宾假扮女邻，即书中所言的乡下大姑娘，前去母亲房中测试母亲能否看破其男扮女装的故事。演出的前一天，正巧邢老先生在家休息，听说儿子要去说书，十分兴奋，要儿子先说一遍给他听听。儿子由于从没有在父亲面前说过书，心情特别紧张，结结巴巴好不容易说完这一段书。总以为一向神情严肃的父亲，会很严厉地批评他。但出乎意料，父亲只是淡然一笑，接着耐心地给儿子介绍这回书中的母子两个人物，故事中有趣诙谐之处在什么地方。他认为最后当母亲发觉自己上了儿子的时候，表现出来对儿子的深爱微嗔和周文宾调皮娱亲的天伦之乐的艺术效果，自始至终的语气应以轻松自然为好，不能把书背出来了事。为了儿子能有一种感性的认识，他自己还特地将该书说了一遍给儿子听，说到紧要处还做些讲解，使儿子懂得了一些说书的道理。后来儿子也去评弹学校当教师，也能对学生循循善诱，耐心启发即是得益于其父教导。

晏春、晏芝随父学艺，每当演习弹唱时，邢瑞庭会留心谛听，做出指导：“演唱要写意，定调要适合自己的嗓子条件，唱得好坏不是以定调高低来决定的。人家买了票来听书，听你唱就要听得舒服。如唱得急吼吼，自己很吃力，人家也会听出气来的。”

他经常把自己年轻时唱电台的经验传授给下一代。他说演唱时面对麦克风，唱得太重，声音发炸了就不好听；定音过高，长时间演唱，容易倒嗓。长期的电台演唱，使他在用嗓的控制上特别有心得，因此至老嗓子不败。他把这些金不换的经验适时地教授给了子女。

小女儿晏芝在演唱上特别有天赋，邢瑞庭对她未来的发展也有所设

邢瑞庭和邢雯芝拼档演出

计。他特别要求她多听京剧大师程砚秋先生的唱，说程派唱腔含蓄，有内在，要好好研究他的唱法，为演唱评弹所用。现在邢晏芝自创的"音随情回"的演唱，离不开当年父亲对她的谆谆教诲。其他如动作、手面、面风，说表上的语气、语调、呼吸等，他都悉心指导，比较难些的角色还特地请人来拍照。二十世纪六十年代初，照相机对于普通家庭来说是稀罕之物，拍照是很难得的事。他的祝枝山、华大、华二的特写剧照，为后人留下了一份十分珍贵的艺术资料。

邢瑞庭先生对子女做出最大的贡献，也是对评弹事业后继有人所做出的最大贡献，那就是为邢晏春、邢晏芝他们选定了一部适合他们兄妹俩艺术发展的一部长篇弹词书目。它既不是《三笑》，也不是《贩马记》，邢瑞庭另辟蹊径地为他们选择了一部长篇弹词《杨乃武与小白菜》。

大家知道邢瑞庭的出科书是随徐云志先生学唱《三笑》，这也是他在一生的艺术生涯中，与大女儿邢雯芝合作并赖以生存的主攻长篇书目。当然，其中还包括《贩马记》等其他长篇书目。虽然邢晏春和邢晏芝也继承了他们父亲的这些"看家书"，但他们主攻的长篇是父亲为他们选择的《杨乃武与小白菜》。邢双档学说《杨乃武与小白菜》一书，这里还有一段鲜为人知的故事。

1962年9月，浙江省曲艺团领导提出，浙江曲艺团要说浙江书。为此，浙江团的演员都认领了补书任务。当时邢瑞庭认领的是《杨乃武与小白菜》。或许他认领这部书时就有所考虑，如能认领得到《杨乃武与小白菜》这部书，就将他作为小儿子与小女儿，即为邢晏春、邢晏芝量身定制的一部长篇书目。之所以这样说，这或许也是邢瑞庭先生因材施教的理念所致。邢晏春年少时不仅继承了父亲擅长弹唱薛调的功力，而且他工其师伯严雪亭的严调唱腔，亦颇具心得。而邢晏芝呢？她自幼就有一副好嗓音，她唱的俞调和祁调工整有加。两人的演唱特长都是很适合弹唱《杨乃武与小白菜》这部书的。这是邢瑞庭为子女设计的艺术蓝图。事有凑巧，他的大师兄严雪亭正是说《杨乃武与小白菜》一书的大响档。而严雪亭的大弟子朱一鸣，他认为自己是徐云志的徒孙，但不会说《三笑》，实属憾事。为此，他也很想学一部《三笑》，以满足自己学艺所需，以偿心愿。朱一鸣与师叔邢瑞庭相约彼此换书，两者一拍即合，以《杨乃武与小白菜》换取《三笑》中的杭州书，即《黄老虎抢亲》一书。自商定之后，两档书同做一只码头，轮番日夜场演出，彼此相互听书，各取所需。于是，邢氏兄妹就随父亲在码头上学说长篇弹词《杨乃武与小白菜》。谁能想到，一个偶然的换书机会，却成就了未来一档弹唱该书的弹词名档——邢双档，这正是邢瑞庭先生的慧眼所致。

果不其然，邢双档随父亲在码头上听了四个月由朱一鸣弹唱的《杨乃武与小白菜》的长篇弹词之后，已基本上完成了换书任务，进入了排练的阶段。邢双档边排练、边学习、边丰富、边提高。与此同时，兄妹俩又多处聆听师伯严雪亭以及石一凤、金慧鸣等弹唱该书的各家演唱，尤其严雪亭的弹唱，对提高兄妹俩弹唱《杨乃武与小白菜》该书的艺术水平起到了至关重要的作用。兄妹俩在父亲邢瑞庭的悉心指导下，经过长期的磨炼和实践，终于成功了。1979年5月，邢晏春、邢晏芝进上海，"亮剑"于静园书场，一炮打响，兄妹俩弹唱的《杨乃武与小白菜》轰动了大上海。之后，他们七次进上海，演遍上海的静园、西藏、大华等各大书场。邢晏春、邢晏芝弹唱《杨乃武与小白菜》的成功，其父邢瑞庭的决策是起到了决定性的作用的。

退归林下　不忘初心

邢瑞庭先生于1983年2月26日退休，从学艺到退休，他对苏州评弹始终以感恩的态度去爱，将苏州评弹当作毕生事业去爱。他感恩苏州评弹给了他生活、家庭、友情、欢乐、追求、希望…… 总之，他毕生从事的事业，给了他今天拥有的一切美好。

退休之后，他对于苏州评弹的爱，始终不改。

他深居简出，稍有空闲，便会去记录曾经说过的书目，乐此不疲。因为他明白，他们这一代艺人多半没有记录剧本的习惯，要说的东西都记在肚子里了。有的只是篇子簿，里面记录着唱词、韵白、挂口、开相、赋赞、诗词、对联、重要的对话等，如不及时记录，那对于留存资料和传承后生都是一个缺憾。积他一生的艺术生涯之底蕴，他记录的长篇弹词书目有《三笑》《贩马记》《何文秀》《王老虎抢亲》等，他把他说书时的遣字用语及行书以文字方式记录了下来，以供后代学习、参考和研究。

1981年6月，他亲率子女雯芝、晏春、晏芝赴上海成功举办苏州评弹邢氏演唱会，唱响《集锦开篇·再生花》，场面热烈。1982年8月，在江苏省文化局局长郑山尊的支持下，他再率子女在常州红星剧院成功举办苏州评弹邢氏流派演唱会，再度唱响《集锦开篇·再生花》，受到热烈欢迎。他又于1990年助阵邢晏芝个人演唱会，赴南京江苏电视台参与邢氏演唱会，多次为子女排演折子、选曲、开篇，为子女出访演出赶写剧本、指导说唱。年近古稀的他还收学生，传授艺术。为了扶掖后生，他提倡“化作春泥更护花”的精神，并提出老艺人要以“绿叶精神”扶持后辈，受人称道和尊敬。

他性格内向，不善寒暄、应酬，退休后更是喜欢恬静清闲的生活，但逢后生求教、谈艺论道时，辄一改往常，每每滔滔不绝地耐心作答，不知疲倦。如果不是背后深藏着他对评弹、对评弹事业接班人浓浓的爱，有着一颗希望在有生之年把自己知道的一切统统交付出去的赤子之心，是不可能做到的。

在邢瑞庭先生逝世的前几年，他不幸患上了阿尔兹海默病，严重到几乎没有记忆的地步。然而在极少量的碎片化记忆里，他能记住的，除了相濡以沫的老伴外，唯有苏州评弹。这是一种刻骨铭心、牢不可破的情愫。在这期间，他常喃喃自语，家人和医护陪侍人员常从他的自语中发现，他是在说评弹《三笑》中的台词。家人也惊奇地发现，他睡着了，梦中还在说书！

再来看两则对话：

（一）（某天先生在房里翻看东西）

老伴：你在找什么？

先生：伞、套鞋。

老伴：天好找什么伞、套鞋？

先生：我要上场子，和别人说好的，不能失约的。

（老伴无奈，只能顺着他。）

老伴：不用去了，你儿子、女儿去代书了。

先生：哦，好的。

（二）（某天，从事说书的儿子来看望他）

老伴：瑞庭，你看啥人来看你了？

（老先生对着儿子乐呵呵地仔细看了又看，犹豫了半天。）

先生：……他是说书的啊……

后来，先生在苏州病重不起，住院期间，苏州文化局领导十分重视，曾多次慰问探望。他曾工作过的苏州评弹学校，对他更是给予了无微不至的关怀，先生和家属都深受感动。

2006年4月5日，邢瑞庭先生终因病治疗无效，走完了他生命中的最后一程，永远地离开了他挚爱的评弹事业，离开了这个为人所眷恋的世界。

清风遗爱　尊享哀荣

先生逝世后，引起曲艺界领导和有关文化人士及同仁们的高度关注，并以多种方式深切哀悼。

邢瑞庭先生几十年的书台生涯，一丝不苟，十分严肃，为追求完美而耗尽了他毕生精力。他有一颗执着的事业心，尤其在演唱上，他有着很深的造诣，是二十世纪三四十年代的书台名家。他以掌握各种流派唱腔而蜚声海内，被誉为“开篇大王”，其首创的《集锦开篇》以诠释弹词、演绎流派、推介名作为宗旨，受到听众的热烈欢迎和同行的赞誉，为苏州弹词在民间普及，打破一位艺人只唱一种唱腔的门户旧习做出了具有开创性的贡献，成为最早清晰界定各种流派唱腔特点的艺术家，他的确是一名有成就的评弹演员。

邢瑞庭的艺术和为人受到了中央、省、市领导的称赞，尤其是得到陈云老首长和叶剑英的赏识。每当老首长在浙江视察工作时，总忘不了听一听邢老先生的书。陈云老首长还约邢老先生长谈，详细地了解许多评弹的典故，还曾向他借阅他保存的旧上海的开篇书。这在当时对他来说的确属于最高的认可。

中国曲艺家协会的领导们，苏浙沪两省一市苏州评弹领导小组领导人员、浙江省文化厅前后任的领导们，文艺评论界的专家们以及忠实的听众们给予的高度评价是对这位老一辈艺术家的追忆和尊敬，这对邢老先生来说，是最为完满的人生句号。

邢瑞庭老先生在家属眼中的一生：荣耀而平凡，磊落而坎坷，圆满而无憾。在世人眼中的邢瑞庭先生，相信也必定如是。

就在邢瑞庭先生逝世后的两年间，在他生前执教过的苏州评弹学校的推动下，由浙江、江苏、上海的有关曲艺界同仁，联合编撰出版了《邢瑞庭先生弹词艺术纪念文集》。这本文集是经过一番征集、约请和校勘功夫完成的。文集中，大家对邢瑞庭先生的艺术成就、风格和特色，从感性到理性有了更清晰的认识和理解。尤其是诸多与他有过交往的业内人士，如曲艺界的罗扬、廖奔、姜昆、常贵田、常祥林，评弹界的杨乃珍、金声伯等，以及他的老听众，对这位弹词界的一代名师的艺风与艺品的评价，都是有口皆碑的。

著名编剧、戏剧评论家沈祖安先生是邢瑞庭先生的生前好友，特地著文，文中这样写道："瑞庭先生是苏州人，是光前裕后的弹词名家。他毕生弘扬苏州弹词的博大精深，却没有拘泥于门户之见。更没有因袭徐云志先生而出类拔萃后自炫坐大，对同辈同道更是谦和平易，这是瑞庭先生的传艺之道，也应该是我们大家应有的创业和敬业之道。"

浙江省文化艺术研究院院长黄大同为文集《邢瑞庭先生弹词艺术纪念文集》撰文：

南北文化界人士纪念弹词名家邢瑞庭先生研究文集的出版，不仅是我们长三角地区文化界的一件美事，也是为弘扬中华传统文化办了一件好事。曾经为传承民族艺术做出了毕生可贵贡献的前辈艺术家们，虽然生前经历艰难困苦，甚至有的在特定的历史时期饱经忧患、横遭磨难，但是在他们的身

邢瑞庭在邢晏芝演唱会上发言
左起：查兰兰、邢晏芝、邢瑞庭、许云云、黄岚

后，大家始终没有忘记他们。人们把他们的奉献精神作为一种优秀的传统，一代又一代地传承下去。这也就是我们中华民族的传统精神，通过文化艺术的特殊功能，永远发扬光大。这也就是我们社会主义文化的共同职能。

我们深信，这样的工作，必将会一往无前地传承下去。

我们浙江省文化艺术研究院也一定为此尽心尽力地做好它。

另，业内人士著名弹词艺术家余红仙为文集撰文：

邢瑞庭先生是当代老一辈弹词界中誉满江南的大响档，他的成就不仅是他的《三笑》和《贩马记》等代表作成为家喻户晓的经典作品，尤其是他吸收了几代名家的经验和艺术特长后，在实践中形成了自己的特色。他的继承人邢雯芝、邢晏春、邢晏芝的努力，丰富了评弹艺术的宝库。

今天由浙江和江苏文化部门共同编印了这本纪念文集，我作为他的晚辈也感到很高兴。

我们纪念邢瑞庭先生，要学习他的艺德和艺品，为弘扬民族优秀艺术作出我们应有的贡献。

邢瑞庭先生成名的书目不少。当然最脍炙人口的还是《三笑》（《四杰传》）《贩马记》和《何文秀》。尤其他晚年在继承中求发展的几部传世之作，不仅是他担当拓展重任的当代弹词书目中的代表作，也是目前弹词界誉满江南的两部优秀传统书。可以说，这是邢瑞庭先生近七十年的艺术生涯中对社会和对书坛的可贵奉献。

［作者：国家一级演员，国家级非物质文化遗产项目苏州评弹（苏州评话、苏州弹词）代表性传承人，苏州评弹学校原教务主任］

完稿于 2021 年 8 月 7 日

编后语

金丽生

《苏州评弹艺术家评传》(以下简称《评传》)第五册终于和大家见面了。

由苏州市曲协评弹表演艺术传承研究会编著的“苏州评弹艺术家评传”系列丛书，自2014年7月至今，共出版了五册，近百万字。记录和撰写了徐云志、周玉泉、朱耀祥、潘伯英、黄异庵、薛筱卿、朱介生、李仲康、曹汉昌、杨震新、凌文君、曹啸君、邱肖鹏、邢瑞庭、王柏荫、尤惠秋、王月香、薛小飞、蒋云仙共十九位前辈艺术家的艺术经历和理论经验。这对我们如何更好地研究评弹发展的历史，掌握评弹艺术的规律，推进评弹非遗保护工作都有着积极的作用。从这些前辈们走过的历程中，可以清晰地体会到他们对评弹事业忘我和奋斗的精神，对广大听众炽热和赤诚的情感，对同仁和朋友宽容和体谅的情怀，以及对名利的淡泊。我们所有从事评弹工作的同志都应该十分虔诚地向他们学习、致敬！他们骄傲的业绩也可以成为教育青年一代的生动教材，所以《评传》的出版是一件非常有意义的工作。

通过对这些前辈们深入的了解，我们更加认识到评弹的长篇书目对一个评弹演员的成长和成才的重要性。这些艺术家们的艺术人生均有一个共同的特点：都是依靠演绎一部或多部评弹长篇书目而立足书台，成为一代名家的。长篇书目是他们赖以生存的根本，也正因为有了这许多由名家所造就的优秀长篇书目，才使评弹艺术不断地茁壮成长，评弹事业才得以发展至今天。苏州评弹几百年的发展史，是离不开这些优秀的长篇书目的。评弹的长篇书目是它能成为非物质文化遗产的要素，要是摒弃了长篇书目，那就什么都不是了。现在有人说长篇书目只是打一个基础，成名成家还是要靠中、短篇。这种认识是极为空乏和错误的！试问有哪一个名家不是从几十年的长篇历练中脱颖而出的？有哪一个流派唱腔不是从长篇演出中形成了切合自身条件的曲调？演员要形成独特的艺术风格不都是从长篇的实践和研究中逐渐形成的？这是一条不可颠覆、不能违背的艺术规律。这也恰恰是中、短篇所不能达到的。目前，有部分中青年演员认为只要在中、短篇演出中获得几个奖项，评上了高级演员，这一辈子也算功成名就了。如果我们的评弹事业是这样走下去的话，那就永远出不了传世佳作，更出不了新的艺术流派，其结果是一代不如一代，评弹事业将会步入危险的境地。所以我们的领导和专业人士一定要从评弹事业的长远利益出发，而不要因眼前的花团锦簇迷失了方向。

在此，我要说的第二个认识和体会是这些前辈艺术家之所以会成名成家，成为被后世人永不遗忘的偶像，是因为他们的一生都是在极其困难的条件下刻苦奋斗、努力拼搏的。我们今天的青年演员是在党的阳光沐浴下成才的，可以说是在甜水里泡大的，没有经历过什么大风大浪，虽然他们在前进道路上也遇到了一些困难和坎坷，但是与前辈艺术家所经历的千辛万苦是不能相提并论的。要成才，要做一个名副其实的艺术家只有一条路可走，那就是刻苦、勤奋。决不能走投机取巧之路，当前由于演出市场缺少甚至没有竞争，造成了部分演员书目贫乏，三年甚至十年一本“老大学”，艺术上很少有长进，甚至有的还在混日子，这样长此以往是要被时代淘汰的。我作为一个年近八旬的老演员，衷心地希望我们的年轻人能够踏踏实实地向老一辈的奋斗精神学习，克服思想上的惰性，跟上时代的发展，做一个为人民所欢迎的好演员。

最后，我要强调一点的是评弹事业的传承和创新。中华民族的传统文化博大精深，苏州评弹也同样如此。它几百年的发展史为我们积累了丰富的宝藏，我们必须传承好。作为一名评弹工作者，首先的任务就是传承，而这个传承必须回归到对评弹艺术规律的研究和探索，要完整地、系统地了解评弹艺术的诸多要素，要充分掌握好评弹的艺术特色。只有这样才能做到在传承的基础上进行创新。《评传》中的这些前辈们，他们以毕生的精力一直在不停地创新，他们怎么会做得如此得心应手？就是因为他们充分地重视传承，不断总结前人的经验教训，牢牢地掌握了评弹艺术的发展规律，所以取得了辉煌的业绩。今天，我们要创新评弹艺术，必须建立在继承传统艺术的基础上，千万不能搞空中楼阁式的创新，要注重在书目的结构和内容上的创新，要在语言和人物刻画上下功夫，而不能把“逢场作戏”的东西作为创新的主体。要始终牢记评弹是轻骑兵，是语言艺术，是以“一人多角、跳进跳出”的表演形式为主体的，它可以借鉴戏曲艺术的一些表演手段，但千万不能搞成戏、曲不分的作品来。在“苏州评弹艺术家评传”丛书中所介绍的那些评弹名家的艺术人生，以及他们所走过的艺术道路正说明了这一点！这也正是我们要编撰、出版“苏州评弹艺术家评传”丛书的初心所在。

《评传》第五册是这部系列丛书的最后一册。回顾这七年来，编委会克服了各种困难，特别是这些前辈艺术家大多已作古，他们的详尽资料也已缺失，知情者并不多，这给我们的编撰工作带来了一定的难度。虽然我们想尽了各种办法，但还是深感遗憾，还不能很完整地反映出他们的演艺生涯和艺术经历，再加上我们的水平极为有限，难免会产生一些谬误或不足，在此，请允许我代表编委会恳请广大读者，特别是评弹界的同仁和领导给予谅解！同时我要向帮助和支持我们出版的苏州市文广旅局、市非遗办、市文联、市评弹团和市曲协的领导表示衷心的感谢！还要向所有作者和华觉平执行主编表示深深的敬意！你们辛苦了！

［作者：国家一级演员，国家级非物质文化遗产名录苏州评弹（苏州弹词）国家级代表性传承人］

2021年9月